梦山书系

给教师的65条法律建议

雷思明 著

海峡出版发行集团 | 福建教育出版社

图书在版编目（CIP）数据

给教师的 65 条法律建议/雷思明著. —福州：福建教育出版社，2025.2. —ISBN 978-7-5758-0168-3

Ⅰ.D922.164

中国国家版本馆 CIP 数据核字第 2024SD1489 号

Gei Jiaoshi De 65 Tiao Falü Jianyi

给教师的 65 条法律建议

雷思明　著

出版发行	福建教育出版社
	（福州市梦山路 27 号　邮编：350025　网址：www.fep.com.cn
	编辑部电话：0591-83779615　83726908
	发行部电话：0591-83721876　87115073　010-62024258）
出 版 人	江金辉
印　　刷	福建新华联合印务集团有限公司
	（福州市晋安区福兴大道 42 号　邮编：350014）
开　　本	710 毫米×1000 毫米　1/16
印　　张	19.25
字　　数	266 千字
插　　页	2
版　　次	2025 年 2 月第 1 版　2025 年 2 月第 1 次印刷
书　　号	ISBN 978-7-5758-0168-3
定　　价	58.00 元

如发现本书印装质量问题，请向本社出版科（电话：0591-83726019）调换。

序

近年来，一些教师法律知识贫乏，法律素质不高，侵害学生合法权益甚至严重侵害学生人身权利的违法犯罪现象时有发生；有些教师法治观念不强，在维护自身权益时采取不合法的手段和做法，不但影响了正常的教育教学活动和社会秩序，也有损教师的良好形象。加强教师法治教育是全国教育系统普法工作的重要组成部分，是培养德智体美全面发展的社会主义建设者和接班人的必然要求，也是加强教师队伍自身建设、不断提高教师职业道德的迫切需要。

教师是人类文明的重要传承者，是公民社会化进程的重要指导者，是学生健全人格和健康心理的重要塑造者，是经师，更是人师。教师在社会发展和个体成长过程中的特殊地位和作用，决定了他应当有高于常人的文明觉悟和素养。现代文明的内涵是以科学、民主、法治精神为核心的，这里特别强调的是法治精神。教师是否掌握基本的法律知识，是否具备较强的法律意识和自觉运用法律的能力，将直接影响到依法治教理念和依法治国方略能否实现以及在多大程度上得以实现。依法治教的一个基本要求就是教师要依法执教。在今天，一个教师通常要面对几十名学生，一方面要对学生团队进行有效管理和教育，保证效率和质量，另一方面还须尊重每一个学生的公民权利，不得在教育、管理中侵犯学生的合法权益。当教师的管教权和学生的公民权发生冲突的时候，当个别学生的利益和多数学生的权利相悖的时候，都需要教师进行平衡、取舍，并做出最恰当的选择。面对这样的要求，没有较高的法律素养是很难胜任教师工作的。提高教师的法律素养，既是教师自身的迫切愿望，也是教育事业的迫切要求。

提高教师的法律素养，需要有好的普法读本。好的普法书籍一定是能够满足教师工作、生活实际需要并真正打动教师心灵的。经验表明，一般的民众对法律条文和法学理论有一种敬而远之的畏难情绪，而对生活中发生的各种各样的鲜活案件却倍感兴趣。这也告诉我们，理论性太强的书籍不易为教师所接受，对教师进行普法，需要从教师身边发生的典型案件入手，让事实说话，让事实去拨动教师的心弦，从而激发教师知法、学法、守法的真切愿望。

在本书中，笔者力图从教育和法律的双重视野中探索、归纳、总结一线教师最需要、最基本、最实用的法律知识。笔者从教师工作中实际存在的问题出发，总结了一线教师在教育教学过程中经常面临的、各式各类典型的法律难题，从中归纳、提炼出有针对性的经验教训和法律建议。65条建议基本上解决了一线教师在教育教学活动中有可能面临的各种法律困惑。书中既有生动的案例，又有通俗的法律分析，并有可供操作的法律建议，为一线教师依法执教提供了很好的行为范式，相信广大教师一定能够从中受益。教师的法治意识增强了，依法执教的能力提高了，直接受益的便是千千万万的中小学生，这也正是我们这些教育工作者朴实、真切的愿望。

国运兴衰，系于教育；教育大计，教师为本。希望全社会有更多的人来关心教师的成长、提高，也祝愿广大教师在工作、学习中点燃他人、升华自我。

雷思明
2024年2月于北京

目　录

- 学生日常教育管理编/1

建议 1　杜绝体罚和变相体罚，不损害学生身心健康/3

建议 2　把握好批评教育的"度"，方法要恰当/8

建议 3　课堂教学未雨绸缪，防止因教学方法不当而酿成事故/12

建议 4　不要随意离开课堂，让学生处于"放羊"状态很危险/16

建议 5　对外来者保持警惕，不轻易让外人将学生带出校园/19

建议 6　发现学生有危险行为应及时制止，以防发生意外/23

建议 7　严查考勤，发现学生旷课应及时通报家长并询问缘由/26

建议 8　放学后尽量不留学生补课或进行其他活动/29

建议 9　远离性侵犯，与学生交往应保持适当的距离/33

建议 10　教师肩负特殊职责，课堂言论自由应有度/38

建议 11　课间 10 分钟，保障学生的休息权并预防安全事故/42

建议 12　把握好尺度，依法依规实施教育惩戒/46

建议13　对学生欺凌零容忍，积极预防、妥善处置欺凌事件/51

建议14　发现学生可能遭受不法侵害，要及时履行报告职责/56

建议15　依法依规管理学生的手机，保护其身心健康/60

• 学生基本权利维护编/65

建议16　学生也有人格尊严，要关怀和尊重"差生"/67

建议17　尊重学生的隐私，不公开学生的个人信息/71

建议18　名誉是处世的名片，要爱护学生的名誉/76

建议19　学生也有肖像权，不把学生的照片提供给商家/80

建议20　慎重隔离问题学生，防止发生非法拘禁犯罪/84

建议21　怀疑学生中有"小偷"，忌靠搜查来"破案"/88

建议22　学生有通信自由权，不隐匿、毁弃、私拆其信件/92

建议23　对学生的发饰、着装规范问题，宜疏导而不宜强制/96

建议24　安装监控设备须小心，并保护好声像信息的安全/99

建议25　采集、统计学生家庭信息，要做到适度、合法/103

建议26　对违纪的学生，要避免采取罚款的"教育"方式/107

建议27　对学生的与学习无关的物品可暂时代管，不能没收/111

建议28　对学生停课停学要符合规定，不可侵犯其受教育权/115

建议29　平等对待学生，成绩不好的学生也有参加考试的权利/120

建议30　学生填报升学志愿，教师可指导但不可擅改学生志愿/124

建议31　校规须合法，违法的校规不得作为管理的依据/127

建议32　完善学生申诉制度，依法处理学生申诉/133

建议33　处分学生要遵循法律规定，防止被学生告上法庭/138

• 校园安全管理编/145

建议34　学生的安全是头等大事，应全力预防学生伤害事故/147

建议 35　健康无小事，应将学生的体检结果及时告知家长/151

建议 36　学生突发疾病或受伤害，应及时救助并通知家长/155

建议 37　组织学生参加劳动要适当，应加强安全防范工作/159

建议 38　不鼓励未成年学生见义勇为或参加抢险救灾活动/163

建议 39　组织学生外出活动，安全教育和管理必不可少/167

建议 40　采取得当措施，避免发生教育设施重大安全事故/171

建议 41　防范校园踩踏事件，学校需要积极作为/175

建议 42　对学生加强交通安全教育和管理，预防发生交通事故/179

建议 43　做好校园消防安全工作，预防发生火灾事故/184

建议 44　与学生家长签订协议，完善学生接送交接制度/189

建议 45　完善门卫制度，守住校园安全的第一道防线/194

建议 46　严把校园食品卫生安全关，防范学生食物中毒/200

建议 47　依法进行学生住宿管理，避免侵犯学生合法权益/206

建议 48　加强教育和防范，保护学生使其免受性侵害/212

建议 49　安全协议无法免除学校的责任，保护学生须尽心/217

建议 50　学校不是学生的监护人，但须履行应尽的职责/221

建议 51　发生学生伤害事故，要按过错情况判定学校的责任/225

建议 52　投保校方责任险，以解决学校对外赔偿的难题/229

建议 53　被学生告上法庭之后，学校要积极应诉/235

• 教师职业保护编/241

建议 54　教师与学校是聘用关系，发生纠纷应按合同办事/243

建议 55　评职称时受到不公正对待，可提起教师申诉/247

建议 56　教师因工伤亡，要及时申请工伤认定/251

建议 57　教师被克扣、拖欠工资，可依法维护自身权益/255

建议 58　女教师休产假时被解聘或减薪，应果断说"不"/259

建议 59 教案也是教师的作品，著作权遭侵犯可依法维权 /263

建议 60 要调动工作或升学，须与学校协商解除聘用关系 /267

建议 61 维护考试的公平公正，不参与任何考试舞弊活动 /271

建议 62 洁身自好，远离贪污和受贿 /275

建议 63 廉洁从教，不参与有偿补课，不收受家长财物 /279

建议 64 合法权益遭受学生或家长侵犯，教师可诉诸法律 /283

建议 65 教师头脑中始终应有法治这根"弦" /286

附录 "自我测验"参考答案 /289

学生日常教育管理编

教师在教学过程中，在对学生进行思想教育和行为管教的过程中，应当遵守法律、法规、规章中关于教师职责的规定，"为"法律所要求，"不为"法律所禁止，规范自己的言行，依法履行教育教学职责。

> 体罚、变相体罚会给学生造成哪些伤害？会给教师本人带来什么法律后果？面对犯错误的学生，我们该怎么办？

建议 1

杜绝体罚和变相体罚，不损害学生身心健康

情境再现

【案例1】 据"新华网"报道，2015年1月5日12时许，湖北宣恩县某中学教师梁某某在上课时，因怀疑学生董某某偷拿了其他学生的饭卡，便让其蹲在讲台旁写检讨。由于董某某未写偷饭卡的内容，梁某某遂用右脚踢向董某某，踢到其左腹部，致其脾脏破裂。经鉴定，董某某所受损伤程度属重伤二级，残疾等级为六级残疾。检察机关认为，被告人梁某某故意伤害他人身体，致人重伤，其行为构成故意伤害罪，应依法惩处。在案发后，被告人梁某某自动投案，如实供述自己的罪行，并积极赔偿被害人的经济损失，取得被害人监护人的谅解，依法可以从轻处罚。后经审理，被告人梁某某被一审法院以故意伤害罪判处有期徒刑3年，缓刑4年。

【案例2】 2019年5月，某中学学生欧某因为政治考试成绩没有达标，被政治科任教师罚做深蹲300个。随后欧某感觉身体不适，送到医院后，被诊断为急性肾小球肾炎、肾病综合征、横纹肌溶解症。经司法鉴定，欧某的横纹肌溶解症与下蹲存在因果关系。随后，欧某将学校告上法院，要求校方赔偿医疗费、护理费等各项损失。法院经审理认为，我国

《义务教育法》《未成年人保护法》等相关法律明确规定，老师应当尊重学生人格，不得体罚或变相体罚学生。故而该中学任课老师在教学过程中罚欧某深蹲300个的行为具有违法性。任课老师虽然没有要伤害学生身体的主观故意，但"尊重学生人格，不体罚或变相体罚学生……"应为每位老师执教的基本要求，因此其主观上存有过错。据此，法院判决学校赔偿欧某因伤所致各项损失共计5.24万余元。

评析·法理

体罚是指通过对学生身体的责罚，直接造成其身体痛苦的行为，包括掌掴、拍打、拖拽、推搡、脚踢以及用物品击打、刺扎等伤害学生身体的行为。变相体罚，则是指教师通过让学生长时间、过度地做某种行为或者保持某种姿势，以使学生感到身心疲惫和痛苦，危害其身心健康的行为。常见的变相体罚行为包括：强制做不适的动作或者姿势（如罚做深蹲、蹲马步、蛙跳、跪地等），超过正常限度的罚站，罚学生反复抄写等。

一般认为，尽管体罚、变相体罚可能会在短时间内让儿童的错误行为有所收敛，但总的来说，体罚有损人格尊严，会造成儿童身体和心理上的伤害，甚至会导致长大后的行为问题；体罚是在宣扬暴力，不仅教育效果有限，而且会破坏师生关系，不利于教育目的的实现。

由于体罚具有危害性，我国《未成年人保护法》《义务教育法》《教师法》，以及《联合国儿童权利公约》都予以明令禁止。根据我国现行有关法律的规定，教师体罚学生可能面临着三个方面的法律责任：（1）行政责任。对学生实施体罚行为的教师，可能会被有关部门给予行政处分或行政处罚。其中行政处分由学校或教育行政部门做出，其种类包括警告、记过、降低岗位等级或撤职、开除。行政处罚则由教育行政部门或公安机关做出，其中前者做出的处罚主要包括撤销教师资格等；后者做出的处罚是予以治安拘留（期限为一至十五日），主要适用于教师的体罚给学生的身体造成明显的伤害（轻微伤等级），但又不够刑事立案标准的情形。（2）

民事责任。体罚给学生造成身体伤害的，按照我国《民法典》的规定，属于侵害生命权、健康权的侵权行为，应当赔偿受害者医疗费、营养费、护理费、误工费等损失和支出；造成残疾的，还应当赔偿残疾赔偿金；造成死亡的，还应当赔偿死亡赔偿金、丧葬费；造成受害者精神痛苦的，还应当赔偿精神损害抚慰金。(3) 刑事责任。体罚造成学生身体受到严重伤害（轻伤或重伤等级）或导致学生死亡的，按照我国《刑法》的规定，构成故意伤害罪，应当承担相应的刑事责任。需要指出的是，对于实施了体罚学生行为的教师而言，根据违法情节轻重程度的不同，有可能只是承担以上三种责任中的一种，也有可能是同时承担两种或三种责任。比如，体罚造成学生重伤的，可能会被教育行政部门撤销教师资格，被要求赔偿学生的各种损失（由于教师的行为系职务行为，受害学生索赔的对象是学校，但学校在赔偿之后，可以向教师追偿），还要承担刑事责任。可见，体罚行为不仅伤害了学生，也会给教师本人带来极大的风险。

然而，不能体罚学生并不意味着对犯错误的学生就束手无策了，学校和教师可依法依规对其实施教育惩戒。教育部颁布的《中小学教育惩戒规则（试行）》为学校和教师实施教育惩戒提供了依据和指导。教师在实施教育惩戒的时候，需要注意以下几点。一是惩戒要依法行使。所选择的惩戒方式及其强度不能侵犯学生的生命健康权、人格尊严权、隐私权、名誉权、财产权、受教育权等法定权利，如体罚、侮辱或对学生进行经济处罚等做法就是非法的。二是惩戒要讲究程序的正当性。惩戒规则必须提前确定并让每一个学生知晓，实施惩戒之前要给犯错误的学生以足够的提醒、告诫，惩戒方式的严厉程度要由轻渐重。三是惩戒的使用要遵循普适性和个别化相统一的原则。惩戒既要一碗水端平，所有学生都适用同一标准，不允许特权的存在；同时，惩戒的强度、变通和解除又要考虑到个别学生的身心、性格特点，以让学生认识错误并改正错误为目的，而不至于损害到学生的身心健康。

策略·建议

1. 教师在工作中要树立科学的儿童观，尊重儿童的人格尊严和独立个性，在人格上与学生平等相待。

2. 对于犯错误的学生，绝对避免采取体罚的教育方式，在情绪冲动时可先远离学生，坚守"无冷静，不教育"。

3. 为了帮助学生改正错误，教师可以依法行使教育惩戒权，但要注意把握好惩戒的时机、场合、方式和强度，避免过度惩戒而构成变相的体罚。

相关规定

《中华人民共和国未成年人保护法》第二十七条："学校、幼儿园的教职员工应当尊重未成年人人格尊严，不得对未成年人实施体罚、变相体罚或者其他侮辱人格尊严的行为。"

《中华人民共和国教师法》第三十七条："教师有下列情形之一的，由所在学校、其他教育机构或者教育行政部门给予行政处分或者解聘……（二）体罚学生，经教育不改的……"

《中小学教育惩戒规则（试行）》第十二条："教师在教育教学管理、实施教育惩戒过程中，不得有下列行为：（一）以击打、刺扎等方式直接造成身体痛苦的体罚；（二）超过正常限度的罚站、反复抄写，强制做不适的动作或者姿势，以及刻意孤立等间接伤害身体、心理的变相体罚……"

自我测验

【案例】 赵某是初中一年级学生。9月27日，班主任发现有一个打火机从赵某身上掉下来，即怀疑他抽烟，让他交代打火机的来源。因赵某不愿交代，班主任很生气。据赵某家人诉称，班主任先用木棍击打了赵某的双腿，致其双腿伤痕累累，然后又让他头顶着书，手抱着头，面对着墙蹲在一个小凳子上。下课后，班主任又抓住他的头往墙上撞，当天晚上还不让他睡觉，而让其站在宿舍外面，直至深夜1点才让他回去写检查。次日，由于班主任认为赵某的检查不深刻，继续让其头顶书，手抱头，蹲在小凳子上，不让上课。这样持续了3天，赵某终于不堪折磨，精神恍惚，接近崩溃。10月5日，赵某的父母携子前往精神病医院就诊，经诊断为分裂样精神病，随后住院治疗1个半月。出院后，赵某一纸诉状将学校告上了法院。庭审中，经被告申请，当地司法鉴定机构作出了精神疾病司法鉴定书，结论为：赵某患有分裂样精神病，其被体罚为本病的诱发因素。（摘编自《江南时报》）

【思考】 本案中，教师的行为是否构成侵权？如构成侵权，那么侵犯了学生的何种民事权益？应承担什么法律责任？

> 教师的哪些行为属于不当教育行为？因教师批评教育不当而引起学生自杀、自残的，学校需要承担什么责任？对于犯错误的学生，我们该如何进行批评教育？

建议 2

把握好批评教育的"度"，方法要恰当

情境再现

某中学初一学生小飞平时爱给他人起外号。一日课间活动时，女生小英正和几个同学在踢毽子。"大奶！"一声刺耳的喊叫突然响起，"大奶，喊你怎么不理？"大家一看，小飞正嬉皮笑脸地冲着小英边喊边乐。受到羞辱的小英红着脸跑回了教室。冤家路窄，下午去水房打水的时候小英又碰见了小飞。"大奶！"又似一声平地惊雷。羞愧难当的小英扔下脸盆哭着跑回了宿舍。下午，小英和同学向教导处王主任报告了小飞喊外号的事。王主任当即叫来小飞进行批评教育，并责令他写一份检查。后来经过调查，王主任发现小飞给许多女生都起过外号，比如，管一些女生叫"三陪""浪妹"等。王主任觉得问题很严重，认为小飞的行为已不限于给同学起绰号那么简单，而是严重违反了校规，于是决定对其予以大会点名批评。第二天做操时，王主任让小飞站到主席台前，当着1800多名学生的面严厉地批评了他，并号召大家要引以为戒，不要学他。未料到这一"亮相"，小飞的精神受到很大刺激。当天晚上，小飞回到家后喝下敌敌畏欲

寻短见，幸得家长及时发现，经医院紧急抢救后脱离了危险。因精神受到较大刺激，小飞被医院诊断为反应性精神障碍。一个月之后，小飞向法院状告学校侵犯其名誉权，要求学校赔礼道歉、恢复名誉、消除影响，并赔偿医疗费支出5000元、精神损失费4.5万元。后来在法官的调解下，学校自愿一次性补偿小飞经济损失7600元，纠纷得以平息。

评析·法理

对于犯了错误的学生，教师该如何进行批评教育？轻了，不管用；重了，学生有可能心生怨恨，甚至剑走偏锋做出极端之举。"度"在哪里？"度"就在于教师的教育方法恰当与否。教师对学生的批评教育应当遵循一定的原则，有所为而有所不为。

不为，即不要实施不当教育行为。不当教育行为包括两类：一是违法行为，即违反法律、法规、规章的强制性规定的行为。比如，泄露学生个人隐私，通过禁闭或者其他方式非法限制学生的人身自由，搜查学生的物品和身体，扣押或者翻看学生的私人信件、日记，对学生进行搜身检查，以歧视性、侮辱性的言行侵犯学生人格尊严，等等。这些行为都违反了我国《宪法》《民法典》《未成年人保护法》《义务教育法》《教师法》等法律的相关规定，构成了对学生合法权益的侵犯。二是其他不合情理、明显超出学生心理承受能力的行为。教师的有些行为不见得违反了法律条文的具体规定，但却有可能是不恰当、不合情理的，这同样构成了不当教育行为。比如，对学生进行恐吓。曾有一名小学女教师发现自己的名字被写在黑板上，为了查出是谁写的，她通过笔迹辨认，把怀疑的重点集中到了一个一年级男生的身上。她把男生叫来盘问。开始学生不承认，女教师威胁他："你再不承认我就报警。"小男生还是不承认，女教师就对他说："这样吧，你回去再好好想想，明天早晨再不承认，就只好等警察来抓你了。"结果，小男孩回家后因陷于极度恐惧之中，喝下农药自杀了。该女教师的恐吓行为就属于典型的不当教育行为。此外，其他违反教育、心理规律，明显超出学生身心承受能力的行为均构成不当教育行为。

前述小飞服毒事件中,教师在大会上对小飞进行点名批评的行为,既有违反《教师法》《未成年人保护法》中关于教师应当尊重未成年学生的人格尊严,对有缺点的学生应当耐心教育、帮助而不得歧视之规定的嫌疑,也明显超出了一名初一学生的心理承受能力,属于不当教育行为。虽然其与学生的自杀行为之间没有必然的因果关系,但却是导致学生服毒的一个诱因,学校因此须对小飞的损失承担一定的责任。

策略·建议

1. 把握好批评教育的"度",关键在于教师要尊重学生,尊重他们的各项合法权益,不要侵犯他们的生命健康权、人格尊严权、隐私权、名誉权、人身自由权、财产权、受教育权等各项权利。

2. 批评的目的是让学生认识错误、改正错误,而不是为了贬低、羞辱或者打击他们。为此,批评应当就事论事,不要对学生的品行、能力下否定性的结论。批评学生不要使用带有侮辱性、诋毁性的措辞。批评的方式、场合应当考虑学生不同的性格、个性特点而有所差异,以不伤害学生的自尊心、有利于学生改正错误为原则。

3. 在对学生进行批评教育之后,教师要继续跟进,注意观察学生的反应,如发现学生的情绪出现异常、行为显露不好的苗头,务必要做好安抚工作,防止意外事故的发生。

相关规定

《中华人民共和国未成年人保护法》第二十七条:"学校、幼儿园的教职员工应当尊重未成年人人格尊严,不得对未成年人实施体罚、变相体罚或者其他侮辱人格尊严的行为。"

《未成年人学校保护规定》第九条:"学校应当尊重和保护学生的人格尊严,尊重学生名誉,保护和培育学生的荣誉感、责任感,表彰、奖励学生做到公开、公平、公正；在教育、管理中不得使用任何贬损、侮辱学生及其家长或者所属特定群体的言行、方式。"

自我测验

【案例】 原某是某中学高一学生。4月10日下午放学后，原某与同学李某违反校规擅自从学校后门出校，被校长抓住。校长对二人进行批评后，将二人交给了其班主任。班主任要求原某、李某回去把家长叫到学校，否则不许上课。随后，原某与李某未叫其家长到校，而是商量离校出走，到外地打工。4月11日上午上课时，学校发现原某未上课，遂通知其家长。原某出走后，母亲王某心里非常不安，她和大儿子为找到原某，用了将近一个月的时间，才于5月8日在洛阳把原某找到。至此，王某为寻找离校出走的孩子花了1542.5元路费，其大儿子也近一个月没有上班。此前，学校答应报销家长找人的费用，但当王某找到儿子后，学校却拒绝报销，双方遂引起诉讼。（摘编自《东方今报》）

【思考】 班主任的行为是否属于不当教育行为？本案中，学校应承担什么样的民事责任？

> 哪些科目的教学活动容易发生学生安全事故？哪些情形将会被视为"教师教学方法不当"？课堂教学活动中如何避免安全事故的发生？

建议 3

课堂教学未雨绸缪，防止因教学方法不当而酿成事故

情境再现

暑假期间，某中学组织本校初二学生进行补课。一日，物理教师李某在班上讲授"做功和内能的改变"原理课。李老师在没有讲明本次实验应注意的事项，且没有采取必要的安全防范措施的情况下，就拿起放有少量棉花和火柴的空气压缩引火仪，分组做演示实验，并让学生注意观察。李老师演示完毕后，学生小东申请亲自动手做实验。经李老师允许，小东把空气压缩引火仪放在自己的课桌上，用手对仪器迅速加压，很快便达到实验效果，仪器试管内开始冒烟。随后，班上另一名学生小海在没有经过老师允许的情况下，擅自将实验仪器拿到自己的课桌上，用手对仪器再次进行加压，结果造成仪器的试管发生爆炸，坐在前排的学生小亮的左眼被炸伤。经医疗鉴定，小亮的伤残等级为八级。随后，小亮起诉到法院，要求学校以及肇事学生小海赔偿医疗费、营养费、整容费、护理费、误工费等各项损失8万多元。法院经开庭审理后判决学校承担90%的责任，学生小

海承担10%的责任。

评析·法理

教师的课堂教学还会发生安全事故？有些教师不以为然。其实，在某些学科的教学活动中确实存在着一些不安全的因素，比如体育课、活动课、实验课的教学，由于涉及学生剧烈的肢体运动，或是涉及特殊教学器具、物品的使用，一旦教师采用的教学方法失当或是课堂管理、组织不力，极有可能引发意外事故。

一般而言，发生下面六种情况，将会被认为是教师教学方法不当：(1)在课前未对学生进行安全教育，未讲清注意事项和动作要领，学生因不了解情况、操作失误而发生事故的；(2)在课前未让学生进行必要的热身活动，学生因身体准备活动不充分而导致在随后的运动中受伤的；(3)在课前未对教学器材、物品进行安全检查，或者在课前、课堂上未采取相应的安全防护措施，因教具不安全或教师防护不周而发生事故的；(4)未能对课堂进行有效管理，学生活动秩序混乱而发生事故的；(5)在教学过程中，教师没有按照教学大纲的规定组织教学，因教学内容超纲，教学难度、强度超出学生身心承受能力而发生事故的（如让小学生进行障碍跑、跳"山羊"等）；(6)学生所做的动作或所采取的操作方法明显不当，教师发现后没有及时予以纠正、制止而发生事故的。教学方法不当是教师失职的表现，即没有履行好对学生的保护、管理职责。若因此发生学生伤害事故，学校须承担相应的责任。

在前述小亮受害案件中，之所以发生爆炸事故，是因为肇事学生小海在其他同学做实验已达到实验效果的情况下，擅自对实验仪器再次加压，导致试管内压强迅速增大所致。而小海擅自再次加压行为的发生，主要是由于本起实验的组织实施者——物理科任老师李某在课前未对学生进行安全教育、未向学生讲明实验应当注意的事项，同时在课堂上未及时制止小海擅自加压的行为、对课堂活动疏于管理所致。在本起事故中，学校存在较大的过错，应当对小亮的损失承担主要赔偿责任。

近些年来，在课堂教学中发生的安全事故屡见不鲜，尤其是在物理、化学、生物等学科的实验课上因学生对实验物品的不当操作和使用而引发的事故，以及在体育课和活动课上由于教师指导、防护不周而引发的事故，更是成了校园学生安全的主要"杀手"。这一现象应当引起我们的高度重视。

策略·建议

在课堂教学过程中，教师应当有针对性地采取相应措施来防范安全事故的发生。如：

1. 在课前，应对学生进行充分的安全教育，让学生牢记注意事项，并为课堂的顺利进行做好充分的知识准备和肢体活动准备。教师对教具要事先进行安全检查，不使用存在安全隐患的器具。

2. 在课堂进行过程中，教师应当确保良好的教学秩序，对学生的活动加强管理和监督，并让学生互相提醒、互相督促，不让学生的活动处于放任自流状态。

3. 一旦发现学生做出危险行为，应当立即予以有效制止。

4. 严格遵守国家关于课程安排、教学管理的制度和规定，预防安全事故的发生。

相关规定

《中小学幼儿园安全管理办法》第二十二条："学校应当建立实验室安全管理制度，并将安全管理制度和操作规程置于实验室显著位置……"

《中小学幼儿园安全管理办法》第二十八条："学校在日常的教育教学活动中应当遵循教学规范，落实安全管理要求，合理预见、积极防范可能发生的风险……"

《中小学幼儿园安全管理办法》第三十条："学校应当按照《学校体育

工作条例》和教学计划组织体育教学和体育活动，并根据教学要求采取必要的保护和帮助措施。学校组织学生开展体育活动，应当避开主要街道和交通要道；开展大型体育活动以及其他大型学生活动，必须经过主要街道和交通要道的，应当事先与公安机关交通管理部门共同研究并落实安全措施。"

《学生伤害事故处理办法》第九条："因下列情形之一造成的学生伤害事故，学校应当依法承担相应的责任……（四）学校组织学生参加教育教学活动或者校外活动，未对学生进行相应的安全教育，并未在可预见的范围内采取必要的安全措施的。"

自我测验

【案例】 原告赵某诉称，其在体育课上按照老师要求，在参加完排球测验后准备参加篮球运动。在操场行走途中，一个篮球飞到身边，赵某正打算接球，同班学生刘某突然从侧面跑来将其撞倒，致其受伤。为此，赵某要求学校和刘某共同赔偿其医疗费、护理费、交通费、住院伙食补助费、营养费、继续治疗费等经济损失共计 2.9 万余元。被告门头沟某中学辩称，事发当天，学校安排排球测验和篮球分组教学比赛，该课程内容是按照教学大纲的要求安排的，且体育老师在课上对学生进行了安全教育。事故发生后，学校及时安排对赵某进行了救助，此事故是赵某和刘某抢球所致，学校在管理上并无过错。被告刘某则辩称，当时其正在玩篮球，赵某没有经过他们的同意就来抢球，是赵某撞到其身上，故其不同意赵某的诉讼请求。（摘编自"北京法院网"）

【思考】 本案中学校是否存在过错？对于原告赵某的损失，该如何承担责任？

> 在上课时间，教师为什么不能随意离开课堂？情况特殊确需离开课堂的，应该怎么办？

建议 4

不要随意离开课堂，让学生处于"放羊"状态很危险

情境再现

53岁的丁老师是一名市级优秀教师，已近退休年龄的她怎么也没想到自己的一个小小疏忽竟会酿成一场悲剧。那天上课的时候，她发现事先准备好的一张幻灯片落在了办公室。以往偶尔遇到这样的情况，她都会让科代表帮忙去取。或许是怕学生找不着，那天她选择了自己回去拿。老师刚走，学生的学习压力一下子得到了释放。一贯懒散的马明同学打了一个哈欠，将脖子往后一仰，后脑勺靠在了后排同学王启的课桌上。王启觉得好玩，用双手紧紧锁住了马明的脖子。急于摆脱的马明情急之下拿起桌上的铅笔不计后果地往后一捅，正好刺中了王启的左眼，鲜血随即涌出。班上的同学被这一幕惊呆了，胆小的同学吓得哭了起来。随后，闻讯赶到的老师急忙将王启送往医院救治。经诊断，王启的伤势为左眼穿通伤伴外伤性白内障，后住院治疗近一个月，花费两万多元。出院后，由于就赔偿问题无法与马明的家长以及学校达成一致，王启一纸诉状将马明和学校一起告上了法庭。在庭审中，主审法官委托鉴定机构对王启的伤残进行了鉴定，鉴定结论为王启的左眼损伤为十级伤残。随后不久，法庭做出一审判决，

被告马明承担主要责任，赔偿原告70％的损失；被告学校承担次要责任，赔偿原告30％的损失。

评析·法理

学校对在校未成年学生负有教育、管理和保护的职责。这一职责存续于特定的时间和空间范围内。时间上，即于学校的整个教育教学活动期间（包括上课期间，课间休息时间，学生在校午休期间，放学后学生按学校、教师的要求留校期间以及学校组织的校外活动期间在内）；空间上，延至学校所使用、管理或负有特定义务的场所范围之内。在课堂上，教师通过教学，对学生的活动进行合理地安排、组织、管理和疏导，使得学生的行为处于有效规范和监管状态，从而最大限度地避免了安全事故的发生。而一旦教师脱离课堂，学生即处于管理和保护的"真空"状态，其在学习、纪律方面的压力突然解除之后很有可能做出危险的举动，从而引发安全事故。

在王启受伤事件中，肇事学生马明作为直接施害者、侵权者，其监护人应当承担赔偿责任没有疑义。那么，学校的过错在何处？在于教师擅自脱离课堂，对学生疏于管理，使得课堂活动失去控制，学生处于"放羊"状态，从而为事故的发生提供了外在条件。我们不妨做个假设，如果丁老师当时没有脱岗，那么这起悲剧还会发生吗？答案十有八九是否定的。如果教师在现场，学生不至于会做出严重违纪的危险动作，就算做出了，也可能被教师及时制止。教师的脱岗与事故的发生虽然没有必然的因果关系，但却是这起事故发生的一个重要条件。教师的失职表明学校是有过错的，校方应当为此承担相应的法律责任。事实上，据丁老师事后介绍，她离开教室的前后时间不到两分钟，然而意外就发生在这两分钟之内了。疏忽大意、侥幸的心理害了学生，也让教师陷于深深的自责当中。

策略·建议

1. 在课堂进行过程中（从上课到下课），不管出于什么原因，任课教师都不要撇下学生离开课堂而让学生处于无人监管的状态。确因情况特殊需离开课堂的，任课教师应当事先征得学校领导的同意，并由学校安排其他教师代课。

2. 教师要严格遵守学校的课时安排，按时上、下课，特别是不要让学生提前下课。因故需要提前下课的，在宣布下课至下课铃响这段时间内，任课教师仍应当对学生的活动进行监管，不要自行离开。

3. 学校对课堂活动要加强管理和监督，确保每一节课、任一时刻学生的活动都有教师在组织和安排，防止出现"放羊"的课堂。

相关规定

《中小学幼儿园安全管理办法》第二十八条："学校在日常的教育教学活动中应当遵循教学规范，落实安全管理要求，合理预见、积极防范可能发生的风险……"

自我测验

【案例】 小学生李某上体育课时碰断了两颗门牙，由于不满学校称是意外事故，遂将其所在学校及体育老师告上深圳福田区人民法院，要求对方赔偿损失24万余元。原告李某在诉状中称，2月25日下午上体育课时，任课教师王某让学生到室外自由活动，自己却不知去向。原告在与同学刘某玩摔跤时，被刘某摔倒在地，牙齿碰到水泥地上致使两颗上门牙折断，经深圳市中级人民法院法医检验鉴定为十级伤残。原告认为，任课教师王某上课时不在岗位是失职行为，也是致使原告受伤的主要原因。因此，要求两被告赔偿经济和精神损失。对于原告的要求，学校辩称，体育教师王某当天是带病上课，因要去医务所拿药而提前下课，学生李某的受伤事故也就是在此时发生，学校对此不应承担责任。（摘编自《新快报》）

【思考】 您认为学校的答辩理由能否被法院采纳？为什么？

> 当外访者要求将学生从学校接走的时候，教师应当注意哪些问题？什么情况下，教师可允许外访者接近学生或将学生领走？

建议 5

对外来者保持警惕，不轻易让外人将学生带出校园

情境再现

王子雄，男，某小学四年级学生，遇害时刚满10周岁。一日下午，四年（1）班正在开班会，犯罪分子李某和张某某敲开教室的门之后告诉班主任李老师，他们是王子雄之父王宁的亲戚，王宁在单位受了伤，现正在医院治疗，他们来接王子雄去医院看望父亲。"我爸的亲戚？我怎么没见过？"王子雄被老师叫到门口后瞅着这两个陌生人，小声嘟哝了一句。李老师没有多想，她对王子雄说："你爸不舒服，正在医院呢。赶紧跟你们家亲戚一起去看看吧。"随后，王子雄便跟着两位"亲戚"离开了教室。出了校门后，3人坐上了一辆在校门口等候的小轿车。车没有开往医院，而是径直往郊区方向驶去。经过数小时的颠簸之后，几名犯罪分子把王子雄带到了邻县一个废弃的旧厂房内。其间，李某给王子雄的父亲王宁打了电话，向其勒索50万元，并警告王宁不许报警，否则撕票。当天晚上，由于王子雄不停哭闹，犯罪分子害怕惊动周围的人，便用乙醚捂住他的口鼻，并用被子、枕头压盖他的脸部，致使孩子因窒息而死亡。一个多月

后，案子得以告破，犯罪分子被绳之以法。王宁夫妇以学校疏于履行管理职责、对王子雄之死存有过错为由，另行提出民事诉讼，将学校推上了被告席。

评析·法理

从客观结果上看，学校教育的意义不仅仅在于向学生传授了知识，还在于在教师的有序管理和看护下，学生获得了一个相对安全的时空成长环境。在这个环境中，学校充当的是"善良管理人"的角色，它应当怀着谨慎的态度，勤勉尽职，最大限度地消除各种安全隐患，创造良好有序的学习、生活环境，保护学生的安全。

在前述王子雄遇害事件中，学校在履行保护职责上存在着明显的欠缺，主要表现在两个方面：

一是班主任李老师的失职。学校对学生的管理和保护职责始于上学（进入校门），终于放学。学生进了校园之后，除了正常的放学时间以外，学校不应当允许学生随意离开校园，除非是其监护人亲自提出要求，并由监护人本人或其指定之人将孩子领走。然而在本案中，当李某和张某某提出要将王子雄带走的时候，李老师没有谨慎地核实他们的身份，没有查明他们是否受学生监护人的指派，甚至在学生嘀咕不认识他们的时候，仍然没有引起李老师足够的重视，其疏忽大意是显而易见的。我们不能苛求老师都具有一双识忠奸、辨善恶的"火眼金睛"，但是进行基本的盘查、询问、核实工作，或者在无法处理的情况下及时向学校领导汇报，将问题交给学校处理，则是能够做到的。在这一方面李老师显然失职了。

二是学校门卫制度的缺陷。抵御来自外部的非法侵害，学校的门卫制度实际上起着第一道安全防线的作用。从安全管理角度上看，学校应当健全门卫制度，安排专人负责门卫的管理；实行出入登记制度，原则上不允许校外人员进入校内，特殊来访人员应在核明身份、征得被访问人同意并做好登记工作后，方可允许进入；在上课时间内，应当禁止学生随意离开校园。从本案的情形来看，学校的门卫制度无疑存在着很大缺陷。门卫制度形同虚设，加上任课教师的疏忽，给了犯罪分子可乘之机。显然，学校并未尽到谨慎、勤勉尽职的安全保障义务，未适当履行对学生的管理和保护职责，对学生的遇难存在着一定的过错，应当承担相应的法律责任。

在安全问题上，教师多一些心眼，学生就多一分安全。

策略·建议

1. 无论是任课教师、班主任，还是学校的其他工作人员，对来访的外来者都应当保持适度的警惕，除非是上级领导的指示，或是学生监护人的同意，原则上不应当允许外访者接近学生。

2. 对于要求将学生带离学校的外访者，教师应及时向学校进行汇报，并向学生的监护人、学生本人、外访者等进行多方核实，在未征得学生监护人同意的情况下，不应当允许学生离开校园。

相关规定

《中小学幼儿园安全管理办法》第十七条："学校应当健全门卫制度，建立校外人员入校的登记或者验证制度，禁止无关人员和校外机动车入内，禁止将非教学用易燃易爆物品、有毒物品、动物和管制器具等危险物品带入校园。学校门卫应当由专职保安或者其他能够切实履行职责的人员担任。"

《学生伤害事故处理办法》第九条："因下列情形之一造成的学生伤害事故，学校应当依法承担相应的责任……（十一）对未成年学生擅自离校等与学生人身安全直接相关的信息，学校发现或者知道，但未及时告知未成年学生的监护人，导致未成年学生因脱离监护人的保护而发生伤害的。"

自我测验

【案例】 原告黄某夫妇诉称，其10岁的孙子林林在学校上课期间，被班主任李老师叫走交给他人，经家人多方寻找，至今下落不明。为此，原告请求法院判令李老师及学校赔偿精神损害抚慰金、误工费及交通费共计2.4万元。经法院审理查明，原告黄某夫妇的儿子黄某某于1992年与胡某结婚，1993年林林出生。黄某某于1998年去世，胡某则于1996年8月至今在北京打工，林林随原告生活。2001年12月7日，林林在学校上课时，被班主任李老师叫出教室交给林林的舅舅，由其舅舅将林林接到北京随胡某一起生活。法院认为，原告夫妇在抚养林林期间，因林林在学校被其舅舅接走，而原告不知情，由此原告夫妇为寻找林林所产生的交通费、误工费，被告应酌情赔偿。被告李老师系林林的班主任，林林属无民事行为能力人，上课期间李老师未履行对学生的管理职责，其行为属职务行为，责任应由所在单位承担。据此，法院判决学校赔付原告交通费、误工费1690元。（摘编自《重庆晚报》）

【思考】　李老师的行为有何不妥？遇到这种情形，教师应当怎么处理？

> 什么是危险物品、危险行为？发现学生行为具有危险性，教师应当怎么办？

建议 6

发现学生有危险行为应及时制止，以防发生意外

情境再现

6月某日下午临上课之前，某中学初二学生张亮将一条蛇带到教室玩耍。适逢班主任李老师正在给班干部布置任务，她责问张亮怎么回事。张亮告诉李老师，此蛇没有毒性，不咬人，李老师便让张亮好好看住他的蛇。课间休息时，张亮搞起了恶作剧。他走到正坐在座位上看书的女生张娜的身旁，把蛇往张娜的手臂上扫了一下。胆小的张娜吓得尖叫着离开了座位，惊慌之下还被课桌绊倒。被同学扶起来之后，张娜哭着跑出了教室。当天下午张娜没有再回教室上课。班主任得知情况后严厉地批评了张亮，并随即与张娜的父母取得联系。但直到第二天凌晨，大人们才在火车站附近找到神情恍惚的张娜。此后几天，张娜的精神一直不稳定，并拒绝回学校上课。经医科大学司法精神病学鉴定，张娜患上了心因性精神障碍，其发病与被惊吓有直接关系。为此，张娜的父母共花去医疗费、鉴定费6000余元。随后，张娜起诉到法院，要求肇事学生张亮和学校共同承担赔偿责任。经审理，法院支持了原告张娜的诉讼请求。

评析·法理

在张娜受害事件中，肇事学生张亮作为直接加害人，其承担责任没有疑义。问题是，学校为什么会被判决承担民事责任？原因在于，学校没有履行法定的义务。有关法律和规章规定，对于学生做出的具有危险性的行为，学校和教师应当予以告诫和制止。这是保护在校未成年学生安全的需要，也是学校履行保护职责应有的含义。将蛇带进教室，会对他人的身心健康和安全构成潜在的威胁。老师发现后，只是简单地给予口头告诫，而没有给予有效制止，没有采取有效措施消除危险，其所为是远远不够的，明显构成了失职。

张娜的事件告诉我们，未成年学生，尤其是低年级学生，一方面活泼好动，另一面又缺乏辨别和自控能力，在学校往往会做出各种各样的危险行为。比如，携带动物、鞭炮、管制刀具等危险物品进校，骑在楼梯的护栏上滑行，在教室和楼梯过道上奔跑、追逐，互相斗殴，以危险的方式做游戏（如叠罗汉、跳山羊），等等。此类危险行为很容易引发安全事故。这就要求教师一方面要加强对学生的日常安全教育，另一方面应当强化对学生的日常行为管理。

策略·建议

1. 无论是在课堂上，还是在课下，教师发现学生携带危险物品时（这里的"危险物品"应作广义的理解，既包括具有杀伤、燃烧、爆炸、腐蚀、毒害以及放射性等物理、化学特性，容易造成财物损毁、人员伤亡等社会危害的物品，也包括有可能给人造成伤害的动物，还包括任何可能会造成未成年学生心理恐惧的物体），应当予以暂时代管或将其交给学校或有关部门进行处理。

2. 发现学生做出危险的动作，教师应当立即予以制止，并做好批评教育工作，防止类似情况的发生。

相关规定

《学生伤害事故处理办法》第九条:"因下列情形之一造成的学生伤害事故,学校应当依法承担相应的责任……(十)学校教师或者其他工作人员在负有组织、管理未成年学生的职责期间,发现学生行为具有危险性,但未进行必要的管理、告诫或者制止的。"

自我测验

【案例】 一日上午课间休息时,某小学学生夏某和其他同学在教室玩斗鸡游戏。同班同学陈某在请求参加遭到夏某拒绝后,开始捣乱。夏某一手抱着腿,一手去阻止陈某,结果反被陈某一推,重重地撞到墙上后跌倒。其他同学将夏某扶起后,正值上课铃声响起,任课教师华某进入教室后见同学们围在一起,便喊道"上课、回位",其他同学随即将夏某放下,致其再一次摔倒在地。华某见此情形,急忙将夏某送往医院,医疗诊断为颈二齿状突骨折。为此,夏某共花费医疗费等6000余元。经鉴定,夏某损伤属九级伤残。在陈某的父母支付部分赔偿后,夏某将自己就读的小学告上法庭,请求赔偿医疗费、精神损害抚慰金等5万余元。(摘编自《人民法院报》)

【思考】 对于夏某的受伤,学校是否应承担法律责任?

> 在上学期间，发现学生没有到校或者擅自离开学校的，教师应当怎么办？对于学生交来的请假条，教师需要注意什么问题？

建议 7

严查考勤，发现学生旷课应及时通报家长并询问缘由

情境再现

11岁的梅梅是某小学五年级学生。一日早晨，梅梅像往日一样一个人背着书包去上学。下午到了放学时间，梅梅迟迟没有回家。晚7时左右，梅梅的父母来到学校，却被告知学生早已放学。经与班主任联系，梅梅的父母大吃一惊，原来梅梅一整天都没来上课。得知梅梅失踪后，学校老师立即带着梅梅的父母到派出所报案。第二天上午，有人在距离学校几公里远的一个废弃的建筑工地上发现了一具小女孩的尸体，死者身上有被奸污的迹象。经辨认，死者确为梅梅。三个月后，犯罪嫌疑人李某被抓获。据李某交代，案发当日，其在学校附近看见梅梅，遂以问路为借口，哄骗梅梅上车后将车开到偏僻的建筑工地，随即奸淫了梅梅并将其杀害。李某归案后不久，法院以强奸罪、故意杀人罪数罪并罚判处其死刑，并判决其赔偿梅梅父母13万余元的损失。然而，罪犯的伏法并没有抚平梅梅父母受伤的心灵。一个月之后，梅梅的父母以学校在梅梅旷课后没有及时通知家

长，导致错过寻找梅梅的最佳时机，校方对梅梅之死存有过错为由，将学校推上了被告席，要求赔偿11万余元的经济损失。

评析·法理

梅梅遇害发生在校园之外，又是由犯罪分子的犯罪行为而引发，从表面上看，好像与学校没什么关系，学校似乎不应当承担责任。但问题在于，在未成年学生上学期间，学校对学生产生了特定的职责：教育、管理和保护。这一职责的基本内涵之一便是：当学校发现未成年学生在规定的上学时间没有到校上课之后，应当及时将情况通报给学生家长。这是学校基于保护职责而产生的"通知"义务。因为按照常规，未成年学生如因生病或其他事由未能到校上课的，应当事先向学校请假。在学生家长未事先请假的情况下，当孩子背着书包走出家门之后，家长有理由相信在规定的上学期间孩子应当是在学校里接受教育。而学校作为负有管理和保护职责的一方，发现学生在规定的上学时间没有到校上课之后，理应及时将这一异常情况通知给学生家长，以便家长及时履行监护职责。学校未履行这一义务的，即构成管理和保护上的疏忽，应当对发生的损害后果承担相应的法律责任。

在梅梅遇害事件中，学校没有尽到通知的义务。在正常的上学时间内，在梅梅的家长事先并未请假的情况下，发现梅梅未到学校上课之后，学校本应当及时与学生家长取得联系，通报情况。然而在本案当中，学校没有履行这一义务，从而有可能导致错过寻找梅梅的最佳时机。法院最终判决学校赔偿梅梅的父母部分损失，正是考虑到了学校的这一过错。

策略·建议

1. 教师（尤其是班主任）每天上课前应当认真检查学生的考勤情况，一旦发现学生缺勤、擅自离校的情况，应当立即通知学生的家长，询问缘由，并做好记录。

2. 对于学生自己交来的请假条，教师也有义务向其家长进行核实，以防个别学生假借家长的名义行逃学之实。

相关规定

《中小学幼儿园安全管理办法》第二十四条："学校应当建立学生安全信息通报制度，将学校规定的学生到校和放学时间、学生非正常缺席或者擅自离校情况以及学生身体和心理的异常状况等关系学生安全的信息，及时告知其监护人……"

《学生伤害事故处理办法》第九条："因下列情形之一造成的学生伤害事故，学校应当依法承担相应的责任……（十一）对未成年学生擅自离校等与学生人身安全直接相关的信息，学校发现或者知道，但未及时告知未成年学生的监护人，导致未成年学生因脱离监护人的保护而发生伤害的。"

自我测验

【案例】 一日中午 1 时左右，在某小学就读的阿文和同学结伴上学。途中，阿文看到河里有人游泳，不顾阿力和小伟的劝阻，脱了衣服就跳入河中，后不幸溺水身亡。当日下午 3 时，阿文的班主任发现阿文等不在课堂，遂打电话给阿文父母，电话未打通。半小时后，警方通知学校，阿文被发现溺水身亡。随后不久，阿文的父母将学校告到法院，请求法院判令学校赔偿 10 万余元。阿文父母认为，学校下午 1 时 40 分上课，校方就应清楚每位学生的情况，切实担起对学生的管理职责，而阿文溺水时间是下午 3 时，校方在上课时间缺乏对学生的严格监督和管理，是导致此次事故的主要原因。学校则认为，阿文出事的地点是学校无法控制的校外环境，学校对学生已尽到教育管理的义务，在主观上不存在过错，更与阿文的溺水没有任何因果关系，故不同意赔偿。（摘编自《广州日报》）

【思考】 谁应当对阿文的死亡承担法律责任？法律依据是什么？

> 放学后，教师为什么不要轻易留下学生进行补课、召集班干部开会、排练节目或从事其他活动？确需留置学生的，需要注意哪些问题？

建议 8

放学后尽量不留学生补课或进行其他活动

情境再现

孙老师是某小学六年级数学学科教师。一日下午放学后，孙老师将班上几名成绩较差的学生留下来单独开"小灶"。补课进行了一个多小时才结束，随后学生陆续离校。11岁的小岩在独自回家的途中，被一骑车人撞倒在地，左胳膊不能动弹，肇事者随即逃逸。家人闻讯赶到后将小岩送往医院救治，诊断结果为左肱骨髁上骨折。经过一个多月的治疗和恢复，小岩伤愈出院。为此，家长共花去医疗费1.5万余元。由于找不到肇事者，小岩将孙老师和学校一起告上了法院，认为两被告下课后留学生补课，致学生晚归以致发生车祸，两被告有过错，应当赔偿原告的部分损失（50%）。孙老师辩称，事故发生在学生回家途中，并非在补课期间，也不在学校内，自己没有责任。学校则在答辩中称同意孙老师的答辩理由，同时认为，补课不是学校组织的，是孙老师的个人行为，与学校无关，学校不应承担任何责任。后经法官耐心劝说，原、被告达成调解意见，两被告共同给付原告3000元作为补偿，纠纷得以平息。

评析·法理

好心好意为学生补课，最后反被学生家长推上被告席进行索赔，我们可以想象孙老师心里有多么的委屈和不平。然而，情归情，法归法，善良的动机并不总是受到法的善待。

未成年学生在校学习期间，学校对其负有教育、管理和保护的责任。这里的"在校学习期间"是指学校组织、安排的教育教学时间。在放学后、节假日或者假期等学校工作时间以外，学生自行滞留学校或自行到校的时间不属于这里的"在校学习期间"。那么，对于放学后教师个人自行决定留下学生进行补课、召集班干部开会、排练节目或从事其他活动，此类时间段是否属于法律规定的"在校学习期间"？这一期间若发生学生安全事故，学校是否需要承担责任？我们认为，尽管在放学后教师留置学生的行为未必是学校统一安排的，但只要教师安排的活动是与教育教学活动有关，不属于教师的个人事务（如为教师个人干家务），那么对于学生及其家长而言，他们就有理由相信教师的行为仍然代表学校，学生个人仍应当服从。鉴于此，在这一期间，学校对学生仍负有教育、管理和保护的职责。一旦因学校管理或保护不周而发生伤害事故的，校方就应当承担相应的责任。可见，教师在放学后留置学生的行为，实际上延长了学校的责任时间，加重了学校的责任负担。

小岩的受伤事件具有特殊性。其一，虽然国家明令禁止中小学校在节假日期间组织学生集体补课，但在本案中，小岩留校补课并非学校的安排，而是教师自行决定的个别辅导行为，其性质不同于集体补课，校方并未违反国家关于禁止补课的规定。其二，本案的事故发生在校外，在补课结束之后，且是由于第三人的侵权行为而引发，对于学校而言是无法预测、无法避免的。鉴于此，对于小岩的受伤事件，学校不存在过错，不应承担民事赔偿责任。至于在法庭调解之下，原、被告自愿和解（被告自愿给原告一定补偿），属于当事人对权利的自由处置，法律并不禁止。当然，如果本案的事故发生在校园之内，那又将是另外一回事了。

策略·建议

1. 在学校规定的放学时间之后，除非学校做出安排，教师个人应当尽量不留学生进行补课、开会或从事其他活动。

2. 放学后确需留下学生的，教师最好事先通知学生的家长，并对学生在校期间的行为加强管理和约束，防止发生意外事故。

相关规定

《学生伤害事故处理办法》第十三条："下列情形下发生的造成学生人身损害后果的事故，学校行为并无不当的，不承担事故责任；事故责任应当按有关法律法规或者其他有关规定认定……（一）在学生自行上学、放学、返校、离校途中发生的……（三）在放学后、节假日或者假期等学校工作时间以外，学生自行滞留学校或者自行到校发生的。"

自我测验

【案例】　小英原本担任班长，一日下午5时多，她所在班级放学后，老师让她留下来给同学们布置作业，自己却离开了。老师刚走，同学开始互相嬉闹，小英的同桌拿起水杯，喝了一口水，喷到另一名男生身上。这位男生被喷得满头满脸，当然不甘示弱，转身操起一张凳子，砸向小英同桌，结果凳子砸偏了，狠狠砸在小英右小腿上，当时就把小英砸倒在地。在同学们的帮助下，小英回到家里，母亲以为她休息一段时间就会好，没在意。可是，过了一个多星期，伤口却痛得越来越厉害。小英母亲赶紧将她送到邻近的医院就诊，医生检查伤势后，让她立即转到大医院继续治疗。在江门最大的医院，经过专家会诊，最后得出结论，小英右脚软组织感染，骨膜受伤。经过四个多月的治疗，她的右脚仍然无法站立。家里没有钱，为小英治伤已经花费了1.8万余元，大都拖欠医院的。更为糟糕的是，砸伤小英的同学家境同样贫困，表示没有钱赔小英医药费。无奈之下，小英母亲找到学校，要求学校承担部分医疗费用。对小英的伤情，学校虽然表示关心，但却还是让小英母亲找砸伤小英的同学要钱，小英躺在医院里这么多天，学校未出过一分医药费。小英的母亲表示，将于近期到法院诉讼，通过法律途径解决这一纠纷。（摘编自《广州日报》）

【思考】　对于小英的受伤，学校是否应承担法律责任？为什么？

> 教师对学生实施性侵害会造成什么后果？要承担什么样的法律责任？教师在与异性学生交往中需要注意哪些问题？

建议 9

远离性侵犯，与学生交往应保持适当的距离

情境再现

据最高人民法院发布的惩治性侵害未成年人犯罪典型案例显示，2011年上半年至2012年6月4日，被告人李吉顺在甘肃省武山县某村小学任教期间，利用在校学生年幼无知、胆小害羞的弱点，先后将被害人小翠（化名）等21名学生骗至宿舍、教室、村外树林等处奸淫、猥亵，将被害人小英（化名）等5名学生骗至宿舍、教室等处猥亵。李吉顺还多次对同一名被害人或同时对多名被害人实施了奸淫、猥亵。上述26名被害人均系4至11周岁的幼女。甘肃省天水市人民检察院以被告人李吉顺犯强奸罪、猥亵儿童罪提起公诉。天水市中级人民法院经审理认为，李吉顺利用教师身份，在教室及其宿舍等处长期对20余名未满12周岁的幼女多次实施奸淫、猥亵，其行为已构成强奸罪、猥亵儿童罪，应依法予以并罚。李吉顺犯罪情节极其恶劣，社会危害极大，应予严惩。依照《中华人民共和国刑法》第二百三十六条，第二百三十七条第一款、第三款，第五十七条第一款，第六十九条的规定，对李吉顺以强奸罪判处死刑，剥夺政治权利终身；以猥亵儿童罪判处有期徒刑五年，决定执行死刑，剥夺政治权利终身。宣判

后，被告人李吉顺提出上诉。甘肃省高级人民法院经依法开庭审理，裁定驳回上诉，维持原判，并依法报请最高人民法院核准。最高人民法院经复核认为，李吉顺利用教师特殊身份，对20余名不满12周岁的幼女多次实施奸淫、猥亵，犯罪性质和情节极其恶劣，社会危害极大，罪行极其严重，依法核准李吉顺死刑。罪犯李吉顺已被执行死刑。

评析·法理

近些年来，教师对学生实施性侵犯的案件媒体时有报道。实践中，此类案件有一些共同特点：其一，当事教师事先对自身行为的违法性都有清醒的认识，但仍抱着侥幸的心理，以为学生年幼无知，可以通过欺骗或者恐吓的方式使其不敢声张，从而避免罪行败露；其二，教师施暴时多以履行职务为借口，或直接发生在履行职务过程中，比如以批改作业、单独辅导功课为名，把学生叫到办公室、寝室或者其他相对隐蔽的空间，利用与学生单独相处的机会对其实施性侵害；其三，此类行为往往会给受害学生留下长期的、巨大的心理创伤，给其未来的生活蒙上阴影。

对未成年学生实施性侵犯是一种严重的犯罪行为，我国刑法对此规定了较为严厉的刑事责任。以下几点应当予以特别注意。

其一，行为人明知对方是不满14周岁的幼女，而仍然与其发生性关系的（即故意与不满14周岁的幼女发生性关系的），无论幼女本人是否同意，无论行为人是否使用了暴力、胁迫或者其他手段，其行为都构成强奸，以强奸罪从重处罚。

其二，对已满14周岁不满16周岁的未成年女性负有监护、收养、看护、教育、医疗等特殊职责的人员，与该未成年女性发生性关系的，构成"负有照护职责人员性侵罪"，处三年以下有期徒刑；情节恶劣的，处三年以上十年以下有期徒刑；有前款行为，同时又构成我国《刑法》第二百三十六条规定之罪（即采用暴力、胁迫或者其他手段强奸该未成年女性构成强奸罪）的，依照处罚较重的规定定罪处罚。

其三，猥亵学生的行为也是犯罪。所谓猥亵，是指除了强奸行为以外，其他以性为目的而实施的淫秽行为，包括公开暴露生殖器，强制抠摸、搂抱、吮吸、舌舐以及手淫、鸡奸等行为。猥亵的受害者既包括女性，也包括男性。根据我国《刑法》第二百三十七条的规定，以暴力、胁迫或者其他方法强制猥亵他人（包括女性和男性）或者侮辱妇女的，处五年以下有期徒刑或者拘役；聚众或者在公共场所当众犯前款罪的，或者有其他恶劣情节的，处五年以上有期徒刑。其中，猥亵不满十四周岁的未成年人（包括女童和男童）的，构成猥亵儿童罪，处五年以下有期徒刑。有下列情形之一的，处五年以上有期徒刑：（一）猥亵儿童多人或者多次的；（二）聚众猥亵儿童的，或者在公共场所当众猥亵儿童，情节恶劣的；（三）造成儿童伤害或者其他严重后果的；（四）猥亵手段恶劣或者有其他恶劣情节的。

其四，性骚扰要承担相应的法律责任。所谓性骚扰，是指以带性暗示的言语或动作，对他人进行不受欢迎的性挑逗或性刺激，引起对方不悦，侵犯他人人格尊严，但尚不构成强制猥亵和强奸的行为。根据我国《民法典》第一千零一十条的规定，违背他人意愿，以言语、文字、图像、肢体行为等方式对他人实施性骚扰的，受害人有权依法请求行为人承担民事责任。实践中，遭遇他人性骚扰后，受害人可以要求侵权人承担停止侵害、赔礼道歉、赔偿精神损害抚慰金等民事法律责任。对于情节严重的性骚扰行为，受害者还可以向公安机关报案，要求追究其治安管理责任。

教师肩负教书育人职责，与学生朝夕相处，特别容易赢得学生的信任和爱戴。面对需要关爱和保护的学童，教师应珍惜自己的特殊职权，自重、自律，维护纯洁的师生情谊。

策略·建议

1. 教师在工作中要不断提高个人修养，培养高尚的情操，爱生如爱子，保护学生的身心健康。

2. 在与学生交往的过程中，教师在感情上要贴近学生，但在身体接触上则要保持一定的距离，不要有亲昵的肢体接触行为，对异性学生更是如此。

3. 无论是在教室、办公室，还是宿舍，在没有第三者在场的情况下，男教师应当尽量不要单独留下女生进行个别谈话，以免造成误会。

相关规定

《中华人民共和国刑法》第二百三十六条："以暴力、胁迫或者其他手段强奸妇女的，处三年以上十年以下有期徒刑。奸淫不满十四周岁的幼女的，以强奸论，从重处罚。强奸妇女、奸淫幼女，有下列情形之一的，处十年以上有期徒刑、无期徒刑或者死刑：（一）强奸妇女、奸淫幼女情节恶劣的；（二）强奸妇女、奸淫幼女多人的；（三）在公共场所当众强奸妇女、奸淫幼女的；（四）二人以上轮奸的；（五）奸淫不满十周岁的幼女或者造成幼女伤害的；（六）致使被害人重伤、死亡或者造成其他严重后果的。"

《中华人民共和国刑法》第二百三十六条之一："对已满十四周岁不满十六周岁的未成年女性负有监护、收养、看护、教育、医疗等特殊职责的人员，与该未成年女性发生性关系的，处三年以下有期徒刑；情节恶劣的，处三年以上十年以下有期徒刑。有前款行为，同时又构成本法第二百三十六条规定之罪的，依照处罚较重的规定定罪处罚。"

《中华人民共和国刑法》第二百三十七条："以暴力、胁迫或者其他方法强制猥亵他人或者侮辱妇女的，处五年以下有期徒刑或者拘役。聚众或者在公共场所当众犯前款罪的，或者有其他恶劣情节的，处五年以上有期徒刑。猥亵儿童的，处五年以下有期徒刑；有下列情形之一的，处五年以上有期徒刑：（一）猥亵儿童多人或者多次的；（二）聚众猥亵儿童的，或者在公共场所当众猥亵儿童，情节恶劣的；（三）造成儿童伤害或者其他严重后果的；（四）猥亵手段恶劣或者有其他恶劣情节的。"

《中华人民共和国民法典》第一千零一十条："违背他人意愿，以言语、文字、图像、肢体行为等方式对他人实施性骚扰的,受害人有权依法请求行为人承担民事责任。机关、企业、学校等单位应当采取合理的预防、受理投诉、调查处置等措施,防止和制止利用职权、从属关系等实施性骚扰。"

自我测验

【案例】 小花的母亲无意中得知女儿有可能被老师骚扰之后,便向女儿详细询问了事情的经过。小花告诉母亲,上学期,董老师叫她中午吃完饭到办公室去改作业,但实际上很少改作业,只是抱抱她就没事了;这学期,老师又说要亲她,但被她拒绝了。听女儿这么一说,小花的母亲当即找到学校反映情况。10月9日上午,她再次来到学校,找到了刚下课的董老师,冲上去就扇老师的耳光,一边打还一边骂。被扇耳光的董老师觉得很冤枉,他解释说,小花是个讨人喜欢的小女孩,其父母离异,自己就是对她关心多了一些。但是这种关心只是纯粹的师生之间的那种关心,并没有什么亲亲摸摸之举。学校校长也表示,根据他们的初步调查,董老师所说的情况是属实的,他们也相信董老师不会做出学生家长想象中的那些事。因为他班上的这些学生年龄比较小,老师对学生都很关心,平时也会有摸摸头之类的行为,但这些动作都是老师不经意间做出来的。现在的孩子发育得比较早,接触到的外界事物也比较多,所以有些事情就会想得比较复杂。对于学校这样的说法,小花的母亲显然不满意,她表示要继续向学校上级主管部门投诉此事。她还表示,自己已经向警方报案,相信警察会调查老师到底有没有猥亵她的女儿。(摘编自《扬子晚报》)

【思考】 本案给我们什么反思?如何避免此类事件的发生?

> 教师在课堂上的言论自由要受到哪些限制？如何正确行使言论自由权？

建议 10

教师肩负特殊职责，课堂言论自由应有度

情境再现

以下是某教师在新生入学教育课上的部分发言内容："……那么我问你：读书干什么？考大学干什么？总之你为了什么？也许你会说，为了实现共产主义，为了社会主义建设。而我要明确地告诉你——读书考大学，是为了自己，不是别人。读书增强了自己的本领，扩充了自己的资本，将来能找到一个好的工作，挣下大把的钱，从而有一个美好的生活。比如生活愉快，人生充实，前途美好，事业辉煌，甚至找一个漂亮的老婆，生一个聪明的儿子。所以，我强调读书应该是为了自己……"针对该教师的言论，《中国青年报》发表了《某重点中学语文老师："读书是为了挣大钱娶美女"》的文章。随后，国内舆论一片哗然，不少人指责该教师的言论是低俗、腐朽、反教育的，违背了现行的教育方针政策；也有一些人表示支持，认为其言论"实事求是、比较切合实际"，"容易为学生所接受"。

评析·法理

言论自由是指公民享有对国家的政治、经济、文化及社会生活中的各

种问题表达个人见解和意愿的权利，它是我国宪法所确认和保护的一项公民的基本权利。从职业劳动的特点上看，教师的工作虽然有时也会与他人发生一定的协作关系，但主要还是一种个体劳动，劳动的过程存在着高度的自主性和非约束性。这也决定了教师在言论表达上存在着高度自由的空间。然而，正如学生作为公民也享有言论自由，但在课堂上不得随意发表言论，其言论自由要受到课堂纪律的制约，教师在课堂上的言论自由也不是绝对的，也受制于一定的前提条件，是在一定的"度"的范围之内的自由。这些"度"包括：（一）宪法和法律。我国宪法规定，公民必须遵守宪法和法律，在行使自由和权利的时候，不得损害国家的、社会的、集体的利益和其他公民的合法的自由和权利。例如，教师不得以言论自由为借口，在课堂上发表可能涉嫌侵犯他人的隐私权、名誉权、人格尊严权等合法权益的言论，否则即构成违法，需承担相应的法律责任。（二）教师的职责和职业道德。按照我国《教育法》的规定，"教育必须为社会主义现代化建设服务、为人民服务，必须与生产劳动和社会实践相结合，培养德智体美劳全面发展的社会主义建设者和接班人"，"国家在受教育者中进行爱国主义、集体主义、中国特色社会主义的教育，进行理想、道德、纪律、法治、国防和民族团结的教育"。我国《教师法》中关于教师义务部分则规定，教师应当"贯彻国家的教育方针"，"对学生进行宪法所确定的基本原则的教育和爱国主义、民族团结的教育，法制教育以及思想品德、文化、科学技术教育"。《新时代中小学教师职业行为十项准则》也规定，教师应当"贯彻党的教育方针"，"不得在教育教学活动中及其他场合有损害党中央权威、违背党的路线方针政策的言行"，应当"恪守宪法原则，遵守法律法规"，"不得通过课堂、论坛、讲座、信息网络及其他渠道发表、转发错误观点"。可见，作为公民，教师享有充分的言论自由，但一旦走上讲台履行教育职责之时，教师应当忠于自己的法定职责和职业道德，不得有违背职责和道德的言行，否则即有可能被认定为"不称职"，从而被依法剥夺教师资格。（三）国家制定的教学大纲和学校安排的教学任务。教师是带着一定的目标和任务上课的，这些目标、任务包括国家制定的教学大纲和学校安排的教学任务。课堂上，教师应当围绕着这些目标、任务来组织教学，而不能把课堂变成自己不负责任、不着边际地高谈阔论的自由场所，否则便是误人子弟，隐患无穷。

中小学阶段的学生正处于人生发展的重要阶段，世界观、人生观、道德观正在逐步形成，教师的一言一行无疑会对其产生特殊的影响。作为教书育人者，教师应当把握好课堂这个"主战场"，用自己的高尚情操来陶冶学生，用自己的良好言行来引导学生，培养学生健全的人格和积极进取、奋发向上的人生态度。

策略·建议

1. 教师要加强思想修养，提高政治觉悟，牢记自己的职责，不要在课堂发表有违宪法、法律和师德规范的言论。

2. 课堂是教书育人的场所，不是教师标新立异、宣扬个人信仰和价值观的场所，不要把个人的一些激进的观点带进课堂。

相关规定

《中华人民共和国教师法》第八条："教师应当履行下列义务：（一）遵守宪法、法律和职业道德，为人师表；（二）贯彻国家的教育方针，遵守规章制度，执行学校的教学计划，履行教师聘约，完成教育教学工作任务……"

《新时代中小学教师职业行为十项准则》规定："三、传播优秀文化。带头践行社会主义核心价值观，弘扬真善美，传递正能量；不得通过课堂、论坛、讲座、信息网络及其他渠道发表、转发错误观点，或编造散布虚假信息、不良信息。"

自我测验

【案例】 2024年1月8日，有网友在短视频平台发布视频，反映某中学高一某班班主任王某某让学生们发毒誓:"在教室里面只有学习,若违此誓,死全家,先死爹,再死妈。"1月9日,该中学发布通报称:近日,我校一教师在课堂上的不当言论,引发网民关注,学校对此高度重视,通过认真调查核实,网络反映情况属实。经校党委研究,已责成涉事教师向学生及家长真诚道歉,向校委会写出深刻检讨,给予行政警告处分,停止其班主任职务。(摘编自"光明网")

【思考】 教师在课堂上的言论自由是否应当受到制约?为什么?

> 课间10分钟，学校和老师为避免发生安全事故，能否禁止学生到操场上活动？

建议 11

课间 10 分钟，保障学生的休息权并预防安全事故

情境再现

据新华社报道，"新华视点"记者近期在一些地方调查发现，部分中小学生课间10分钟被约束，除喝水和上厕所外，不能走出教室活动，甚至不能随意离开座位。记者日前在多所中小学走访看到，由于小课间学生被要求不能随意离开教室，校园里变得静悄悄的。据了解，这一现象由来已久。2019年的一项针对1900余名家长的调查显示，75.2%的家长认为身边中小学"安静的小课间"现象普遍，且在小学最为突出。长春市多所小学的学生家长反映，学校要求孩子小课间不能去操场玩耍，只能上厕所或在走廊内安静地活动。一位家长说，孩子的班主任规定，课间除上厕所外，都要待在座位上。"有学生曾因课间在教室打闹被惩罚。从那以后，他们下课后再也不敢跑来跑去了。"海口市多所小学安排值日老师在每层楼巡查，严禁学生在走廊追逐玩耍。有的学校还抽选少先队员组建值日团队，对各班学生课间的行为进行计分考核，一旦发现追逐打闹现象，就给班级扣分，考核与文明班级评选直接挂钩。河北、贵州等地一些中小学也存在类似现象。记者在河北省廊坊市一所小学看到，除了一些学生上厕所

外,大部分孩子在下课后都坐在教室聊天。贵州遵义某小学教师张栩(化名)说,有部分班主任不让学生小课间到操场玩,"这样做太压抑孩子的天性了"。海口市多名小学生家长介绍,只有少数教师重视学生小课间的体育锻炼,大部分教师会以强调纪律为名,想方设法让好动的小学生安静下来,美其名曰"文明休息"。

评析·法理

  课间应当是学生休息和放松的时间。经过一堂课紧张的学习之后,站起来四处走走,凭栏远眺,或者玩个游戏,蹦一蹦,跳一跳,和同学畅聊一番,活动一下筋骨,放松一下神经,积蓄能量后"满血复活",重新以饱满的状态投入到下一节课的学习当中。不仅如此,课间10分钟让学生走出教室参与户外活动,对于缓解视觉疲劳、预防近视,对于保护脊柱健康、预防脊柱侧弯,对于促进人际交往、增强同学情谊,对于避免学习倦怠、提高学习效率都有着重要的作用。

  然而,一些学校因为担心课间发生事故,而对学生出教室活动进行过多限制和约束,甚至让学生"安静下来""文明休息",这是因噎废食,是"懒政",不利于学生的身心健康发展,也不利于育人目标的实现。对不少学生而言,课间可能是一天中最快乐的时光,学校难道连这一点快乐也要予以剥夺?

  学校的管理举措不能以牺牲学生健康、侵犯学生权益为代价。联合国《儿童权利公约》规定,儿童"享有休息和娱乐的权利"。教育部制定的《未成年人学校保护规定》也明确规定,学校不得设置侵犯学生人身自由的管理措施,不得对学生在课间及其他非教学时间的正当交流、游戏、出教室活动等言行自由设置不必要的约束;学校应当完善管理制度,保障学生能在课间、课后使用学校的体育运动场地、设施开展体育锻炼。说到底,保障学生的课间休息,是为了保障学生的身心健康,促进学生的全面发展。

当然，保障学生的课间休息权，并不意味着学生的安全不重要，更不意味着学校和老师可以放任学生"撒野"，而在安全管理上毫不作为。须知，课间确实是学校安全事故的一个高发时段，特别是肢体游戏、追逐奔跑等运动，明显增加了学生伤害事故的发生概率。那么，如何在保障学生课间休息的同时，尽力预防安全事故的发生，做到"鱼和熊掌"兼得呢？

首先要保障学校设施的安全。学校要强化对教育设施的安全检查，例如课桌排距、楼道与楼梯的护栏高度，都要符合安全标准；操场地面应当平整、不得有坑洼或障碍物；单双杠、爬梯等运动设施应当符合安全要求并有保护措施。其次，平时要经常性地对学生开展课间安全教育，提醒学生不要做危险的动作和游戏，增强学生的安全防范意识和自我保护能力。再次，在危险的场所和部位要设立警示标志或者采取防护措施。例如，在楼梯的墙面上应当张贴"靠右慢行、不要拥挤、禁止打闹"的安全通行提示语。最后，课间要安排教职工在"高危区域"进行值班巡逻。例如在楼道楼梯、操场以及体育器械区，通过安排教职工值班巡逻，及时发现并制止学生做出的危险行为，预防发生安全事故。

策略·建议

1. 任课教师应当按时下课，不拖堂，不侵占学生的课间休息时间。学校不得对学生课间出教室活动设置不必要的限制。

2. 在保障学生课间休息权的同时，学校要采取充分的安全管理措施，预防发生学生伤害事故。

相关规定

《中华人民共和国未成年人保护法》第三十三条："学校应当与未成年学生的父母或者其他监护人互相配合，合理安排未成年学生的学习时间，保障其休息、娱乐和体育锻炼的时间……"

《未成年人学校保护规定》第八条："学校不得设置侵犯学生人身自由

的管理措施，不得对学生在课间及其他非教学时间的正当交流、游戏、出教室活动等言行自由设置不必要的约束。"

自我测验

【案例】 小亮和小谷是某小学四年级同班同学。一日上午第三节下课后，任课教师拖堂继续讲了近10分钟。第四节课预备铃声响后，同学们纷纷冲向同一楼层的厕所。在男生厕所，小亮跑进门时与正要出来的小谷撞个满怀，导致小谷倒地不起。后经医院诊断，小谷的伤情为左肱骨外髁骨折。经司法鉴定，小谷左上肢损伤构成九级伤残。事发后不久，小谷将小亮和学校告上法庭。法院经审理认为，小亮在奔跑中将小谷撞倒致伤，应负事故主要责任；学校教师拖堂，未给学生留足必要的如厕时间，致使学生慌忙上厕所，且未对学生进行相应的安全教育和提醒，以致酿成事故，校方对此存有过错，应承担次要责任。

【思考】 本案中，学校教师的做法有何不妥？

> 教师如何对学生实施教育惩戒？怎样"惩戒"才不违规？

建议 12

把握好尺度，依法依规实施教育惩戒

情境再现

【案例1】 某小学四年级学生小宇，上数学课的时候忘了带量角器。任课教师很生气，为了让小宇长记性，老师罚他回家抄写200遍"我要带量角器"，而且要做到字迹工整。小宇的家长得知此事后，对老师的做法感到不满，遂在网上发帖子请网友来评理。不少网友认为，老师的做法过于严苛，已经构成了变相体罚。无独有偶，某中学初二学生小林，因为在五一放假前的一节课上做错了一些数学题，老师让他在五一期间把错题抄写100遍。小林的家长得知情况后，认为老师的做法不妥，遂向当地教育局投诉，教育局随后对此事进行了处理。

【案例2】 据媒体报道，2016年3月初，某中学12名高中生由于违反校规在学校使用手机，被学校给予了劝退的处分。家长向学校求情遭拒绝后，又向当地教育局反映，并向媒体求助，此事引起社会广泛热议。3月27日，学校就劝退学生一事发布声明称，将维持对12名违纪学生的处理决定，"严肃执行校规，体现了学校为大多数学生负责的担当"。声明还称，此次处理12名违纪学生，学校并非是"不教而诛"的突然之举，而是在多次告知、教育无效的情况下，为维护大多数学生利益而做出的无奈之举。此后，当地教育局介入调查。3月31日，教育局发布通报称，坚持教书育人根本宗旨，践行以生为本、教育为主的管理理念，在批评教育、本人认识错误的基础上，12名学生立即返校学习。学校对返校学生要倍加关心爱护，采取多种方式做好心理疏导和学业指导，使其尽快进入正常学习生活状态。

评析·法理

对于犯错误、违纪的学生，学校和教师能不能对其进行教育惩戒？怎样实施教育惩戒？教育惩戒和体罚、侮辱人格尊严等行为的界限在哪里？这是长期困扰学校和老师的难题。2020年11月，教育部颁布了《中小学教育惩戒规则（试行）》（以下简称《规则》），并于2021年3月1日起正式施行。《规则》为学校和教师实施教育惩戒提供了指南和依据。

教育惩戒是指学校、教师基于教育目的，对违规违纪学生进行管理、训导或者以规定方式予以矫治，促使学生引以为戒、认识和改正错误的教育行为。那么，在什么情形下，学校和教师可以对学生实施教育惩戒呢？按照《规则》规定，学生具有下列情形之一的，可以对其实施教育惩戒：（一）故意不完成教学任务要求或者不服从教育、管理的；（二）扰乱课堂秩序、学校教育教学秩序的；（三）吸烟、饮酒，或者言行失范违反学生守则的；（四）实施有害自己或者他人身心健康的危险行为的；（五）打骂同学、老师，欺凌同学或者侵害他人合法权益的；（六）其他违反校规校纪的行为。

学校和教师可以对违纪学生实施哪些教育惩戒措施呢？《规则》根据措施的轻重、严厉程度，将教育惩戒措施分为三大类，分别为一般教育惩戒、较重教育惩戒和严重教育惩戒。

其中，对违规违纪情节较为轻微的学生，教师可以当场实施一般教育惩戒。一般教育惩戒共有六种措施，分别为：（一）点名批评；（二）责令赔礼道歉、做口头或者书面检讨；（三）适当增加额外的教学或者班级公益服务任务；（四）一节课堂教学时间内的教室内站立；（五）课后教导；（六）学校校规校纪或者班规、班级公约规定的其他适当措施。

对违规违纪情节较重或者经当场教育惩戒拒不改正的学生，学校可以对其实施较重教育惩戒。较重教育惩戒共有五种措施，分别为：（一）由学校德育工作负责人予以训导；（二）承担校内公益服务任务；（三）安排接受专门的校规校纪、行为规则教育；（四）暂停或者限制学生参加游览、校外集体活动以及其他外出集体活动；（五）学校校规校纪规定的其他适当措施。

对于违规违纪情节严重或者影响恶劣的小学高年级、初中和高中阶段的学生，学校可以对其实施严重教育惩戒。严重教育惩戒共有三种措施，分别为：（一）给予不超过一周的停课或者停学，要求家长在家进行教育、管教；（二）由法治副校长或者法治辅导员予以训诫；（三）安排专门的课程或者教育场所，由社会工作者或者其他专业人员进行心理辅导、行为干预。

除此之外，对违规违纪情节严重，或者经多次教育惩戒仍不改正的学生，学校可以给予警告、严重警告、记过或者留校察看的纪律处分。对高中阶段学生，还可以给予开除学籍的纪律处分。对有严重不良行为的学生，学校可以按照法定程序，配合家长、有关部门将其转入专门学校教育矫治。

《规则》还规定，学生扰乱课堂或者教育教学秩序，影响他人或者可能对自己及他人造成伤害的，教师可以采取必要措施，将学生带离教室或者教学现场，并予以教育管理。此外，教师、学校发现学生携带、使用违规物品或者行为具有危险性的，应当采取必要措施予以制止；发现学生藏匿违法、危险物品的，应当责令学生交出并可以对可能藏匿物品的课桌、储物柜等进行检查。教师、学校对学生的违规物品可以予以暂扣并妥善保管，在适当时候交还学生家长；属于违法、危险物品的，应当及时报告公安机关、应急管理部门等有关部门依法处理。

《规则》还从反面规定了教师禁止采取的八种措施,给教育惩戒画定了红线,设立了禁区。按照《规则》第十二条的规定,教师在教育教学管理、实施教育惩戒过程中,不得有下列八种行为:(一)以击打、刺扎等方式直接造成身体痛苦的体罚;(二)超过正常限度的罚站、反复抄写,强制做不适的动作或者姿势,以及刻意孤立等间接伤害身体、心理的变相体罚;(三)辱骂或者以歧视性、侮辱性的言行侵犯学生人格尊严;(四)因个人或者少数人违规违纪行为而惩罚全体学生;(五)因学业成绩而教育惩戒学生;(六)因个人情绪、好恶实施或者选择性实施教育惩戒;(七)指派学生对其他学生实施教育惩戒;(八)其他侵害学生权利的。上述八种行为,不但无助于实现让学生认识错误、改正错误的目的,还侵犯了学生的合法权益,违背了公平、正义的原则,容易引发师生矛盾和家校纠纷,因而为法律所禁止。

策略·建议

1. 学校应当结合本校学生特点,依法制定、完善校规校纪,明确学生行为规范,健全实施教育惩戒的具体情形和规则。在制定关于教育惩戒的校规校纪时,应当广泛征求教职工、学生和家长的意见;有条件的,可以组织有学生、家长及有关方面代表参加的听证。校规校纪应当提交家长委员会、教职工代表大会讨论,经校长办公会议审议通过后施行,并报主管教育部门备案。

2. 学校和教师实施教育惩戒应当坚持"过惩相当"的原则,针对学生违规违纪情节轻重程度不同的,分别实施轻重程度不同的教育惩戒;应当坚持正当程序,听取学生的陈述和申辩,做到客观公正,实现育人效果。

相关规定

《中小学教育惩戒规则(试行)》第三条:"学校、教师应当遵循教育规律,依法履行职责,通过积极管教和教育惩戒的实施,及时纠正学生错误言行，培养学生的规则意识、责任意识。教育行政部门应当支持、指导、监督学校及其教师依法依规实施教育惩戒。"

《中小学教育惩戒规则（试行）》第四条："实施教育惩戒应当符合教育规律，注重育人效果；遵循法治原则，做到客观公正；选择适当措施，与学生过错程度相适应。"

《中小学教育惩戒规则（试行）》第十五条："学校应当支持、监督教师正当履行职务。教师因实施教育惩戒与学生及其家长发生纠纷，学校应当及时进行处理，教师无过错的，不得因教师实施教育惩戒而给予其处分或者其他不利处理。教师违反本规则第十二条，情节轻微的，学校应当予以批评教育；情节严重的，应当暂停履行职责或者依法依规给予处分；给学生身心造成伤害，构成违法犯罪的，由公安机关依法处理。"

自我测验

【案例】 某小学8岁的学生小东，上课期间不认真听讲，还转身和后排同学交头接耳。任课教师杨某某发现后，当即对他予以警告。然而小东不但没有改正，反而做鬼脸，引得全班同学哄堂大笑。杨某某气愤地将小东赶出开着暖气的教室，让他在外面的走廊上罚站。由于当时是冬天，刮着大风，走廊上也没有暖气，加上小东体质较弱，身上穿的衣服少，结果受了风寒着凉，得了重感冒。为了给孩子看病，家长花了一千多块钱的医疗费用。事后，小东的母亲找到学校，要求校方赔偿医疗费损失，由此引发了法律纠纷。

【思考】 本起事件中，教师的做法是否妥当？

> 哪些行为属于学生欺凌？怎样区分学生欺凌与打闹行为？学生欺凌的实施者要承担哪些责任？

建议 13

对学生欺凌零容忍，积极预防、妥善处置欺凌事件

情境再现

据《封面新闻》消息，2023年9月10日，多个社交平台流传着一段视频。视频中，重庆酉阳一所中学厕所内，一名身材瘦小的女生被另一个女生殴打，被现场多个女生逼迫下跪。最终，被殴打的女生鞠躬道歉，在十多人的哄笑中走出厕所。对此，涉事学校及酉阳县教委工作人员称，该事件正由多个部门处理中。2023年9月12日，涉事学校就此事发布情况说明，其中载明：2023年9月1日，我校七年级女生孙某（现年12周岁），在校园内被八年级女生万某某（又名冉某某，现年13周岁）殴打，这是一起校园欺凌事件。事件发生后，学校迅速将孙某送往医院观察治疗，现已治愈出院。同时，学校还安排人员对该生进行心理疏导、人文关怀，并积极与双方家长进行沟通协调。麻旺镇党委政府、县公安局、县教委迅速开展调查处理。9月5日，根据调查情况，学校依据《中小学教育惩戒规则（试行）》给予万某某留校察看处分，并会同公安机关对万某某及围观学生进行了批评教育，要求家长与学校共同加强对学生的教育管理。因万某某未满14周岁，系未成年人，属于法定不予处罚对象，公安机关依法责

令其家长严加管教,现万某某已被其家长转入专门学校接受教育。双方家长已达成了谅解协议。

评析·法理

学生欺凌,是指学生之间发生的,在年龄、身体或者人数等方面占优势的一方,蓄意或恶意通过肢体、语言及网络等手段,对另一方实施欺压、侮辱,造成人身伤害、财产损失或者精神损害的行为。

学生欺凌在行为表现方式上主要有四种类型,分别为肢体欺凌、语言欺凌、关系欺凌和网络欺凌。其中,肢体欺凌包括通过殴打、脚踢、掌掴、抓咬、推撞、拉扯等方式侵害他人身体的行为,以及通过抢夺、强拿硬要或故意毁坏他人财物等方式侵害他人财产的行为。语言欺凌主要包括给他人起侮辱性绰号、口头威胁、恐吓他人等行为。关系欺凌(也叫社交欺凌)主要包括在班集体中刻意孤立某一同学,阻止众人与其交往等行为。网络欺凌主要包括在微信、QQ、论坛等网络或者移动媒体上,散布他人隐私或者捏造事实诽谤他人等行为。

学生欺凌行为损害学生的身心健康,危及学生的人身及财产安全,造成不良的社会影响,妨碍了立德树人目标的实现,其危害性不容忽视。按照规定,实施欺凌的学生可能需要承担以下几个方面的责任:(一)教育惩戒或纪律处分。学生欺凌属于违反校规校纪的行为,对于欺凌者,学校应当根据欺凌情节的轻重程度,对其给予批评教育、教育惩戒或纪律处分等不同处理。(二)民事责任。如果欺凌行为造成被欺凌者的身体或心理受到伤害,导致被欺凌者需要就医治疗的,那么欺凌者的行为构成了民事侵权,侵害了他人的生命健康权,依法应当承担侵权责任,其监护人应当赔偿受害者医疗费、精神损失费等各种损失。(三)行政责任或刑事责任。如果欺凌行为给被欺凌者造成严重的身体伤害或精神疾病,或者欺凌行为性质恶劣,造成严重不良影响,那么实施欺凌的学生轻者可能被公安机关处以治安拘留等处罚,重者可能会触犯刑法,构成寻衅滋事罪或故意伤害罪、侮辱罪等犯罪，被追究刑事责任。

实践中，学校和教师应当注意分清学生欺凌与打闹行为的区别。二者的区别主要表现在三个方面：（一）行为动机不同。欺凌行为往往是出于蓄意或者恶意的心理动机，是为了追求刺激、显示威风；而打闹则通常没有这样的主观心理特征。（二）参与的主动性不同。在打闹行为中，双方都是积极主动参与，互相施加行为。而在欺凌行为中，被欺凌者并不希望发生这种行为，只是被动忍受着对方施加的伤害。（三）承受人的主观感受不同。在打闹行为中，双方都感觉好玩，乐于参与其中，并在行为过程中产生积极的心理体验。而在欺凌行为中，承受人感觉到被冒犯、被侮辱，产生了严重的负面心理体验，身心受到了伤害。在这三个方面中，承受人的主观感受尤为重要，它是区分学生欺凌和打闹行为的主要依据。

学校和教职工应当树立对学生欺凌零容忍的态度，采取各项措施积极预防欺凌行为的发生。一旦发生欺凌事件，要依法依规、及时妥善地进行处置。

策略·建议

1. 学校应当成立学生欺凌治理组织，负责学生欺凌的校规制定、宣传教育、预防、认定、处置处理等工作。

2. 平时，学校和教师应当经常性地对学生开展防治欺凌的专题教育，并通过定期向全体学生组织欺凌问卷调查、设立便捷的举报通道等方式，有效预防和及时发现学生欺凌行为。

3. 发生疑似学生欺凌事件后，学校应当及时组织事件调查，并认定是否构成学生欺凌。属于学生欺凌的，学校应当及时采取干预措施，并对实施或参与学生欺凌的相关学生作出教育惩戒或纪律处分。对于实施了严重欺凌行为的学生，必要时应当安排由社会工作者或者其他专业人员对其进行心理辅导、行为干预。发现有证据证明欺凌事件可能涉及治安违法或犯罪的，学校应当立即向公安机关报案，并对公安机关的调查取证工作予以配合。

4. 在处理欺凌事件过程中，学校和教师应当对受害学生实施救助和帮扶。若受害学生因为欺凌事件而导致心理健康受到影响，学校应通过合适的途径聘请有资质的心理工作者，对受害者开展心理辅导，帮助其走出心理阴影，恢复身心健康。

相关规定

《中华人民共和国未成年人保护法》第三十九条："学校应当建立学生欺凌防控工作制度，对教职员工、学生等开展防治学生欺凌的教育和培训。学校对学生欺凌行为应当立即制止，通知实施欺凌和被欺凌未成年学生的父母或者其他监护人参与欺凌行为的认定和处理；对相关未成年学生及时给予心理辅导、教育和引导；对相关未成年学生的父母或者其他监护人给予必要的家庭教育指导。对实施欺凌的未成年学生，学校应当根据欺凌行为的性质和程度，依法加强管教。对严重的欺凌行为，学校不得隐瞒，应当及时向公安机关、教育行政部门报告，并配合相关部门依法处理。"

《未成年人学校保护规定》第二十条："学校应当教育、引导学生建立平等、友善、互助的同学关系，组织教职工学习预防、处理学生欺凌的相关政策、措施和方法，对学生开展相应的专题教育，并且应当根据情况给予相关学生家长必要的家庭教育指导。"

《未成年人学校保护规定》第二十二条："教职工应当关注因身体条件、家庭背景或者学习成绩等可能处于弱势或者特殊地位的学生，发现学生存在被孤立、排挤等情形的，应当及时干预。教职工发现学生有明显的情绪反常、身体损伤等情形，应当及时沟通了解情况，可能存在被欺凌情形的，应当及时向学校报告。学校应当教育、支持学生主动、及时报告所发现的欺凌情形，保护自身和他人的合法权益。"

自我测验

【案例】 被告人张某、范某、魏某与被害人孙某系西安市灞桥区某职业学校的同班同学,均系未成年人。2021年10月9日至11月3日期间,张某、范某、魏某伙同同班的其他六名同学(未满十六周岁,未达刑事责任年龄)以孙某在背后说其坏话、给老师打小报告为由,先后六次将孙某叫至学校寝室、教学楼女厕所内,对孙某进行殴打、凌辱,包括掌掴、踩踏、逼迫下跪,以及要求被害人捏肩捶背、讲故事哄睡等。其中,在2021年10月中旬的一天23时许,张某、范某等人在学校寝室对被害人孙某实施殴打以后,又对孙某实施猥亵,并录制视频在宿舍微信群内传播。灞桥法院经审理后认为,被告人范某、张某、魏某与同伙多次随意殴打未成年被害人,情节严重,三被告人的行为已构成寻衅滋事罪;被告人范某、张某以暴力手段聚众猥亵未成年被害人,其行为已构成强制猥亵罪。三被告人的行为严重侵害未成年人的身心健康、影响教学秩序、社会危害性较大,依法应予以刑事处罚。(摘编自"平安灞桥"微信公众号)

【思考】 结合本案,谈一谈学生欺凌的实施者可能要承担哪些方面的责任。

> 学校和教师在工作中发现未成年学生遭受或者疑似遭受不法侵害的，应当怎么办？

建议 14

发现学生可能遭受不法侵害，要及时履行报告职责

情境再现

2019年5月16日，某小学老师发现本校六年级学生董某某（女，12岁）在校外抽烟，经与董某某耐心细致交流，了解到董某某曾与他人发生性关系，疑似遭受性侵害。同时，通过董某某得知该校另一名六年级学生陈某某（女，12岁）也有类似遭遇。发现上述情况后，老师第一时间报告学校，学校根据该市关于侵害未成年人案件强制报告制度要求，立即向公安机关报案。同时，教育局将有关情况通报检察机关。经查，2018年至2019年3月期间，校外闲散人员朱某某、何某某等人明知董某某、陈某某系不满14周岁幼女，仍假借"谈恋爱"之由与其发生性关系。2019年8月5日，当地检察院以强奸罪对朱某某等人提起公诉，法院依法进行定罪量刑。

评析·法理

在这起案例中，老师发现学生的不良行为后，通过主动追问，进一步发现了学生可能遭受不法侵害的情况，随后立即报告学校，学校则立即向

公安机关报案，犯罪分子因此受到了法律惩治。试想一下，如果老师发现学生疑似遭受性侵后，没有及时报案，而是本着多一事不如少一事的态度，不闻不问，那么学生可能会持续受到不法侵害，犯罪分子也可能持续作恶、逍遥法外。碰到类似的情形，我们都能像这位老师那样依法履行报告职责吗？

2020年5月，最高人民检察院、教育部、公安部、民政部等九部门联合印发了《关于建立侵害未成年人案件强制报告制度的意见（试行）》。这一意见规定，国家机关、法律法规授权行使公权力的各类组织及法律规定的公职人员，以及学校、医院、儿童福利机构、宾馆等密切接触未成年人行业的各类组织及其从业人员，在工作中发现未成年人遭受或者疑似遭受不法侵害以及面临不法侵害危险的，应当立即向公安机关报案或举报。这就是侵害未成年人案件强制报告制度。2021年6月，这一制度被修订实施的《中华人民共和国未成年人保护法》吸收，上升为法律规定。强制报告制度的施行，及时有效地惩治了侵害未成年人的违法犯罪，最大限度地保护了未成年人的身心安全与合法权益。

按照规定，学校及教职工都是负有报告义务的主体，在日常工作中，一旦发现未成年人遭受或者疑似遭受不法侵害以及面临不法侵害危险的，应当立即向公安机关报案或举报。具体而言，发生下面九种情形的，学校及教职工应当及时履行报告义务：（一）未成年人的生殖器官或隐私部位遭受或疑似遭受非正常损伤的；（二）不满十四周岁的女性未成年人遭受或疑似遭受性侵害、怀孕、流产的；（三）十四周岁以上女性未成年人遭受或疑似遭受性侵害所致怀孕、流产的；（四）未成年人身体存在多处损伤、严重营养不良、意识不清，存在或疑似存在受到家庭暴力、欺凌、虐待、殴打或者被人麻醉等情形的；（五）未成年人因自杀、自残、工伤、中毒、被人麻醉、殴打等非正常原因导致伤残、死亡情形的；（六）未成年人被遗弃或长期处于无人照料状态的；（七）发现未成年人来源不明、失踪或者被拐卖、收买的；（八）发现未成年人被组织乞讨的；（九）其他严重侵害未成年人身心健康的情形或未成年人正在面临不法侵害危险的。

不履行报告职责，会有什么后果呢？按照规定，有报告义务的单位及其工作人员，发现侵害未成年人案件不报告，造成严重后果的，由其主管行政机关或者本单位依法对直接负责的主管人员或者其他责任人员给予相应处分。构成犯罪的，依法追究刑事责任。相关单位或者单位主管人员阻止工作人员报告的，予以从重处罚。

策略·建议

1. 教职工在工作中发现未成年学生遭受或者疑似遭受不法侵害以及面临不法侵害危险的，应当立即向学校负责人报告，或者直接向公安机关报案或举报，并积极参与、配合有关部门做好侵害学生权利案件的调查处理工作。

2. 学校应当建立、完善强制报告制度，接到学生或教职工报告有学生遭受或者疑似遭受不法侵害以及面临不法侵害危险的，学校负责人应当立即向公安机关报案或举报，同时向上级教育行政部门报告。需要及时采取救助措施的，学校应当对受害学生予以先行救助。

相关规定

《中华人民共和国未成年人保护法》第十一条："……国家机关、居民委员会、村民委员会、密切接触未成年人的单位及其工作人员，在工作中发现未成年人身心健康受到侵害、疑似受到侵害或者面临其他危险情形的，应当立即向公安、民政、教育等有关部门报告。有关部门接到涉及未成年人的检举、控告或者报告，应当依法及时受理、处置，并以适当方式将处理结果告知相关单位和人员。"

《中华人民共和国未成年人保护法》第四十条："……对性侵害、性骚扰未成年人等违法犯罪行为，学校、幼儿园不得隐瞒，应当及时向公安机关、教育行政部门报告，并配合相关部门依法处理……"

《未成年人学校保护规定》第四十七条："学校和教职工发现学生遭受

或疑似遭受家庭暴力、虐待、遗弃、长期无人照料、失踪等不法侵害以及面临不法侵害危险的，应当依照规定及时向公安、民政、教育等有关部门报告。学校应当积极参与、配合有关部门做好侵害学生权利案件的调查处理工作。"

《未成年人学校保护规定》第四十九条："学生因遭受遗弃、虐待向学校请求保护的，学校不得拒绝、推诿，需要采取救助措施的，应当先行救助……"

自我测验

【案例】 张某，原系安徽合肥某小学数学教师。2019年下半年至2020年10月，张某在学校教室、办公室及家中补习班等场所，多次对班内女学生赵某某、刘某某、王某实施触摸胸部、臀部等隐私部位及亲嘴等猥亵行为。后该小学上级管理部门、镇中心学校校长沈某听到关于张某猥亵学生的传言，遂与该小学副校长钟某向张某和被害人家长了解相关情况。确认情况属实后，学校对张某作出了停课处理，并要求张某自己与学生家长协商处理此事。此后，在钟某见证下，张某向被害学生及家长承认错误，并赔偿三名被害人各10万元。2020年11月，本案因群众举报案发。2021年2月23日，安徽省合肥市庐江县人民检察院以涉嫌猥亵儿童罪对张某提起公诉。庐江县人民法院判处张某有期徒刑四年。

【思考】 本案中，校长沈某、副校长钟某应当承担什么责任？

> 学校和教师如何管理学生的手机？能不能毁坏、丢弃学生违规携带的手机？

建议 15

依法依规管理学生的手机，保护其身心健康

情境再现

据《楚天都市报》报道，武汉某中学高中生带手机进教室，被老师检查时搜出，三部手机被当场摔碎。据 17 岁的高二学生童童（化名）介绍，前晚 9 时左右，学校德育处的两名老师来到教室里，让学生们都出去，然后进行搜查。在翻看了全部的书桌、书包后，老师们搜出了两部手机，一部三星一部小米。童童的同学小雅（化名），原本将手机放在教室外的柜子里。看到老师们搜查教室，她担心柜子里也不安全，准备悄悄将手机藏到身上，没想到也被老师逮住了。当着全班同学的面，老师们把搜出来的三部手机都摔碎了。对于老师的这一行为，同学们都觉得害怕和气愤。校长周女士在接受记者采访时表示，如何管理学生手机，是很多学校共同面临的难题，但老师摔碎学生手机，这样的行为肯定是不对的，学校事先并不知情。她承诺，学校会对相关同学进行赔偿，对当事老师进行严肃处理。

评析·法理

手机作为一种现代化的通信工具，给人们的生活带来了极大便利，但

其负面作用也不容忽视。对于未成年学生而言，一方面，通过手机可以查阅海量资料、获取最新知识、开阔学生视野、丰富课外生活、增强沟通效率；另一方面，学生的辨别力和自控力有限，频繁、无节制地使用手机，容易引发沉迷网络、危害身心健康、遭受不法侵害等各种问题。为了消除不当使用手机给学生的学习和生活带来的负面影响，教育部办公厅于2021年1月印发了《关于加强中小学生手机管理工作的通知》，其中确立了学生手机"有限带入校园"的原则。其中，要求学校应当告知学生和家长，原则上不得将个人手机带入校园；学生确有将手机带入校园需求的，须经学生家长同意、书面提出申请，经允许带入学校的，学生进校后应将手机交由学校统一保管；禁止学生将手机带入课堂。除此之外，学校还应当细化管理措施，加强教育引导，做好家校沟通，教育行政部门要强化督导检查。

有鉴于此，学校和教师在管理学生手机事项过程中，应当重点做好以下几个方面的工作：

首先，应当对学生加强教育引导。要通过多种途径和方式对学生开展合理使用手机的教育，让学生明白过度沉迷手机和网络，不仅浪费时间，影响学习，还会带来一系列身心健康问题，例如造成视力下降，影响睡眠，导致记忆力衰退，还可能接触到黄、赌、毒等不良信息。通过教育引导，让学生认识过度使用手机的危害，科学理性对待并合理使用手机，提高信息素养和自我管理能力，防止沉迷网络，远离网络不法侵害。

其次，要与学生、家长共同商议并制定学生手机管理制度。校规应当明确，学生原则上不得将手机带到学校；遇有特殊情况、需要携带手机入校的，手机应当由学校统一进行保管，并限定学生使用手机的场所和时间，非因课堂教学需要并经教师同意，不得将手机带入课堂。

再次，要依法依规处置学生违规携带手机的行为，避免侵害学生的合法权益。对学生违规携带入校或进入课堂的手机，学校和教师应当按照校规予以暂时扣留，对违纪学生予以批评或教育惩戒，并在事后及时将手机归还学生本人或交给其家长。不得采取将学生手机毁坏、丢弃、永久不予归还等侵犯学生及家长财产权的处理方式，以免引发师生冲突、家校矛盾和法律纠纷。

最后，在对学生的手机进行管理和处置过程中，学校、教师务必要留意学生的异常情绪和行为表现，及时做好思想教育和沟通工作，强化家校联系和配合，防范学生因不理解、想不开而做出自杀自残或者伤害教师的极端行为。

策略·建议

1. 学校和教师在管理学生手机的过程中，应当对学生加强教育引导，制定、完善手机管理的相关规章制度，坚持"有限带入学校，禁止进入课堂"的原则。

2. 对学生违规携带手机的行为，学校和教师应当依照法律和校规校纪进行处理，避免采取毁坏、丢弃手机等简单粗暴的处置方式，注意维护学生的合法权益。

相关规定

《中华人民共和国未成年人保护法》第七十条："学校应当合理使用网络开展教学活动。未经学校允许，未成年学生不得将手机等智能终端产品带入课堂，带入学校的应当统一管理。学校发现未成年学生沉迷网络的，应当及时告知其父母或者其他监护人，共同对未成年学生进行教育和引导，帮助其恢复正常的学习生活。"

《未成年人学校保护规定》第三十三条："学校可以禁止学生携带手机等智能终端产品进入学校或者在校园内使用；对经允许带入的，应当统一管理，除教学需要外，禁止带入课堂。"

《未成年人学校保护规定》第三十四条："学校应当将科学、文明、安全、合理使用网络纳入课程内容，对学生进行网络安全、网络文明和防止沉迷网络的教育，预防和干预学生过度使用网络。"

自我测验

【案例】　某中学在学生报到时，在校门口的桌子上摆放了一把锤子和一张纸，纸上印着"免费碎手机"字样。学校工作人员表示："学校不允许孩子带手机进校园，带了可以交给班主任，一旦没有报给老师，自己把手机偷摸拿进学校了，那不好意思，我们就给你砸了。学校赔给家长钱。"此举引发了广泛关注。该校校长表示，此举是为了震慑学生，目前还没有出现把学生手机砸碎的情况。有网友表示支持这样的做法，不带手机，孩子可专心学习，也防止沉迷网络。但也有不少网友认为这样做太极端了。（摘编自"江苏新闻"）

【思考】　学校砸毁手机的做法是否违法？

学生基本权利维护编

　　学校和教师在对学生的日常教育和管理过程中，应当在自己的职权与学生的权利当中找到平衡，正确行使管教权，尊重学生的法律权利，避免侵害学生的人身自由权、人格权、财产权、受教育权等合法权益。

> 教师对学生的侮辱性行为主要表现在哪些方面？侮辱学生会带来哪些后果？如何把握批评教育的"度"？

建议 16

学生也有人格尊严，要关怀和尊重"差生"

情境再现

据重庆市渝中区人民法院审理查明，2003年4月12日，按照学校的要求，重庆市某中学初三学生丁婷（化名）本来应当于上午8点到学校补课，结果没有按时到校。班主任汪某询问了丁婷迟到的原因后，用木板打了她，并当着其他同学的面对她说："你学习不好，长得也不漂亮，连坐台都没有资格。"丁婷一听这话，难过地哭了。上午10点半，丁婷回到教室，第三节课正好是汪某的语文课。整节课丁婷都趴在桌上小声哭泣，并且写下了遗书。在遗书中，丁婷表达了对班主任及家庭、社会的怨恨。对于丁婷在课堂上的表现，汪某没有过问。下课后，汪某也未注意丁婷的去向。12时29分左右，丁婷从学校教学楼八楼跳下，经抢救无效，于当天中午12时50分死亡。法院经审理后认为，被告人汪某作为一名从教多年的教师，应当明知体罚学生和对学生使用侮辱性语言会使学生的人格尊严及名誉受到贬损，却仍实施该行为，足见其主观故意。客观方面，被告人汪某当着第三人的面，实施侮辱行为，具有法律所规定的"公然"性，且引发的后果严重，属"情节严重"。因此，被告人汪某的行为符合侮辱罪的主客观构成要件。纵观全案，丁婷之所以跳楼自杀，除来自家庭和社会的各种压力外，被告人汪某的言行是引发丁婷跳楼自杀的直接诱因。被告人汪某的行为不仅贬损了丁婷的人格尊严和名誉，而且产生了严重的后果，造成了恶劣的社会影响，具有一定的社会危害性，应当受到刑事制裁。据此，法院判决汪某犯侮辱罪，判处有期徒刑一年，缓刑一年。

评析·法理

近些年来，教师在履行职务过程中因行为失控而侮辱学生人格的事情时有发生。例如，某小学教师罗某因学生违反课堂纪律，逼迫该生吞食粪便，后经家长控告，罗某被当地法院以"侮辱罪"判处有期徒刑三年、剥夺政治权利三年。又如，某小学教师崔某因怀疑班上一名学生偷了同学10元钱，便用锥子在该生脸上画了个"贼"字，此事经媒体披露后曾引起公安部门介入调查。在此类案件中，涉案教师的行为往往是出于对学生"恨铁不成钢"的心理，然而由于未虑及行为的性质及后果的严重性，导致剑走偏锋、触犯刑律，最终既给学生及其家庭造成了巨大的伤害，也毁了自己的教师生涯。

按照我国《刑法》的规定，侮辱罪是指使用暴力或者其他方法，公然贬低、损害他人人格，破坏他人名誉，情节严重的行为。侮辱罪的行为具有三个方面的特征。一是行为性质的侮辱性，即行为人采用暴力或其他方法实施了使他人人格、名誉受到损害的侮辱性行为。侮辱性行为包括三种类型：（1）行为侮辱，如向他人身上泼洒粪便、在他人身上刻画侮辱性的标记等；（2）言语侮辱，即使用下流、污秽的言语侮辱他人；（3）文字侮辱，即使用大字报、漫画等方式侮辱他人。二是行为方式的公然性，即侮辱性的行为是在有第三者在场的情况下当众实施的。三是行为后果的严重性，即侮辱性行为造成了严重的后果，如造成他人自杀、自残、发生严重的精神疾病，或造成严重的社会影响或政治影响等。构成侮辱罪，上述三个特征缺一不可。

实践中，教师对学生的侮辱性行为主要表现为行为侮辱和言语侮辱。前者如逼学生喝尿，逼学生吃苍蝇，逼学生舔干他自己吐在地上的唾沫，逼学生脱裤子，给学生剃光头等；后者如骂学生"猪狗不如""笨蛋""弱智""简直是个人渣""吃人饭，不干人事""我要是你早不活了"等等。此类行为和言辞已不属正常的批评教育范围，而纯粹是教师个人的愤怒和不满情绪的宣泄，其不但达不到教育效果，反而会给学生造成极大的心理打击，使其产生深深的挫败感，甚至令其失去生活的信心和勇气，因而为法律和师德所禁止。

对于"差生"，教师应给予更多的关怀，要用师爱唤醒他们的自尊和自爱之心，引导、鼓励他们克服困难、追求上进。

策略·建议

1. 在对学生进行批评教育的时候，教师一定要把握好分寸，尊重学生的人格尊严，不要使用侮辱性、诋毁性的言辞，不做带有侮辱性的举动。

2. 当教师的情绪被愤怒所包围的时候，不妨先远离学生，等冷静之后再进行教育。

3. 俗话说"打一巴掌揉三揉"，在批评之后，如发现学生的行为出现一些不好的苗头，比如长时间趴在桌上哭泣，教师一定要做好安抚工作，真正把学生的身心健康装在心里。

相关规定

《中华人民共和国宪法》第三十八条："中华人民共和国公民的人格尊严不受侵犯。禁止用任何方法对公民进行侮辱、诽谤和诬告陷害。"

《中华人民共和国未成年人保护法》第二十七条："学校、幼儿园的教职员工应当尊重未成年人人格尊严，不得对未成年人实施体罚、变相体罚或者其他侮辱人格尊严的行为。"

《中华人民共和国教师法》第八条："教师应当履行下列义务……

（四）关心、爱护全体学生，尊重学生人格，促进学生在品德、智力、体质等方面全面发展。"

《中华人民共和国教师法》第三十七条："教师有下列情形之一的，由所在学校、其他教育机构或者教育行政部门给予行政处分或者解聘……（三）品行不良、侮辱学生，影响恶劣的。"

《中华人民共和国刑法》第二百四十六条："以暴力或者其他方法公然侮辱他人或者捏造事实诽谤他人，情节严重的，处三年以下有期徒刑、拘役、管制或者剥夺政治权利……"

自我测验

【案例】 10月17日上午，某小学四（1）班数学教师潘某听班上学生说该班学生何某经常在上学途中逗留、玩耍，便把何某找来，要求何某用4分钟时间从学校跑回家再跑回学校。由于年仅10岁的何某没能按时返校，潘某竟在上课时令该班学生将何某按在课桌上，用抹布捂住嘴，再由潘某先做示范，用教棍打其屁股，然后让其他学生依次效仿。10月20日，一学生又向他反映何某被打后骂他"潘狗"。潘某马上质问何某。何某予以否认，同时吓得跪在潘某的面前不停地求饶。据班上的学生称，潘某当时对何某提出了4个惩罚条件让其选择：一是让每个学生依次打1000棍子；二是老师亲自打100棍；三是吃下1000只活苍蝇；四是吃树上的绿虫。何某表示愿让同学打，潘某便令几名男生按住何某四肢，让一女生"施刑"。该女生一共打了何某200余棍，何某当即被打得皮开肉绽，由于受不了，他又只得哀求选择吃苍蝇。潘某当即叫人捉来10只苍蝇，强迫何某生吞下去。何某边哭边抓起7只苍蝇放进嘴里，吞下3只后，剩下的4只被吐了出来。潘某又让何某吃下吐出来的4只苍蝇，后在何某的苦苦哀求下才作罢。潘某体罚学生并强迫学生吞吃苍蝇一事报道后，当地一片震惊。（摘编自《江南时报》）

【思考】 教师潘某的行为侵犯了学生何某的哪些权利？应当承担什么样的法律责任？

> 什么叫隐私权？常见的侵犯学生隐私权的情形有哪些？如何预防此类行为的发生？如何在学生个体隐私权与他人或社会公众知情权的冲突中找到平衡？

建议 17

尊重学生的隐私，不公开学生的个人信息

情境再现

据《湖北日报》报道，一日下午最后一节课上，兴隆县某中学初一(8)班的班主任孙老师按照惯例将全班的月考成绩表发放给学生。学生小杨拿到名次表后，看见自己的名字排在倒数第三位，心中不悦，遂将名次表揉成一团。孙老师见状，要求小杨把表展开、铺平，小杨不答应，孙老师便让其站起来。小杨站起来后，孙老师仍坚持让其把表展开。执拗的小杨边哭边将名次表撕成碎片。孙老师一气之下便让小杨站到教室门口。在发放完名次表后，孙老师走出来与小杨谈话，并让其回教室。自尊心受到伤害的小杨怎么也不肯回去。下课后，小杨把自己关在宿舍，一边哭泣一边给父母写下了这样一封遗书——"亲爱的妈妈爸爸，我对不起你们。妈妈辛辛苦苦为我做饭送菜，把好的给我吃，自己尽吃坏的。我在学校没有好好学习，考试得了一点儿分，实在没脸见你们了。再见，再见……你们的女儿。"随后，年仅14岁的小杨从宿舍五楼纵身跳下……

评析·法理

所谓隐私，通俗地说就是指个人生活中不愿意被他人知悉或者干扰的秘密，它包括个人的私密空间、私密活动、私密信息三个方面，也即私密空间不被打扰、私密活动不被干扰、私密信息不被泄露。隐私具有两个方面的特征：一是它与社会公共生活、与他人无关，对社会、对他人没有危害；二是对于这些私密空间、私密活动、私密信息，本人主观上不希望被别人知道或者被干扰。

法律上的隐私权，就是指自然人所享有的个人隐私受法律保护、禁止他人非法侵害的权利。我国的法律越来越重视对个人隐私权的保护。按照规定，侵犯他人隐私权的，须承担停止侵害、赔礼道歉、赔偿损失（包括物质损失和精神损失）等民事责任。情节恶劣、造成严重后果的（例如造成受害者自杀、自残或者严重的精神疾病的），侵权人还有可能被追究刑事责任。

在现代社会，人们对精神生活有着更高的追求，隐私权对个体而言具有特别重要的意义。隐私被他人侵犯，通常会给受害者造成极大的心理压力和精神痛苦，甚至会令其失去生活的信心和勇气。成人如此，未成年学生也是如此。作为教师，有时很难感同身受学生的负面情绪和心理状态，直到学生发出最强烈的"抗议"。对学生的如下行为，我们都能给予理解吗？在江西赣州，某中学在校门口张榜公布初三（2）班学生的学习成绩，并对排名后三位的学生进行了批评。结果导致这三名学生心理受到刺激，感觉在同学面前抬不起头，再也不愿到学校上课，后愤而起诉学校侵犯隐私权。在湖北武汉，某中学贫困生小李学习刻苦，成绩名列年级前茅。为此，小李被青少年基金会确定为"希望之星"候选人，如正式当选则每学年可以获得900元奖学金。孰料，小李却向青基会提出放弃候选人资格，理由是担心他的"贫困"被公开后，会招来同学的嘲笑和歧视。青基会对小李的选择感到很遗憾，但只能尊重他的选择。在这些事件当中，我们都能从个体的隐私权角度来理解学生的行为和感受吗？还是简单地认为学生太敏感、太爱面子、小题大做？

由于学生的被管理者地位，更由于许多教师未能将未成年学生视为平等的个体，学生的个人隐私保护问题一直以来未能受到教师和学校的充分重视，侵犯学生隐私权的现象在校园内屡屡发生。不妨来看看，作为一名教师，我们是否有过下列行为：在班上让学生帮忙发放记录有学生考试成绩的试卷；在班上宣读学生的考试成绩或成绩排名；未征得学生本人同意，查看其日记；在办公室与其他教师一起议论学生家长的收入、离婚再婚情况、过去的违法犯罪记录；公开谈论或公布学生个人的生理缺陷、特异体质信息……这些行为都涉嫌侵犯学生的隐私权，然而一些教师对此缺乏清醒的认识，往往在无意中屡屡冒犯。

当然，在尊重学生个人隐私权的同时，我们也要考虑他人的知情权问题。一方面，任何一个个体均享有隐私权；另一方面，他人、社会公众对关系自己或公共利益的事项亦享有知情权。当隐私权与知情权发生冲突的时候，我们要考虑个体隐私所涉及的事项是否关系到他人的合法权益或社会公共利益，如果答案是否定的，则我们需要尊重个体的隐私权，不得以满足"知情权"为借口侵犯个体的隐私权；如果答案是肯定的，那么个体的隐私权就应当让位于他人或社会公众的知情权。在学校，也存在着个体隐私权与他人或公众知情权相冲突的情形，需要我们采取正确的方式进行处理。比如，对于考试成绩，学生个人享有隐私权，但其监护人亦享有知情权；对于学生的疾病信息，学生本人享有隐私权，但如果学生身患具有传染性的疾病，出于预防、诊治的需要，其他学生对患病者的相关信息也应当享有知情权。在处理此类问题时，教师需要一定的智慧，要在隐私权与知情权的冲突中找到平衡，以维护学生的合法权益。

策略·建议

1. 对于在工作中掌握的关于学生的一些私密信息和资料（如个人特异体

质和生理缺陷，过往的不良经历，心理健康档案，家庭住址和电话号码，个人身份证号码，家庭成员的职业、收入、婚姻状况和违法犯罪信息等），教师要予以保密，不泄露，不公开谈论。

2. 不截留、查阅学生的私人信件；未经学生本人同意，不得查阅其日记。

3. 学校和教师不要公布学生的学习成绩及排名，如果学生或其监护人提出要求，教师可采取个别通知的方式告知学生本人的名次，但不能泄露其他学生的排名情况。

相关规定

《中华人民共和国民法典》第一千零三十二条："自然人享有隐私权。任何组织或者个人不得以刺探、侵扰、泄露、公开等方式侵害他人的隐私权。隐私是自然人的私人生活安宁和不愿为他人知晓的私密空间、私密活动、私密信息。"

《中华人民共和国未成年人保护法》第四条："保护未成年人，应当坚持最有利于未成年人的原则。处理涉及未成年人事项，应当符合下列要求……（三）保护未成年人隐私权和个人信息……"

《未成年人学校保护规定》第十条："学校采集学生个人信息，应当告知学生及其家长，并对所获得的学生及其家庭信息负有管理、保密义务，不得毁弃以及非法删除、泄露、公开、买卖。学校在奖励、资助、申请贫困救助等工作中，不得泄露学生个人及其家庭隐私；学生的考试成绩、名次等学业信息，学校应当便利学生本人和家长知晓，但不得公开，不得宣传升学情况；除因法定事由，不得查阅学生的信件、日记、电子邮件或者其他网络通讯内容。"

自我测验

【案例】 在某中学就读的小王因为隐私权被学校侵犯，将学校告上法庭，并索要 18 万余元的损害赔偿。小王在起诉书中称，他于 2003 年 9 月考入某中学，入学时学校对他做过严格的身体检查，并将体检结果通知给家长。在校期间，他品学兼优，但在 2004 年 10 月中旬却被学校单方以其是乙肝病毒携带者为由停学，并在校园内宣扬。由于校医缺乏医德，泄露未成年人的健康隐私，致使在校师生视他为瘟神一般，孤立、歧视他，使他一夜之间绝望、痛苦得彻夜不眠，身心受到了严重的伤害。小王要求学校以书面形式在公开场合对其进行赔礼道歉，消除不良影响，赔偿精神损失费 5 万元、误学费 3 万元、扣留的学费 2.45 万元、转学费及补习费 4 万元、家长精神损失及照顾他的误工费 4 万元。（摘编自《北京晚报》）

【思考】 如果小王所言属实，学校的行为是否构成了对小王隐私权的侵犯？应如何承担责任？

> 什么是名誉权？常见的侵犯学生名誉权的行为有哪些？在教育过程中如何把握好"度"，避免侵犯学生的名誉权？

建议 18

名誉是处世的名片，要爱护学生的名誉

情境再现

一日傍晚，某乡村中学初一学生小飞发现自己身上仅有的 10 元钱不见了，那可是他半个月的伙食费。他急忙将消息告诉了班长和其他同学。小飞家境贫困，还是一名孤儿，同学们都很同情他的遭遇。晚自习的时候，班长开始在教室里仔细查找。当问到小满和小鹏的时候，细心的班长发现他们的脸红了。于是，班长便对他们进行了详细的"盘问"。这一举动引起了全班同学的关注。晚自习下课后，班长向班主任朱老师汇报了检查的情况，并提议通过让同学进行无记名投票的方式选出"小偷"。第二天早自习课时，朱老师宣布："为了帮助小飞找到丢失的钱，请大家投票选贼。"几分钟后，朱老师郑重宣布了选举的结果："贼人"是小满和小鹏。接着，朱老师便让二人到讲台前交代问题。小鹏当即难过地哭了。"凭什么说我是贼？"小满气愤地与朱老师争论起来。朱老师指着手中的选票说："这就是证据！"随后，朱老师将小鹏和小满带到副校长李某的办公室。听完朱老师的介绍，李副校长对小鹏和小满说："你们都说没有拿小飞的钱，朱老师冤枉了你们，那你们没拿钱的证据是什么？"问来问去，一直没有

结果。李副校长便吩咐朱老师继续查找。直到几天后，学校才意识到教师的做法不妥，于是便向小鹏、小满以及他们的监护人进行了道歉。随后，当地教育局对此事作出了处理，对在"选贼事件"中负有直接责任的班主任朱某给予行政记过处分；对负有管理责任的副校长李某给予严重警告处分；对负有领导责任的校长也给予了警告处分；同时将此事的处理结果通报本县教育系统。

评析·法理

名誉是指社会对公民个人的品德、情操、才干、声望、信誉、形象或者法人的信誉、形象等各方面形成的综合评价。名誉权，是指公民和法人对其应有的社会评价所享有的不受他人侵害的权利，包括名誉保有权和名誉维护权。名誉权强调的是社会对个人的评价，并不是指个人的自我评定。侵犯名誉权的违法行为主要包括：侮辱行为，诽谤行为，新闻报道的严重失实，评论严重不当等。侵犯他人的名誉权，会造成他人的社会评价的降低，从而给受害者造成一定的社会压力，使其陷于痛苦。

未成年学生在学习、生活过程中，学校教师、同学、亲属、邻居及其他人员对其人品、才能等会有一个客观的评价，这一客观评价构成了其名誉的内涵，也是其正常学习、生活的外部舆论环境。一旦名誉受到损害，未成年学生便会遭到教师、同学等周围人员的轻视、不信任甚至敌视，从而恶化其学习、生活环境，给其造成心理压力和精神痛苦，影响其身心健康。这样的遭遇是任何一个孩子都不愿意面对的。实践中，教师侵犯学生名誉权的行为时有发生，常见的主要有：让学生投票选"差生"，公开怀疑学生偷窃，在教室等公开场合用侮辱性、诋毁性的言辞评论学生，公布某一学生不为其他同学所知的不良经历，号召全班学生揭露某一学生的劣迹或对其召开"评判大会"，等等。在前述"选贼"事件中，朱老师和李副校长在公开场合无端怀疑小鹏、小满偷窃，还让其"自证清白"，这是典型的"有罪推定"，与现代法治精神格格不入。这些行为都损害了学生的名誉，是不折不扣的侵权行为。

名誉是个人处世的名片，教师要像爱护自己的眼睛一样爱护学生的名誉，要为每个学生（尤其是学业有困难或品行有缺陷的学生）的健康成长营造良好的班级、校园舆论环境。

策略·建议

1. 在教育教学过程中，尤其是在批评教育学生之时，教师应当特别注意自己的言行，不要使用带有侮辱性、诋毁性的言辞，不要捏造或传播可能会对学生的名誉产生损害的事实，不要当众否定学生的人格、品性。

2. 在发生了严重违纪、违法事件之后，不要无端猜疑学生，更不要自己充当"警察"去审问甚至搜查学生，而要通过说服教育或其他合法的方式获取事实真相。

3. 对个别学生的批评应当尽量不要当着众人之面进行，特别是将学生拉出来站在众人面前进行"游街批斗式""现眼式"的批评更应该予以杜绝。

4. 对未成年学生的处分通知尽量不要张榜公布。

相关规定

《中华人民共和国民法典》第一千零二十四条："民事主体享有名誉权。任何组织或者个人不得以侮辱、诽谤等方式侵害他人的名誉权。名誉是对民事主体的品德、声望、才能、信用等的社会评价。"

《中华人民共和国民法典》第一千零二十五条："行为人为公共利益实施新闻报道、舆论监督等行为，影响他人名誉的，不承担民事责任，但是有下列情形之一的除外：（一）捏造、歪曲事实；（二）对他人提供的严重失实内容未尽到合理核实义务；（三）使用侮辱性言辞等贬损他人名誉。"

自我测验

【案例】 有家长向记者举报，称某中学要求初三年级各班选举10

名最不守纪律的差生，被选中者要向学校交 2500 元押金。如被选中的学生再有违反校纪的情况，这名学生要么被没收押金，要么被勒令退学。随后，该校的一位初三学生向记者证实，在春节前的补课期间，其班主任老师在班上当众宣布了这一"规定"，但没说要求"选举"的具体人数。目前，这名学生只听说有的班级已经"选"出了 1—2 名学生，有的班级还没有动静，但还没听说哪个同学交了 2500 元押金。为向校方进一步核实情况，记者的一位媒体朋友首先以家长身份与该校一名副校长联系。副校长在电话里称，这是学校加强学生管理的一项"新举措"，不以收钱为目的，只是想加强对初三年级某些调皮学生的管理。第二天，记者又公开身份对该副校长进行了采访，其表示，这不是学校的要求，仅仅是一种班主任与家长"商讨"后的措施。他表示有些初三毕业生成绩不理想，产生了"破罐子破摔"的想法，甚至还会影响他人。为此，学校在履行教导职责的同时，也希望能与家长多"沟通"。（摘编自《华夏时报》）

【思考】 学校选举"差生"的做法是否合法？为什么？

> 什么叫肖像权？教师如何避免侵犯学生的肖像权？学校在使用学生肖像的时候应当注意哪些问题？

建议 19

学生也有肖像权，不把学生的照片提供给商家

情境再现

9岁的朔朔是小学五年级学生，小家伙长相俊秀、性格活泼，十分招人喜爱。一日，某玩具生产企业负责人王某找到朔朔的班主任丁老师，请丁老师帮忙找一个小孩的照片用在该公司生产的一款玩具的外包装上。因为是同学关系，热情的丁老师没有多想，便将自己在一次学生活动中拍摄的一张朔朔的照片提供给了王某。王某给了丁老师几百元钱表示感谢。一天，朔朔的父亲在商场购物时，发现有一款玩具的包装袋上使用了朔朔的照片。按照包装袋上注明的联系电话，朔朔的父亲与该玩具生产企业负责人王某取得了联系，了解到该厂家使用朔朔照片的相关情况。他要求厂家停止继续将朔朔的照片使用在玩具包装袋上的侵权行为，并赔偿朔朔的肖像使用费五万元。王某则表示希望能以两万元的价钱一次性买断朔朔的该张照片的使用权。经多次交涉，双方始终未能达成一致。不久，朔朔的父母以孩子法定代理人的身份，将该玩具生产企业以及擅自向厂家提供照片的丁老师一并告上法院，要求两被告停止侵权并赔偿损失。

评析·法理

肖像，是指以一定的物质形式（如照片、雕塑、绘画、录像等）再现出来的自然人的外部形象。任何人都希望维护自己良好的形象，排斥他人玷污或非法使用自己的肖像。为此，我国《民法典》规定了肖像权。所谓肖像权，是指公民对自己的肖像享有利益并排斥他人侵害的权利。肖像权的内容包括肖像制作专有权、肖像使用专有权以及肖像利益维护权。具体地说，在我国，自然人对自己的肖像享有如下法律权利：有权自己制作或委托他人制作本人的肖像；有权以合法的方式自己使用或许可他人有偿或无偿地使用自己的肖像；有权禁止他人未经本人同意，以营利为目的使用自己的肖像；有权禁止他人恶意地非法毁损、玷污、丑化自己的肖像；当自己的肖像权遭受他人侵害的时候，有权要求侵权者承担消除影响、停止侵害、赔偿损失等民事责任。肖像权的保护也有例外，因公益性的目的使用他人肖像的，属于合理使用，不构成对他人肖像权的侵犯，如新闻媒体出于报道有新闻价值的事件或公众活动的需要而使用他人肖像，因通缉罪犯或报道已判决的重大案件而使用罪犯的肖像等，均属于合理使用。

未成年学生作为公民，当然也享有肖像权。与成年人不同的是，未成年学生作为无民事行为能力人或限制民事行为能力人，其与肖像权有关的民事活动应由其法定代理人代理，或者应当征得其法定代理人的同意。实践中，侵犯未成年学生肖像权的行为主要表现为未征得学生法定代理人的同意，以营利为目的而使用学生的肖像，此类使用场合包括厂家的装潢、包装，商家的广告促销，以及其他组织、个人的商业宣传活动等。此外，一些学校（尤其是民办学校）在招生宣传过程中因不当使用学生的肖像也引发了不少争议。在前述朔朔的事件中，玩具生产厂家未经朔朔的监护人的同意，以营利为目的，擅自在玩具的包装袋上使用朔朔的肖像，侵犯了朔朔本人的肖像权，依法应当承担停止侵权、赔偿损失的责任；同时，丁老师擅自将朔朔的照片提供给厂家，间接促成了厂家侵权行为的发生，也有一定的过错，亦应承担一定的民事责任。

策略·建议

1. 在学校教育教学活动中，教师应特别注意保护学生的肖像权，除上级部门要求外，不要擅自将学生的照片提供给外人，尤其是不能提供给商家。

2. 对于学校自身需要使用学生肖像的情形，比如因表彰学生先进事迹、宣传学校正面形象等情形需要使用学生肖像的，因其具有公益性，属于合理使用，但为了避免日后发生纠纷，学校最好事先征得学生监护人的同意。

3. 如果需要在学校的招生简章上使用个别学生的肖像，由于此类使用是否属于"公益性的目的"尚有争议，因此学校务必事先与学生的监护人就肖像权使用问题做出详细的书面约定，明确双方的权利义务，在未获得合法授权的情况下不要使用学生的肖像。

相关规定

《中华人民共和国民法典》第一千零一十八条："自然人享有肖像权，有权依法制作、使用、公开或者许可他人使用自己的肖像。肖像是通过影像、雕塑、绘画等方式在一定载体上所反映的特定自然人可以被识别的外部形象。"

《中华人民共和国民法典》第一千零一十九条："任何组织或者个人不得以丑化、污损，或者利用信息技术手段伪造等方式侵害他人的肖像权。未经肖像权人同意，不得制作、使用、公开肖像权人的肖像，但是法律另有规定的除外。未经肖像权人同意，肖像作品权利人不得以发表、复制、发行、出租、展览等方式使用或者公开肖像权人的肖像。"

《未成年人学校保护规定》第十五条："学校以发布、汇编、出版等方式使用学生作品，对外宣传或者公开使用学生个体肖像的，应当取得学生及其家长许可，并依法保护学生的权利。"

自我测验

【案例】 学生向某因照片被学校用于招生宣传,将自己的母校告上了法庭。原告向某的父亲称,2003年6月,他在当地一家报纸的广告招生专版上发现了儿子向某的名字和头像。2004年5月,他又得知儿子的名字和头像在学校的网站上出现,多次与学校进行交涉无果。向某之父认为学校不经本人和家长同意就擅自用向某的形象做宣传,侵犯了向某的肖像权,要求学校立即停止侵权行为并赔偿2万元的精神损失费。他还说,儿子只是考入了北大生命科学学院医学预科专业,可该校在宣传说明上却宣称向某在攻读硕士,这是一种极不负责任的营利行为。学校的代理人则认为,学校确实是从档案材料中翻拍制作了向某的头像作为学校的宣传,但这些宣传都是积极向上、健康有益的。更重要的是,向某考上北大,既是个人的荣耀,也是学校的成绩和荣誉,展示学校的荣誉是理所当然的,并不是商业行为,也不是以营利为目的,没有对学生造成伤害,没有侵权。
(摘编自《成都晚报》)

【思考】 学校的行为是否构成侵权?为什么?

> 什么叫非法拘禁？对于严重扰乱课堂秩序的学生，教师能否对其进行临时隔离？临时隔离违纪学生应当注意哪些问题？如何防止因隔离不当而变成非法拘禁？

建议 20

慎重隔离问题学生，防止发生非法拘禁犯罪

情境再现

21岁的张某在某乡村小学代课，先教学前班，后担任一年级的班主任。一日上午，张某在检查学生作业时，发现学生小斌未完成作业。当天中午放学后，张某便让小斌留在教室补写作业。其间，为防止小斌擅自离开，张某将教室的门反锁，并将钥匙交给本班值日学生小闯。随后张某即自行回家休息。一个多小时后，该校一名学生发现小斌将书包带系在教室南侧中间的钢筋护窗上，自缢身亡。小斌的父亲闻讯赶到现场，与该校校长一起将教室门锁撬开，两人抱起小斌飞速赶往医院，但抢救未果。当晚6时许，县公安局对小斌的尸体进行了检验，鉴定结论为：小斌系缢颈窒息死亡。警方随即拘留了张某。事发后，在当地司法所的主持下，小斌的父亲与学校达成协议，由校方一次性赔偿小斌的父母经济损失8万元。不久后，当地法院对教师张某涉嫌犯罪一案进行了公开审理，法庭认定张某的行为构成了非法拘禁罪，判处其有期徒刑十年。

评析·法理

公民的人身自由不受侵犯，这是我国宪法所保障的一项公民的基本权利。按照我国法律的规定，除了公、检、法部门因履行职务的需要可以剥夺涉案公民的人身自由之外，其他任何组织、团体、个人均不得非法剥夺他人的人身自由。以拘押、禁闭或者其他强制方法非法剥夺他人人身自由的行为，构成非法拘禁罪，应当承担刑事责任。实践中，常见的非法拘禁行为包括：为讨要债务而关押欠债者，出于报复目的而关押他人，出于惩罚的目的而禁闭犯错误者等。

教师在履行职务过程中，对于涉及学生人身自由的惩罚方法应当保持高度的警惕。将未完成作业的学生单独锁在办公室或教室补写作业，或将违反纪律的学生长时间关在办公室、储物间面壁思过，或以其他方式长时间限制学生的人身自由，都涉嫌非法拘禁学生，都是一种性质较为严重的违法行为。一旦造成不良后果（如学生自杀、自残，或因外力作用而死亡、伤残、诱发精神疾病等），教师将会因非法拘禁的罪名而被追究刑事责任。须知，学生首先是一个普通的公民，享有法律所规定的各项基本的人身和财产权利，我们的任何教育行为首先应当确保不会构成对学生的公民权利的侵犯。惟有如此，我们的教育方式才有可能获得法律、道义的支持，也才有可能达成我们自己所预期的教育效果。

那么，当有学生严重扰乱课堂秩序、使得课堂活动无法顺利进行的时候，我们该怎么办？《中小学教育惩戒规则（试行）》第十一条规定："学生扰乱课堂或者教育教学秩序，影响他人或者可能对自己及他人造成伤害的，教师可以采取必要措施，将学生带离教室或者教学现场，并予以教育管理……"根据这一规定，在一般的批评教育无法达到教育效果的情况下，教师可以对违纪学生采取带离课堂的手段来维持课堂秩序。需要强调的是，教师在采取带离课堂措施时，应当注意以下几点：一是带离课堂作为一种较为严厉的教育手段，其使用对象只能是那些违反课堂纪律、扰乱课堂秩序，且影响他人或者可能对自己及他人造成伤害的学生，目的也只能是为了保证课堂活动的顺利进行，对于有其他违纪行为的学生（如未完成作业等）则不得采取这一教育手段；二是在对违纪学生采取带离课堂措施之前，必须是已经对其进行了充分的提醒和告诫，是在一般的批评教育无法奏效的情况下所做的最后的选择；三是带离课堂不是弃之不顾，教师将违纪学生带离课堂后，应当对其加强管理和教育，保证其安全，不应让其放任自流，使其处于无人管教的状态；四是带离课堂作为一种临时性的教育手段，时间不能太长，原则上以一节课为宜，具体时间长短应当考虑到学生违纪的严重程度、学生的身心健康状况以及学生对自身错误的认识、悔改情况，不能长时间地不让学生上课，否则将构成对学生受教育权的侵犯。

策略·建议

1. 在教育学生的过程中，不要非法限制学生的人身自由，不要将学生单独关在办公室、宿舍、"小黑屋"或其他封闭的空间。

2. 对于严重违反课堂纪律、影响他人或者可能对自己及他人造成伤害的学生，经批评教育无效后，教师可以将学生带离教室或者教学现场，带至会议室、办公室等场所单独进行批评教育，但不要撇下学生不管，需要有教师在场看管，防止发生意外，隔离时间要尽量短，避免侵犯学生的受教育权。

相关规定

《中华人民共和国宪法》第三十七条："中华人民共和国公民的人身自由不受侵犯。任何公民，非经人民检察院批准或者决定或者人民法院决定，并由公安机关执行，不受逮捕。禁止非法拘禁和以其他方法非法剥夺或者限制公民的人身自由，禁止非法搜查公民的身体。"

《中华人民共和国刑法》第二百三十八条："非法拘禁他人或者以其他方法非法剥夺他人人身自由的，处三年以下有期徒刑、拘役、管制或者剥夺政治权利。具有殴打、侮辱情节的，从重处罚。犯前款罪，致人重伤的，处三年以上十年以下有期徒刑；致人死亡的，处十年以上有期徒刑。使用暴力致人伤残、死亡的，依照本法第二百三十四条、第二百三十二条的规定定罪处罚。

为索取债务非法扣押、拘禁他人的，依照前两款的规定处罚。国家机关工作人员利用职权犯前三款罪的，依照前三款的规定从重处罚。"

《未成年人学校保护规定》第八条："学校不得设置侵犯学生人身自由的管理措施，不得对学生在课间及其他非教学时间的正当交流、游戏、出教室活动等言行自由设置不必要的约束。"

自我测验

【案例】 某小学五年级学生小伍无故旷课两天。第三天下午回到学校时，班主任刘老师叫他去自己的宿舍（兼办公室）谈话。面对老师的训斥，小伍一言不发，拒不回答老师的问话。刘老师恼羞成怒，责令他下午不要上课了，就在这里面壁思过，然后将门反锁上打麻将去了。晚上，刘老师和几个"麻友"在别人家吃了点东西，继续打麻将，把小伍被关在宿舍的事给忘了。当夜11时许，又饿又困的小伍打不开门，就打开刘老师宿舍的翻斗窗想爬出去，但不小心一脚踏空，从二楼摔到地上，造成大腿骨折。小伍大喊救命，呼救声惊动了其他老师，后被送到医院。（摘编自《班主任之友》，作者：徐苏明）

【思考】 在小伍受伤事件中，如果受害者诉诸法律，刘老师和学校需要承担什么责任？

> 学生或教师在学校丢了东西，教师该如何"破案"？搜查学生的身体或物品会造成什么后果？如何正确应对校园失窃事件？

建议 21

怀疑学生中有"小偷"，忌靠搜查来"破案"

情境再现

3月2日下午，上第二节课之前，班上的一名女生小蔚告诉班主任吴老师，她书包里放着的100元钱不见了。吴老师随即问学生谁拿了小蔚的钱，但没有人承认。见状，吴老师便对学生进行了一番苦口婆心的思想教育，但还是无人承认。吴老师于是让全班同学都趴在桌上，不要看别的同学。她进一步开导学生，谁拿了钱，可偷偷地举手，也可向老师递眼神示意，还可以悄悄地把钱扔在地上。过了好一阵子，仍无人承认。无奈之下，吴老师决定搜书包。全班共有四个组，吴老师从每组中选出一男一女两名学生，男生负责搜男生，女生负责搜女生。随后，所有学生的书包被搜了个底朝天，一时间教室里响声四起，一些同学看着自己心爱的文具盒、书包带被弄坏，伤心地哭了起来。忙了大半节课，还是没有结果。第三节课全班接着找钱，四名座位紧挨着小蔚的学生被单独叫出来，由班长负责搜身。第一名学生被叫到教室的卫生角，脱了鞋让班长检查，结果引起全班同学的哄笑。接着，这名同学离开教室来到走廊拐角处，脱去上身穿的校服、毛衣，下半身也按班长的要求将毛裤脱下一半接受检查。随后其他三名学生陆续被叫出来进行搜身。其间，因气氛过于紧张，教室里有几名学生被吓哭了。后来，吴老师觉得可能有些过分了，于是便命令停止搜查。放学后，吴老师还让前来接孩子的家长进到教室，继续搜查自己孩子的书包，但最终仍然没有找到钱。这一事件发生之后，一些学生的精神受到很大刺激，个别家长还向媒体进行了投诉，此事随后引起了舆论的极大关注。

评析·法理

按照我国法律的规定，除因追查刑事犯罪的需要，公安、检察、国家安全机关工作人员可以依法履行搜查权之外，公民的身体、物品、住处不受非法搜查。侦查人员进行搜查，必须向被搜查人员出示搜查证。根据我国《刑法》第二百四十五条的规定，非法搜查他人身体、住宅的，构成非法搜查罪，应当处以三年以下有期徒刑或者拘役。由此可见，在我国，除侦查人员可依法进行搜查之外，其他任何组织、个人不得非法搜查他人的身体、物品，违反这一规定，即构成对他人的身体权等合法权益的侵犯，轻则需承担赔礼道歉、恢复名誉、赔偿损失等民事责任，重则还可能被追究刑事责任。

在学校，也经常发生学生或教师丢失财物的现象。由于学生处于弱者、被管理者的地位，一些心急的教师往往利用自己的强势地位随意搜查学生的物品或对学生进行搜身检查。这一做法对大多数无辜的学生而言是一种不尊重，也是一种心理伤害。想想我们自己在公共场合被人怀疑偷窃而遭无端搜身检查时的感受，我们就能理解学生的心情。即便是对于那些犯错误的孩子而言，以这样的方式被"抓个现行"，也不见得有利于其认识错误、改正错误。相反，多半只会令其对教师心生仇恨，甚至会产生"破罐子破摔"的念头。可见，发生校园失窃事件后，无论情况是多么急迫，后果是多么严重，教师首先应当清醒地认识到自己并无法定的搜查权，无权搜查学生的身体或私人物品，无论是教师自己搜查还是指使学生互相搜查，抑或是逼迫遭怀疑的学生自己搜查自己以自证清白，都是违法的，也都是不符合教育规律的。

策略·建议

1. 教师平时要对学生加强防盗教育，提醒学生注意保护好个人物品，不要携带贵重物品进校园，必须携带的重要物品可委托老师代为保管。

2. 学校应当建立、健全校园各项安全制度，不给偷盗者以可乘之机。

3. 发生失窃行为后，教师可通过说服教育的方式，引导学生主动承认、改正错误，同时做好保密工作，保护学生的自尊；对于较大的盗窃案件，应及时报警，由公安机关介入调查。

相关规定

《中华人民共和国宪法》第三十七条第三款："……禁止非法搜查公民的身体。"

《中华人民共和国刑事诉讼法》第一百三十六条："为了收集犯罪证据、查获犯罪人，侦查人员可以对犯罪嫌疑人以及可能隐藏罪犯或者犯罪证据的人的身体、物品、住处和其他有关的地方进行搜查。"

《中华人民共和国刑事诉讼法》第一百三十八条："进行搜查，必须向被搜查人出示搜查证。在执行逮捕、拘留的时候，遇有紧急情况，不另用搜查证也可以进行搜查。"

《中华人民共和国刑法》第二百四十五条："非法搜查他人身体、住宅，或者非法侵入他人住宅的，处三年以下有期徒刑或者拘役。司法工作人员滥用职权，犯前款罪的，从重处罚。"

自我测验

【案例】 12月下旬的一天，某武术学校教练队主任亓某像往常一样起了个大早，习惯性地舒展着身体走到办公楼处时，发现楼上有手电筒亮光，他考虑可能是其他早起晨练的教师，也就没在意，跑出校园继续锻炼去了。天亮上班时，亓某发现教学楼多个办公室的门锁被撬。经清点，发现录音机等物品被盗，他这才知道楼上手电筒的亮光原来是小偷在偷东西时发出来的。亓某在愤怒之余脑筋一转，学校学生偷东西的可能性大，捉贼要捉赃，干脆来个突击大搜身，找出赃物就找到了偷东西的人。于是亓某下令把全校300余名学生集合起来，然后自己挨个翻了一遍学生的口袋，但最终却一无所获。事后，学生家长对亓某的行为非常气愤，遂向公安机关报了案。不久，亓某因涉嫌犯罪被警方取保候审，他对被盗不报警、私自搜身找贼的行为后悔不迭。（摘编自"淄博广播网"）

【思考】 亓某的行为触犯了哪些法律规定？应当承担什么样的法律责任？

> 教师为了掌握学生的思想动态或是搜集学生犯错误的"证据",能否隐匿、毁弃或者私拆学生的个人信件?侵犯他人的通信自由权将会带来什么样的后果?

建议 22

学生有通信自由权,不隐匿、毁弃、私拆其信件

情境再现

这是一起因教师私拆学生信件而引发的诉讼。原告李某诉称:原告系某中学高二学生,自高一下学期起,被告张某(系原告所在班级的班主任)因怀疑原告与外校女生丁某谈恋爱,私自将丁某写给原告的十几封信件扣留。其间,原告得知情况后,多次找被告索要信件,并表示其与丁某是正常的同学交往。但被告未听从原告的辩解,不但未归还信件,还斥责原告"给班级抹黑""不要脸"。后来,被告还将信件的内容在班上公开宣读,并让同学评论信件的内容是否"体现了原告与他人不正当的早恋关系"。被告的所作所为使得原告在同学面前抬不起头,并产生了厌学情绪。据此,原告认为被告的行为侵犯了原告的通信自由权、隐私权、名誉权,故诉请法院判决被告赔礼道歉并赔偿原告精神损失费5000元。第一被告张某则辩称:作为班主任,被告有权利、也有义务对包括原告在内的学生进行思想教育。被告发现原告的早恋行为后,多次找原告谈话,希望其以学业为重。由于原告并未悔改,出于对学生负责的考虑,被告扣留了外校女

生写给原告的几封信,并查阅了信件的内容。被告发现原告已深陷其中不能自拔,遂对原告进行了严厉的批评教育。对于在班上宣读原告信件一事,被告的本意是希望此举能引起原告的警醒,并借助同学的力量来帮助原告改正错误。故被告不同意原告的诉讼请求。同时,被告认为自己的行为系履行职务的行为,如果有法律责任,也应该由学校承担。第二被告某中学(即李某、张某所在的学校)同意第一被告张某的答辩意见。法院经审理认为,公民的通信自由受法律保护,第一被告张某私拆并查阅原告信件的行为,违反了有关法律的规定和社会对未成年人的保护,侵害了原告的合法权益。由于第一被告系在履行职务过程中发生上述侵权行为,故其法律责任应由第二被告某中学承担。

评析·法理

我国法律规定了通信自由权。公民的通信自由、通信秘密受法律保护。除因国家安全和追查刑事犯罪的需要,由公安机关或者检察机关依照法律规定的程序对通信进行检查外,任何组织或个人不得以任何理由侵犯公民的通信自由和通信秘密。实践中,侵犯通信自由、通信秘密的行为主要表现为以下三种:(1)隐匿他人信件,即私自将他人的信件扣留、隐藏起来,不让收信人知道或不交给收信人;(2)毁弃他人信件,即将他人信件毁坏、丢弃,使得收信人无法收取信件;(3)非法开拆他人信件,即除公安机关或检察机关依照法律规定的程序对通信进行检查外,其他任何组织、个人未经收信人的同意,擅自开拆他人信件,窥视信件内容的行为。侵犯他人通信自由权,视情节轻重可能承担以下三种责任。(1)民事责任。即向受害人赔礼道歉、赔偿损失等。(2)行政责任。侵犯他人通信自由、通信秘密,尚不够刑事处罚的,由公安机关给予治安管理处罚。具体而言,根据我国《治安管理处罚法》第四十八条的规定,冒领、隐匿、毁弃、私自开拆或者非法检查他人邮件的,处五日以下拘留或者五百元以下罚款。(3)刑事责任。侵犯他人通信自由权,情节严重的,构成侵犯公民通信自由罪，应承担刑事责任。

对于一名成年人而言，自己的信件被他人截留甚至私阅肯定不是一件愉快的事情，因此将侵权者告上法庭也是常见之举。但在学校，教师不见得都能理解、尊重学生的通信自由和通信秘密的权利。教师之所以扣押、私拆学生的信件，多半是怀疑信件内容可能涉及学生早恋或其他违纪行为，教师希望将信件作为证据来迫使学生承认错误。殊不知，这样的取证方式是违法的，其多半会遭到学生强烈的抵抗，也不利于教育目的的实现。一些心理脆弱的学生，在个人隐私被曝光之后甚至会选择走极端，若真如此，那对学生、对教师而言都将是一场灾难。

策略·建议

1. 在学校教育教学活动中，教师无论是出于什么目的，都不要隐匿、毁弃、私拆学生的个人信件，以免侵犯学生的通信自由权。

2. 要掌握学生的思想动态，还得靠耐心、细致的思想工作，试图"走捷径"有时反而会给教师带来无尽的麻烦。

相关规定

《中华人民共和国宪法》第四十条："中华人民共和国公民的通信自由和通信秘密受法律的保护。除因国家安全或者追查刑事犯罪的需要，由公安机关或者检察机关依照法律规定的程序对通信进行检查外，任何组织或者个人不得以任何理由侵犯公民的通信自由和通信秘密。"

《中华人民共和国未成年人保护法》第六十三条："任何组织或者个人不得隐匿、毁弃、非法删除未成年人的信件、日记、电子邮件或者其他网络通讯内容。除下列情形外，任何组织或者个人不得开拆、查阅未成年人的信件、日记、电子邮件或者其他网络通讯内容：（一）无民事行为能力未成年人的父母或者其他监护人代未成年人开拆、查阅；（二）因国家安全或者追查刑事犯罪依法进行检查；（三）紧急情况下为了保护未成年人本人的人身安全。"

《中华人民共和国刑法》第二百五十二条:"隐匿、毁弃或者非法开拆他人信件,侵犯公民通信自由权利,情节严重的,处一年以下有期徒刑或者拘役。"

《中华人民共和国治安管理处罚法》第四十八条:"冒领、隐匿、毁弃、私自开拆或者非法检查他人邮件的,处五日以下拘留或者五百元以下罚款。"

自我测验

【案例】 2008元旦前后,济南市某校不少学生没有收到同学、朋友寄给自己的贺年卡,因为他们的老师代他们将卡收下了。很多学生对此非常不满和不解。据该校教务处的老师介绍,一些学生的来往信件较多,分散了学生的注意力进而影响学习成绩,有的老师就根据学生的不同情况,先把部分信件"保存"起来,以后再找机会给学生。据了解,老师"截留"学生贺年卡或信件的事情在许多学校都不同程度地存在,一位同学说:"我觉得我受到了侮辱,老师无权这样做。"对于老师"截留"学生贺年卡一事,一部分家长认为,只要是为了孩子好,他们没意见。有的家长则认为此做法欠妥。教育界人士认为,不管出于什么考虑,老师"截留"学生贺年卡的做法弊大于利。对青年学生来说,"疏"永远比"堵"更有效果。(摘编自 http://www.jiangsuedu.net 网站)

【思考】 教师"截留"学生贺年卡的行为是否合法?

> 学生违反学校的规定留长发、佩戴饰物、着奇装异服，学校能否强迫学生遵守规定？教师在处理此类问题时应当注意什么？

建议 23

对学生的发饰、着装规范问题，宜疏导而不宜强制

情境再现

五年（2）班学生小岩头上的一束长发一直是佟老师的心病。小岩的长发据说是受父之命从出生就开始刻意留的，整体上看是小平头，惟独后脑勺垂下一束过肩的长发，这样的发型虽然可爱，但在学生当中却显得太扎眼了，也违反了学校关于男生一律留小平头的规定。为此，佟老师没少找过小岩的家长。可是，对于她的苦口婆心乃至义正辞严的劝说，小岩的家长总是一句话："留长发是我们祖上流传下来的规矩，肯定是不能破的，再说留长发碍着谁了？"周一课间操的时候，校长告诉佟老师，市里要派人到学校检查工作，检查人员可能随机找学生谈话。为了维护学校的形象，保证全体教师的工作成果不被上级所误解，请佟老师一定要让小岩剪去长发。随后，佟老师多次给小岩的父亲打电话，催促他务必于本周四之前将小岩的长发剪去。周五早自习课上，佟老师发现小岩仍留着长发。她二话没说，叫来两名男老师。其中一人控制住小岩，另一人用剪刀强行将小岩的长发剪去。当天中午放学后不久，小岩的父亲带着几个人气势汹汹

地来到学校，要求佟老师"给个说法"，并赔偿他们一家精神损失费五万元。一时间学校里的气氛剑拔弩张。后来在当地教委的极力协调下，学校承认强行剪发的做法不妥，向小岩的父母表示了歉意，并向他们支付了五千元的经济补偿，"剪发风波"得以平息。

评析·法理

一方面，学校从教育、管理学生的角度出发，需要制定一系列的校规校纪，向学生提出各种要求；另一方面，学生既是一个受教育者、被管理者，又是一个与教师、管理者具有平等法律地位的独立个体，他们的各种法律权利不得因教师实施教育、管理行为而被侵犯。当学校的各种规章制度，以及教师的各种教育、管理行为与法律规定相抵触，涉嫌侵犯学生的某种法定权利的时候，这些规章就不具有法律效力，这类教育、管理行为就会因其违法而涉嫌侵权。

学生留长发、染发、戴耳环、着奇装异服等行为，可能会与学校的规章制度相违背，不利于学校的统一管理和教育。但从法律上看，学生的上述行为并不违法，也不会危害社会公共利益或侵犯他人的合法权益，甚至也不会构成对学校教育教学秩序的妨碍，它属于人人得而享有的自由权的范畴。之所以被学校所否定，仅仅是因为它不符合学校的某种教育理念，不符合流水线式的统一管理要求。尽管如此，学校亦不得采取强制的方式来实现这样的教育和管理之目的，否则就可能构成对学生合法权益的侵害。

策略·建议

1. 学生的着装、发饰等问题，本质上是思想、认识问题，学校、教师应当通过耐心的说服教育来解开学生的思想疙瘩，实现教育和管理的目的。

2. 不要为了执行校规、应付上级检查而采取不让学生上课、强行剪去长发、强制学生脱去不符要求的服饰等管理方式，以免侵犯学生的受教育权、人身权。

自我测验

【案例】 某中学以上级要来检查指导为由，通知学生必须统一着装。9月19日上午7时20分开始，校方专门派两位老师配合门卫在校门口对入校学生逐一检查：凡是没有穿校服或穿着不规范的学生，一律不得入校上课。该校40多名学生因此被拒之校外，亦不敢回家，整个上午只好在街头闲逛。得知情况后，家长们认为学校的做法不近人情，而学校则称被拒绝进门的学生违反了学校的规定。一位家长气愤地说："不穿校服不准进校，这是哪门子的规定？学生要遵守校规，若违反校规，学校可以进行纪律性处分，可以严肃处理，但是不能不让学生进门呀！"一名学生说，这些被拒校门外的学生，只好纷纷回家换校服。而大多数同学因为怕回家遭受父母的指责和误解，或因为家离学校太远，只好等候在校门外观望。学生还反映说，老师特别交代，如果不服从学校管理，要受学校处分。（摘编自《春城晚报》）

【思考】 学校的做法是否合法？应当如何处理此类问题？

> 学校能否在教室里安装监控录像设备？在设备的安装、使用过程中应当注意哪些问题？如何避免侵权事件的发生？

建议 24

安装监控设备须小心，并保护好声像信息的安全

情境再现

魏某是上海市某中学的高中学生。3月某日晚自修时，魏某和小云（化名）在教室后排做出了亲吻等亲昵举止，这一情景被学校安装在教室的监控摄像镜头摄下。4月7日，学校以《校园不文明现象》为题，集中播放摄录的包括魏某的上述行为片段在内的校园不文明现象。虽然学校在人物面部打了马赛克，但其仍被同学和老师辨认出来。魏某由此感受到了一定的压力。当年8月，魏某正式向上海市虹口区人民法院提起诉讼，认为学校的行为侵犯了其隐私权、名誉权和人格权，要求校方赔礼道歉并赔偿精神损失费5000元。不久后，法院经审理作出一审判决，驳回了原告的诉讼请求。法院认为，学校对每位在校学生的学习活动、行为举止负有教育管理职责，作为实施教育管理的一种方式和手段，学校安装并合理使用监控设备的行为并不被法律所禁止，在这个事件中，学校虽确有改进、完善其教育方式之必要，但尚不构成侵权。随后，魏某因不服一审判决而向上海市第二中级人民法院提起上诉。二审法院作出了维持原判的终审

判决。

评析·法理

　　对于本案，也有一些法律界人士表达了不同看法。他们认为，学校不应当将摄录到的学生亲吻的镜头予以公开播放，因为尽管学生在教室的亲昵举止违反了学校的规章制度，但违规不是违法，何况学生还是个未成年人，将学生原本不希望为他人知悉且并不违法的私人行为予以曝光，不符合法律中关于隐私保护（尤其是未成年人隐私特别保护）的规定。其实，教育界也有不少人对学校的这一做法表示了担忧，原因是在教室安装摄像镜头，会让学生感觉自己时刻处于被监视之下，长此以往将不利于学生的身心健康。况且，在镜头监视之下的学生可能会刻意表现出某些有异于平常的"好行为"，但这种讨好式的行为可能并非学生真实人格的流露，社会并不需要伪装的"好人"。

　　那么，对于学校安装监控设备的问题，国家到底是怎么规定的呢？教育部、公安部多次强调，学校的重点区域应当做到视频监控设备全覆盖。安装监控设备是学校的技防手段之一，有利于提高学校的安防水平，保护学校及在校师生的生命与财产安全。不仅如此，发生校园安全事故之后，监控视频还有助于还原事故发生的过程，从而帮助人们分析、判断事故的法律责任。根据国家标准文件《中小学、幼儿园安全防范要求》（GB/T 29315-2022）的规定，学校的大门口、传达室、教学区域出入口和主要通道、宿舍楼主要出入口、室外人员集中活动区域，以及室内外体育场所、实验室、财务室、食堂等重点部位，应当安装监控设备。而学生宿舍内部、卫生间内部，则因为涉及学生的个人隐私，不得安装监控设备。教室内能不能安装监控设备呢？目前并未有明确的规定。我们认为，教室作为公共场所，原则上是可以安装监控录像的，但是在安装、使用过程中务必要考虑周全，否则稍有不慎便有可能产生争议，甚而引发法律纠纷。以下几点尤其需要学校加以注意。

其一，安装监控录像时，应当事先经过国家有关部门（如公安机关）的批准，并向教育行政主管部门汇报。而且，所安装的必须是有关部门批准同意使用的，或不为法律、法规或其他规范所禁止的设备。不得安装非法的、禁止民用的监控设备（如窃听窃照类、间谍专用类设备等）。

其二，安装监控录像的目的应当是维护在校师生安全，或者是维护重大活动秩序（如高考、中考过程中，利用在教室安装的监控设备来预防、监控考试作弊行为）。监视学生的日常行为，或者监督学生的课堂纪律，不应当成为安装此类设备的目的，学校在设备安装之后亦不要将其使用于此类目的。

其三，安装监控设备之后，学校应当将安装的目的、用途、具体位置以及监控的范围告知学生，以保证学生对自己的行为可能受到的监控情况享有充分的知情权。

其四，对于监控录像所采集到的声像信息，其查看权应当限定于特定的人员，比如学校领导或者其他特定事项的主管人员。有权查看的人应当保证不会将这些信息用于本职工作之外的目的（如将相关信息透露给无关人员，或将声像信息上传于互联网等），并严格遵守国家关于秘密、隐私保护等法律规定。

其五，对于监控录像所采集的声像信息，学校应当予以妥善保管，保证信息安全，并合理使用，不得随意予以公开。出于公共安全及教育教学管理工作的需要，学校可将此类信息作为内部决策、管理的依据，但不宜将其予以公开披露（如公开播放等）。特殊情况下需要披露的，应当确保其不会对学生的隐私权、名誉权、肖像权等合法权利构成侵害，亦不会损害国家和社会的利益。

策略·建议

1. 学校的校门口、操场、教学楼的楼道和楼梯、校内主要通道、校园食堂的厨房、财务室等重点场所和部位应当安装监控设备，但学生宿舍、澡堂、厕所则禁止安装。教室一般不安装监控设备，因特殊原因需要安装的，学校应当事先做好学生的思想工作，且不应将监控设备用于监视学生的日常行为或课堂纪律。

2. 对于监控设备无意中采集到的有可能涉及未成年学生的个人隐私、名誉以及其他合法权益的声像信息，禁止公开传播，应及时予以删除或做妥善处理。

自我测验

【案例】 "现在每天进出宿舍，都觉得有双眼睛盯着，浑身不自在，心理压力也特别大。"一名女生指着走廊尽头的白色摄像头质问："学校这样做是不是侵犯了我们的隐私权？"这个学期开始，某中学为加强学生宿舍的安全管理，投资数万元，在两栋学生宿舍楼的每层走廊两侧尽头都安装了摄像头。对此做法，一些学生感到不安，颇有微词。表示反对的大多数是女同学。"女生宿舍楼里怎么能安装监控摄像头呢？"一名女生情绪激动地说，"现在天冷还好，要是夏天难免衣服穿得少，一出宿舍门就有个'电子眼'盯着，多尴尬啊！"另一女生补充说："一举一动被窥视，别提多别扭。夜间去厕所更不方便，出了门要向走廊左右瞄上一眼，都成为习惯了。"一些同学表示，学生宿舍是休息场所，平时大家衣着随便一些，也不会担心有异性出现，自从学校安装监控摄像头后，生活变得不自在了，有种生怕被别人偷窥的心理负担。（摘编自《中国青年报》）

【思考】 该中学的做法是否有不妥之处？学校应当如何处理这一类问题？

> 学校和老师能否让学生填写家长职务、收入水平、私家车品牌等敏感信息？采集、统计学生家庭信息，如何避免侵权？

建议 25

采集、统计学生家庭信息，要做到适度、合法

情境再现

【案例1】 某小学调查统计学生的家庭情况，在统计表中将学生分为11类，包括"领导子女""企业老板子女""权势垄断部门子女""家长有犯罪前科的学生""离异单亲家庭学生""外地来的学生""各种关系过来的学生""学习不好成绩差的学生""谈恋爱的学生"等类别。消息曝光后，学校的这一做法受到不少网友的批评。学校相关工作人员在接受采访时回应称，已停止调查学生家庭情况，部分班主任未正确领会会议精神，理解有偏差，做法欠妥，已对相关老师进行批评，给予警告处分。当地教育局则表示，立即责成该小学提高站位、纠正错误做法，做好与家长的沟通解释工作，并启动对相关责任人的问责追责。

【案例2】 据"椒点视频"报道，在广东，有一位妈妈发视频称，自家孩子拿到的小学生寒假作业要求填写家庭收支，例如爸爸妈妈的工资、日常消耗品支出、房屋贷款等，她颇感疑惑。视频里，家长质疑"寒假作业要求填写家庭收入、房屋贷款、汽车支出等私密信息，这到底是作

业还是家庭背景的调查？我对这种作业布置的意义很迷惑"。

评析·法理

学校在开展招生工作、建立学生学籍档案以及日常管理过程中，有时需要收集、统计学生家庭的一些基本信息。而学生家庭的某些敏感信息，可能涉及个人隐私，家长并不希望被外人知悉。如果学校、教师主动去采集这些信息，可能会引起家长的担心和不满，甚至引发舆情风波。

那么，学校和教师在采集、统计学生家庭信息过程中，应当注意哪些问题？如何避免违法违规？

首先，学校和教师采集个人信息应当具有正当、合理的目的，采集的范围应当适度、合规，不得过度采集学生个人及其家庭信息。

按照我国《个人信息保护法》的规定，采集和处理个人信息应当遵循合法、正当、必要和诚信原则，应当具有明确、合理的目的，并应当与处理目的直接相关，采取对个人权益影响最小的方式；收集个人信息，应当限于实现处理目的的最小范围，不得过度收集个人信息。2022年3月印发的《教育部办公厅关于进一步做好普通中小学招生入学工作的通知》也明确指出，各地要健全义务教育入学报名登记制度，按照材料非必要不提供、信息非必要不采集原则，应当采集学生基本信息、家庭住址及家长姓名、联系方式等必要信息，严禁采集学生家长职务和收入信息。

实践中，学校和教师在采集学生家庭信息时应当先明确，这一工作是否出于教育的目的？是否为开展教育工作所必需？不掌握这些信息，对相关学生的教育工作是否就无法有效开展？如果答案是否定的，例如，为了了解学生家长的资源，以便让其为学校和老师办私事；或者为了了解家长的职务和地位，以便对其孩子给予特殊照顾；或者为校外其他无关单位和个人收集本校人员信息等，都不能成为学校和老师采集学生家庭信息的正当理由。对于确实是出于教育目的而必须采集的，还应当严格控制采集范围，只采集与教育工作直接相关的、最基本的信息，如学生家长的姓名、联系电话、家庭住址等。对于超出教育需要范围的信息，特别是个人隐私信息，如家长的收入水平、单位职务、私家车品牌等信息，不得进行采集。

其次，对于采集到的学生家庭信息，学校和教师应当予以妥善保管。

学校和教师因教育工作需要而采集的一些学生家庭信息，例如学生及家长的联系电话、身份证号码、家庭住址等，属于个人隐私信息，一旦泄露，可能会给个人生活带来困扰，甚至会威胁到学生的人身安危及家庭的财产安全。对于这些信息，学校和教师应当予以妥善管理，采取措施保障信息安全，不得泄露、买卖或者非法使用，否则须承担相应的法律责任。

策略·建议

1. 学校和教师采集、统计学生的家庭信息，应当是出于履行教育职责的需要，而且不得过度采集，不得收集与履行正常教育职责无关的个人及家庭信息。

2. 对于采集到的学生家庭信息，学校和教师应当予以保密和妥善保管。

相关规定

《中华人民共和国个人信息保护法》第六条："处理个人信息应当具有明确、合理的目的，并应当与处理目的直接相关，采取对个人权益影响最小的方式。收集个人信息，应当限于实现处理目的的最小范围，不得过度收集个人信息。"

《中华人民共和国个人信息保护法》第九条："个人信息处理者应当对其个人信息处理活动负责，并采取必要措施保障所处理的个人信息的安全。"

《未成年人学校保护规定》第十条："学校采集学生个人信息，应当告知学生及其家长，并对所获得的学生及其家庭信息负有管理、保密义务，不得毁弃以及非法删除、泄露、公开、买卖……"

自我测验

【案例】 某幼儿园一名女老师布置家庭作业,要求家长给孩子拍张以"我家的车"为主题的照片用于装饰班级主题墙。老师要求学生站在自己家的车旁拍照,合照中的车必须是家中的真车。此举遭家长质疑侵犯隐私,且易引发幼儿攀比。随后,当地教育局回应媒体称,该局获悉情况后已立即叫停,幼儿园和教师都已向家长致歉。(摘编自"北京时间")

【思考】 该幼儿园的做法是否违法违规?

> 对于违纪的学生，教师能否采取罚款等经济处罚措施以督促其改进？罚款在法律上是一种什么权力？教师对学生进行罚款会造成哪些后果？

建议 26

对违纪的学生，要避免采取罚款的"教育"方式

情境再现

年轻的吴老师是某中学初一年级的班主任。由于一段时间以来班级的各项评比活动的成绩在年级中都处于落后的位置，为了扭转班风，吴老师决定施出重拳，"重典以治乱"。经与几位班干部商量，她制定了《初一五班班级管理规定》。其中规定学生发生下列行为的，处以两元的罚款：（1）上课迟到、早退；（2）未按时完成某一科目的作业；（3）上课说话、做小动作或有其他违反课堂纪律的行为；（4）值日生打扫卫生不彻底，导致学校检查时班级被扣分……（10）考试不及格……

小智是一名"双差生"，一学期下来，因违反课堂纪律、考试不及格等原因，累计被"罚款"一百四十多元。小智的父母觉得老师的"罚款"行为不但没有教育好小智，还给自己增加了额外的经济负担。于是他们找到学校，要求退还已交的"罚款"。因吴老师不同意，小智的父母遂到教育局进行投诉。教育局责令吴老师退还全部"罚款"，并向小智的父母道歉，同时对吴老师予以通报批评。

评析·法理

罚款，是一种行政处罚措施，它是对违反行政法规的责任人所进行的一种经济上的处罚。按照我国法律的规定，罚款这样的行政处罚只能由法律法规做出规定（法律法规没有规定可以罚款的，不能实施罚款），并由特定的行政机关、法律法规授权的组织或行政机关委托的组织依照法律规定的程序来实施，其他任何组织、个人都不能实施。显然，学校并没有罚款的权力，更不用说教师个人了。虽然学生违反了校规或班规，但校规、班规不是法律法规，根本无权设立罚款。按照《中华人民共和国行政处罚法》的规定，没有法定依据或不遵守法定程序的，行政处罚无效。同时还规定，对于违法实施行政处罚的，可以对直接负责的主管人员或其他责任人员依法给予行政处分。可见，教师对学生实施罚款，不但无效，教师本人还有可能受到行政处分。

将罚款作为一种教育手段不但违法，还存在很多问题：由于学生本人并无经济来源，罚款最终都要落到家长的身上，因而容易引起家长的反感和抵触；经济条件较好的学生，可能对罚款无所畏惧，罚款不但达不到教育目的，还给了他们犯错误的特权；对于经济条件不佳的学生，罚款会给他们造成极大的压力，尤其是在已尽力但仍被罚款的情况下（如努力学习但成绩仍不及格），他们可能会心生怨恨甚至选择走极端；罚款强调金钱的作用，有可能扭曲学生的价值观。

策略·建议

1. 教师对学生的管教行为，不要触及学生及其家长的财产权益。罚款等经济处罚措施，涉嫌侵犯学生及其家长的财产权。

2. 学生违反学校的纪律不等于违法，学校和教师也不是执法者，对于法律规定由执法部门才能行使的权力，学校、教师不要越俎代庖违法行使。

相关规定

《中华人民共和国行政处罚法》第三十八条:"行政处罚没有依据或者实施主体不具有行政主体资格的,行政处罚无效。违反法定程序构成重大且明显违法的,行政处罚无效。"

《中华人民共和国行政处罚法》第七十六条:"行政机关实施行政罚,有下列情形之一,由上级行政机关或者有关机关责令改正,对直接负责的主管人员和其他直接责任人员依法给予处分:(一)没有法定的行政处罚依据的……(三)违反法定的行政处罚程序的……"

自我测验

【案例】 某日,某校几名学生拿着一张罚款明细单来到《燕赵都市报》,他们对记者说,学校应以教育为主,而不能靠罚款来制约学生违规。记者在这张单子上看到,旷课一节罚10元,不出操罚5元,上课睡觉罚10元,宿舍评比得"差"每人罚5元,考试作弊被抓罚500元……一名学生说,现在班里制定了很严厉的惩罚制度,只要违规,就要交罚款。班里已经有不少人或多或少被罚过,不过违规现象并没有减少。记者通过调查发现,该校多个班级的墙上,贴着不同的规定,其内容以违规罚款为主。在一份《宿舍卫生评比标准》上写道:连续3次不合格的宿舍,每人罚款5元;对宿舍内个别学生因内务而影响整个宿舍成绩者,罚款10元;对起床后不叠被子者,罚款10元。在某些班级里记者还发现:抽烟一次罚50元,打架一次罚200元。甚至还有"大扫除时各负责人记下不干活和不认真的同学,上报班主任,单独处罚"。该校周校长称,罚款只是部分班级的行为,与学校无关。学校并不鼓励使用这种手段,但现在学生较多,管理难度大,一些班委会制定这些学生自律条约,也是可以理解的。周校长承认相关班主任是了解这些情况的,罚款不会交到学校。(摘编自《燕赵都市报》)

【思考】 该校对违纪学生进行罚款的做法是否合法？若不合法，应承担何种法律责任？

> 学生违纪携带的物品威胁师生安全，或影响了其本人和其他同学的正常学习时，教师能否予以没收？该如何正确处理此类问题？

建议 27

对学生的与学习无关的物品可暂时代管，不能没收

情境再现

　　课堂上，李老师正神采飞扬地给学生讲课。"沙沙沙"，突然从教室的角落里再次传来一阵响声。学生们好奇地东张西望。李老师恼怒地放下手中的课本，把目光投向教室的各个角落，寻找声音来源。终于，他发现了"肇事者"——学生小宇课桌底下放着的笼子里关着一只小白兔。李老师走过去一把提起笼子，大声质问小宇为何把小动物带进教室，脑子里究竟有没有装着课堂纪律。随后，李老师让班长将小白兔放到年级办公室，接着继续讲课。下课后，小宇找到李老师，请求李老师把小白兔还给他。李老师严厉地批评了小宇，并说："鉴于你已经严重违反了课堂纪律，小白兔我没收了，什么时候等你考了一百分，我再还你。"当天下午放学后，李老师便将小白兔带回家，并送给了邻居。此后一连三天，小宇都来向李老师讨要小白兔，但每次都遭到李老师严厉的批评。随后两天，小宇没来学校上课。学生告诉李老师，小宇因为没能要回小白兔，挨了父亲的打，离家出走了。李老师感到有些内疚，他急忙从邻居家要回小白兔，并亲自

送到了小宇的家。经过老师和家长的多方努力，终于将小宇找回来。"小白兔风波"平息了，但李老师却为此陷入了深深的思考中。

评析·法理

按照我国《宪法》《民法典》及其他相关法律的规定，公民的合法私有财产受法律保护，任何组织、个人不得予以非法侵犯。在涉及个人财产权的问题上，任何人均负有不得非法侵占、毁坏、处分他人合法财产的义务。违反这一义务的，轻则构成民事侵权，重则甚至可能被追究刑事责任。

教师在履行职责过程中，享有对学生的教育权、管理权、评价权等各种权利。但履行这些权利须以不得侵犯学生的合法权益为前提。那么，当学生违反学校规定，携带与学习无关的物品进校园、进课堂，破坏学校的教育、教学秩序甚至危及师生安全时，教师应当怎么办呢？首先，我们应当认识到，这些物品多为学生或其监护人的私有财产，我们教师并无处置权，无权予以没收、毁弃或擅自处分。否则，我们的行为将构成侵权，依法负有向学生或其监护人返还原物、赔偿损失等民事责任。其次，我国相关法律也规定，学生负有遵守法律和学校的规章制度的义务。鉴于此，对于学生违反校规校纪的行为，我们可以根据校规行使相应的教育权、管理权，以维护学校正常的教育教学秩序不被破坏。

策略·建议

1. 学生违反校规校纪携带违规物品进入校园或课堂，教师可以在对学生进行批评教育后，将违规物品予以暂时扣留并妥善保管，事后再归还给学生或直接交给其监护人。

2. 如果学生携带的是枪支弹药、毒品、淫秽书刊等违法违禁物品，那么学校和教师在暂扣物品后应当及时汇报或者上交公安部门依法进行处理。

3. 如果学生携带的是鞭炮、汽油、硫酸等易燃、易爆、有毒、有害的危险物品，那么学校和教师应当及时汇报，或者上交应急管理部门或其他有关部门依法进行处理。

4. 平时，教师应经常教育学生不要将与学习无关的物品带到学校，并告知学生违反规定可能导致的后果。

相关规定

《中华人民共和国宪法》第十三条第一款："公民的合法的私有财产不受侵犯。"

《中华人民共和国民法典》第二百六十七条："私人的合法财产受法律保护，禁止任何组织或者个人侵占、哄抢、破坏。"

《中华人民共和国刑法》第二百七十条第一款："将代为保管的他人财物非法占为己有，数额较大，拒不退还的，处二年以下有期徒刑、拘役或者罚金；数额巨大或者有其他严重情节的，处二年以上五年以下有期徒刑，并处罚金。"

《中华人民共和国刑法》第二百七十五条："故意毁坏公私财物，数额较大或者有其他严重情节的，处三年以下有期徒刑、拘役或者罚金；数额巨大或者有其他特别严重情节的，处三年以上七年以下有期徒刑。"

《中小学教育惩戒规则（试行）》第十一条："……教师、学校发现学生携带、使用违规物品或者行为具有危险性的，应当采取必要措施予以制止；发现学生藏匿违法、危险物品的，应当责令学生交出并可以对可能藏匿物品的课桌、储物柜等进行检查。教师、学校对学生的违规物品可以予以暂扣并妥善保管，在适当时候交还学生家长；属于违法、危险物品的，应当及时报告公安机关、应急管理部门等有关部门依法处理。"

自我测验

【案例】 "老爸，你今天一定得抽空到学校找老师帮我要回手机啊！"小洁央求父亲。小洁所在的学校不允许学生带手机进学校。一周前，小洁的手机被老师"没收"了，老师说只有家长出面才会返还手机。据小洁的父亲说，小洁是初中一年级学生，去年秋季开学时，因对女儿早出晚归不放心，家人为小洁买了一部手机。"这几天，手机被'没收'，感觉很不方便。"小洁说，学校有规定，不允许学生使用手机，可她所在的班里，大多数同学都在使用手机。上课时，她把手机调到振动状态，下课后她才会接打电话。小洁说她在校使用手机并没影响到学习。学校总务处常主任说，该校规定，不允许学生带手机进学校，但效果不好。学生在上课时接听拨打电话会干扰课堂秩序，影响班里其他学生学习。为保证学生集中精力安心学习，学校禁止学生带手机进校，学校还要求一旦发现有学生用手机，老师要"没收"。常主任说，部分学生家长希望能及时了解孩子的学习、生活情况，为联系方便，才给孩子买了手机，但他认为学生使用手机弊大于利。学生如果有事的确需要与家长联系，老师办公室的电话可以让学生使用，学校还安装有多部磁卡电话，学生可以买磁卡打电话。（摘编自《平顶山晚报》）

【思考】 学校是否有权利"没收"学生的手机？应当如何正确处理学生携带手机的问题？

> 对于那些严重扰乱课堂秩序、影响其他学生正常学习的学生，教师能否令其停课反思？如何避免侵犯学生的受教育权？

建议 28

对学生停课停学要符合规定，不可侵犯其受教育权

情境再现

16 岁的小刚是某中学初三学生。一日下午放学后，小刚到操场上打篮球。同班女生小静看见小刚脸上有汗珠，就上前用餐巾纸为他擦汗。不巧，这一亲昵的举止恰好被从一旁经过的班主任田老师看见。田老师当即把小静叫到办公室，给小静看了两页日记（是田老师私自从小刚放在课桌内的日记本上撕下来的，上面记录了小刚对另一名女生的好感），并对小静说，小刚心很花，脚踏两只船。从第二天起，田老师便不准小刚进教室上课，而让他先好好反省自己的错误。小刚的父母多次来到学校，恳求让孩子上课，都被田老师拒绝了。小刚的父母很着急，找学校领导说情，并请律师向县委宣传部、教育局和孩子所在学校发了法律建议书，要求让孩子复课。学校和教育局给田老师做工作，但田老师仍然不准小刚上课。直到 12 月 5 日，在学校校长的命令下，小刚才进了教室。但小刚终因不堪心理压力，当天便离家出走，直到第二天下午才被找回。随后，小刚一纸诉状将田老师告上了法庭，要求田老师赔礼道歉，并赔偿精神损失费。法院

经审理认为，田老师未经学生小刚的同意，撕看小刚的日记并向他人传阅，还在学生中讲有损小刚名誉的话，其行为已损害了小刚的名誉权和隐私权；同时，田老师以小刚早恋而要求其写检讨为由，不准小刚上课学习，该行为侵害了小刚的受教育权。据此，法院判决田老师向小刚公开赔礼道歉，并赔偿精神损失费。

评析·法理

受教育权不是一项抽象的权利，而是一项包括入学、参加课堂学习、参加学校组织的各项活动等内容的实实在在的具体的权利。我国《教育法》第四十三条规定："受教育者享有下列权利：（一）参加教育教学计划安排的各种活动，使用教育教学设施、设备、图书资料……"这里的"教育教学计划安排的各种活动"主要是指教师的课堂教学，离开了聆听教师课堂教学这一基本活动，受教育便成了一句空话。田老师只因怀疑小刚早恋而长时间不让其进教室上课，事实上剥夺了小刚接受教育的权利，从而构成了对小刚受教育权的侵犯。

对违纪的学生能否进行停课？停课是否会侵犯学生的受教育权？过去，这一直是一个有争议的问题。随着《中小学教育惩戒规则（试行）》的颁布和施行，这个问题有了相对明确的说法。按照《中小学教育惩戒规则（试行）》第十条的规定，小学高年级、初中和高中阶段的学生，违规违纪情节严重或者影响恶劣的，学校可以对其实施"给予不超过一周的停课或者停学，要求家长在家进行教育、管教"的教育惩戒，并应当事先告知家长。

实践中，停课、停学要想做到合法合规，避免侵犯学生的受教育权，应当遵循下面的条件和要求。

其一，从适用对象上看，停课、停学只适用于小学高年级、初中和高中阶段的学生，对小学中、低年级学生则不适用。

其二，从适用情形上看，停课、停学只适用于学生违规违纪情节严重或者影响恶劣的情形，对于普通的违纪行为则不适用。

其三，从决策和实施主体上看，停课、停学作为一种严厉的惩戒措施，只能由学校来决定和实施，决策权和执行权都在学校，教师个人无权决定和实施。

其四，从适用期限上看，停课、停学的期限为"不超过一周"，也就是最长期限是一周。目前我们国家一周的上课时间为5天，这意味着停课、停学最长期限是5天。

其五，从实施程序上看，停课、停学作为一种严厉的教育惩戒，要遵循下面的几个程序和步骤：（1）要事先告知学生及家长，学校打算对学生实施停课停学的措施，并提醒学生有权为自己申辩，有权要求学校举行听证。（2）在实施之前，要听取学生的陈述和申辩。学生口头或书面陈述、申辩都可以，如果是口头陈述、申辩，学校要做好记录，并且让学生本人签字。（3）学生或者家长申请听证的，学校应当组织听证。这个就要求学校要学习如何组织一场听证，以便适应新规定、新工作的需要。（4）学生受到停课、停学的惩戒后，能够诚恳认错、积极改正的，学校可以提前解除停课、停学的措施。

总而言之，学校、教师应当慎重对待停课，不要滥用停课的惩戒权。实践中，对于那些未完成作业、未按时交纳学费或其他费用、轻微违反课堂纪律的学生，一些教师动辄不让其进教室上课，甚至直接将其赶出校门，这种做法是非常不妥的，明显构成了对学生受教育权的侵犯。

策略·建议

1. 只有那些违规违纪情节严重或者影响恶劣的小学高年级、初中和高中阶段的学生，才可适用停课、停学的教育惩戒方式。对于轻微的违纪行为，不适用停课、停学。

2. 停课、停学的期限为"不超过一周"，超过期限则涉嫌侵犯学生的受教育权。

3. 停课、停学期间，学生回到家里，由家长在家进行教育、管教。停课、停学绝不是让学生放任自流，把学生往家里一扔，学校、家长都不管了，而是要求家长履行监护职责，在家对学生进行教育、管教，督促学生改正错误。学校也要采取适当方式安排学生的学习活动，例如可让教师给学生布置一定的学习任务、提供必要的解答辅导等，尽可能不耽误学生的正常学习。

相关规定

《中华人民共和国教育法》第四十三条："受教育者享有下列权利：（一）参加教育教学计划安排的各种活动，使用教育教学设施、设备、图书资料……"

《中小学教育惩戒规则（试行）》第十条："小学高年级、初中和高中阶段的学生违规违纪情节严重或者影响恶劣的，学校可以实施以下教育惩戒，并应当事先告知家长：（一）给予不超过一周的停课或者停学，要求家长在家进行教育、管教……"

《中小学教育惩戒规则（试行）》第十四条："学校拟对学生实施本规则第十条所列教育惩戒和纪律处分的，应当听取学生的陈述和申辩。学生或者家长申请听证的，学校应当组织听证。学生受到教育惩戒或者纪律处分后，能够诚恳认错、积极改正的，可以提前解除教育惩戒或者纪律处分。"

自我测验

【案例】 据丽丽的父亲介绍，3月6日（星期六）下午6时许，丽丽（初一学生）和邻居的女儿婷婷一同出了门，晚上11时还未回家。他和婷婷母亲在多处寻找无果的情况下，去派出所报了案。在派出所，他接到已回到家中的丽丽的电话。5分钟后，他在自家楼下见到了女儿和她的同学小丹。当时他很气愤，追问女儿去哪儿了。两个孩子说她们去宝鸡大酒店参加同学的聚会了，并说婷婷和几个同学还在酒店里。随后，他和婷婷母亲与派出所干警一同来到宝鸡大酒店,当时婷婷和几个同学在房内闲聊。10天后,参加聚会的六名同学被校方停课。对此,该校一位姓蒋的校长讲,事发第三天,学校找参加聚会的学生谈话,她们承认当晚在宝鸡大酒店包了两个房间,洗澡,一起玩耍。这件事严重败坏了学校的声誉,因此学校停了丽丽以及参与这次聚会的学生的课,并建议父母为孩子转学。该区教育局一位副局长告诉记者,学校停学生课并劝学生转学的做法显然不妥,即便学生有过错,也不能剥夺他们的受教育权。他表示,局里将派人调查此事,尽快让学生恢复上课。3月22日,丽丽为讨要享受教育的权利,将学校告上了法庭。(摘编自"南方网")

【思考】 学校的做法是否侵犯了学生的受教育权?需要承担什么样的法律责任?

> 参加考试是学生的一种权利吗？教师能否不让成绩不好的学生参加考试？

建议 29

平等对待学生，成绩不好的学生也有参加考试的权利

情境再现

临近期末考试了，三年级（2）班的小星却一点儿也不紧张。班主任周老师已提前告诉他，考试那两天他不用来了，交一张请假条就行。害怕家长责骂的小星并没有向大人提及此事。考试那天，他照常走进了教室。周老师看见他后，皱了皱眉头。开始发试卷了，当发到小星的时候，周老师似乎忘记了他的存在，径直走到下一位同学跟前。最终，小星没有拿到试卷。周老师告诉他，试卷少了一份，他就不用考了，这次试题挺难的，反正他也不会做。于是，小星便按照周老师的吩咐趴在课桌上"睡"了一个小时。下午的数学考试和第二天的英语考试，小星都享受了同样的"待遇"。放假前的一天晚上，小星的父亲向儿子问起考试成绩，小星先是支支吾吾了一阵子，最后才哭哭啼啼地向父亲交代了相关情况。看到儿子如此受委屈，小星的父亲气愤至极。第二天一大早他就赶到学校，质问周老师和学校领导为什么不让小星参加考试。了解情况后，校长当即严厉批评了周老师，并向小星的父亲表示了道歉，同时表示将马上单独组织小星参

加补考。对于学校的这一表态和安排，小星的父亲并未完全认可。随后，他向当地教育局投诉了儿子所遭受的不公正"待遇"。教育局经调查核实，决定给予周老师通报批评的行政处分。

评析·法理

按照我国《教育法》第四十三条的规定，学生享有参加学校教育教学计划安排的各种活动的权利。考试便是学校组织和安排的教育教学活动方式之一。通过考试，可以考查学生掌握知识、技能的基本情况，为教师改进教学和学生查缺补漏提供客观依据。从这个角度而言，考试也是一种教育，是学校教育应有的内涵之一。没有考试的教育，不是完整的学校教育。参加考试，是作为受教育者的学生应当享有的基本权利之一。剥夺学生参加考试的权利，实际上构成了对学生受教育权的某种侵犯。此外，我国《义务教育法》《未成年人保护法》还规定，学校和教师应当平等对待学生，不得歧视学生。学生享有平等权，教师对所有的学生应当一视同仁，不得对品行有缺陷或学习有困难的学生"另眼相待"。不让所谓的"差生"参加考试，实际上是对"差生"的一种"歧视"，既侵犯了学生的平等权，也伤害了学生的人格尊严，对学生的身心健康成长造成了不利影响。

策略·建议

1. 参加考试是受教育权的重要内容之一，每一名学生都有考试的权利，学校、教师不要以任何理由不让"差生"参加考试。

2. 在国家统一组织的考试当中（如高考、公务员考试、司法考试），学生不符合报名条件或者有违反考场纪律行为的，国家相关的考务管理部门有权对学生的考试资格进行限制或剥夺。而在学校内部考试过程中，如果学生存在违纪行为，学校可以当场予以制止并在事后依据校规对其进行处罚，但不能径行不让学生参加考试。

相关规定

《中华人民共和国教育法》第四十三条:"受教育者享有下列权利:(一)参加教育教学计划安排的各种活动,使用教育教学设施、设备、图书资料……"

《中华人民共和国义务教育法》第二十九条:"教师在教育教学中应当平等对待学生,关注学生的个体差异,因材施教,促进学生的充分发展。教师应当尊重学生的人格,不得歧视学生,不得对学生实施体罚、变相体罚或者其他侮辱人格尊严的行为,不得侵犯学生合法权益。"

《中华人民共和国未成年人保护法》第二十九条:"学校应当关心、爱护未成年学生,不得因家庭、身体、心理、学习能力等情况歧视学生。对家庭困难、身心有障碍的学生,应当提供关爱;对行为异常、学习有困难的学生,应当耐心帮助……"

自我测验

【案例】 小易是某中学高三学生,因其在高二结业时有三门会考成绩没有及格,学校便认为他升学无望,必须分流转学。由于小易没有会考成绩,其他学校不肯接收。无奈之下,小易及其家长找到校领导,恳求让小易继续留在学校。学校则提出可以让小易留校的3个"必须条件":3门会考补考必须一次通过;必须保证期末考试总成绩达到年级文科排位70名以内;必须写一份书面保证。否则,即视为自愿放弃参加高考的权利。为了能继续求学,小易与其家长只好同意这些条件,并写了一份保证书交给学校。此后,小易争分夺秒、发奋学习,3门会考科目于补考时一次通过。但在期末考试期间,小易因发高烧没有参加数学考试,期末总成绩未进入年级文科前70名之内。学校据此认为小易不符合高考报名要求,于是没有让他参加高考报名照相和计算机编码,也没有发给其高考志愿表。在学校无法报名,小易只能去找街道,但街道只管往届毕业生,最终,小易失去了参加当年高考的机会。经媒体报道后，此事引起社会各界的广泛关注。当地教育局明确表示，该中学对应届毕业生小易报名参加当年高考的种种限制是违法的，应予纠正。

【思考】 学校不让小易参加高考的做法是否构成侵权？为什么？

> 在学生填报升学志愿的过程中，教师擅自更改学生已填好的报考志愿是否违法？如何正确对待学生的填报志愿行为？

建议 30

学生填报升学志愿，教师可指导但不可擅改学生志愿

情境再现

小徐是某省城大学二年级学生。然而最近，他却把自己当年的高三班主任赵老师告上了法院。原因很简单，他不喜欢自己现在就读的哲学专业。整天面对自己毫无兴趣的专业，他觉得自己的生活简直就像在炼狱。而造成自己学非所愿局面的人，正是自己当年的班主任赵老师。小徐清楚地记得，自己当初报考的是该所大学的"经济学专业"，而且在"是否服从调剂"一栏填写的是"否"。按常理，他是不可能被该大学"哲学专业"录取的。问题就出在赵老师身上。当年，这位对学生极其负责、期盼所教的学生都能考上好学校的老师，在检查学生所填报的高考志愿的时候，发现小徐在"是否服从调剂"一栏填写的是"否"字，他立刻急了，想找小徐，可一时却无法与小徐取得联系。于是，在向学校上交志愿表之前，他自作主张，用涂改液将"否"字擦去，填上"是"字。事后，他向小徐说明了这一情况。小徐当时就很生气，因为志愿表是在自己和家人反复考

虑、再三权衡后才填写的。由于表格已上交招办而无法更改，小徐只能寄希望于自己能被该大学第一志愿录取。然而，高考后不久，小徐偏偏等来了该大学（哲学专业）的录取通知书。无奈之下，小徐只好去报到入学。然而，近两年来的大学学习让他感觉"受尽了折磨"。他认为，如果赵老师当年没有擅自更改自己的升学志愿，自己就有可能被后一志愿的学校录取，而自己在后一志愿的专业中填写的依然是"经济学"。小徐认为，赵老师擅改自己高考志愿的行为，违背了自己的意愿，也改变了自己的人生方向和命运，侵犯了自己的合法权益。他要求法院判决赵老师承担赔礼道歉、赔偿损失的法律责任。

评析·法理

知识改变命运，教育促进社会流动。现代社会给公民提供了多样化的教育选择机会。公民可以根据自己的能力、爱好、经济条件选择适合自己的教育机会。一个人选择报考什么大学，就读什么专业，完全取决于他自己的意愿，法律赋予个人充分的自主选择权。这就是公民的受教育选择权。这一权利事关今后的择业乃至个人前途，任何人不得侵犯。在学生填报升学志愿的过程中，学校和教师可以根据自己的经验给予相应的指导，这样无疑有利于学生做出科学、客观的选择，避免盲目填报。然而，填报志愿毕竟属于学生自主选择权的范畴，教师不能以强迫来代替指导，不能越俎代庖直接代替学生做出选择，更不能擅自更改学生已填报的升学志愿，否则即构成了对他人受教育选择权的侵犯。案例中，好心的赵老师自作主张改动学生的报考志愿，没想到却违背了学生本人的意愿，给学生造成无尽的烦恼，最后赵老师自己也摊上了官司，这样的遭遇值得我们好好反思。

策略·建议

1. 对于学生填报升学志愿问题，教师可给予建议和指导，但不要强制学生填报某一志愿，更不要擅改学生已经填报的志愿。

2. 如果学校希望学生报考本校，可在与学生及其监护人充分协商的基础上，遵循自愿、平等的原则，签订协议，约定双方的权利、义务及违约责任。

自我测验

【案例】 原告程某系中国科学院武汉分院附属小学学生，后升学到被告武大附中就读。1994年5月，程某即将初中毕业，他接到武大附中依照武汉市1994年高级中学招生程序发给的中考志愿表后，在表中填写的第一志愿是华中师范大学第一附中（重点高中），第二志愿为武大附中（普通高中）。武大附中未经程某同意，便将程某编入普通高中招生的考场。考试成绩公布后，程某的成绩虽已达到华中师范大学第一附中的录取分数线，但因其被编入普通高中考场，无法向重点高中投档，最后被武大附中录取。程某的法定监护人获悉这些情况后，数次与武大附中进行交涉。但武大附中认为，程某作为非武大员工子女，被接收后将其由一般的学生培养成为优秀生是学校倾注满腔心血的结果，在这样的情况下，学校认为程某选择学校不能仅仅根据个人意愿。学校按有关规定和校规，让其在本校继续就读，是行使学校学籍管理的正当权利。几经交涉未果，程某遂以武大附中侵害其受教育选择权为由，诉至武汉市武昌区人民法院。法院经审理后认为，被告武大附中未按程某的原填报志愿，而将其报考档案转归于普通高中类，其擅自改动考生志愿的行为违反了武汉市教委1994年中等学校招生工作规定，致程某失去了就读重点高中的机会，侵害了程某的受教育选择权，故应承担侵权的民事责任。为此，法院判决：（1）被告武大附中将原告程某的学籍档案转至程某指定的，并同意接收程某入学的学校；（2）被告武大附中每学年给付原告程某借读费400元至其毕业或转学为止。

【思考】 教师擅自更改学生的升学报考志愿，侵犯了学生的什么权利？可能要承担哪些法律责任？

校规内容违法主要表现在哪些方面？学校在校规制定、施行过程中应当如何避免侵犯学生的合法权益？

建议 31

校规须合法，违法的校规不得作为管理的依据

情境再现

以下是一些学校的校规：

【案例1】 《××学校学生管理及违纪处罚规定》："无故旷课累计达到10节的，责令家长领回家接受教育2日；无故旷课累计达到20节的，直接予以勒令退学并开除学籍。"

【案例2】 《××学校学生处罚规定》："故意捣乱、扰乱课堂秩序的，罚站一小时……不按时完成作业的，罚抄课文10遍。"

【案例3】 《××学校学生违纪处罚条例》："携带违禁、危险物品进入校园的，学校将予以当场没收。"

【案例4】 《××学校校园文明公约》："践踏草坪、损坏花木者，处以10元至50元罚款；在学校建筑的墙壁和桌椅等设施上乱写乱画者，处以10元罚款。"

【案例5】 《××学校学生管理条例》："对行为恶劣的学生，学校将召开全体师生大会责令其公开检讨，并根据其对所犯错误的认识程度，给予相应的记过、记大过、留校察看处分。"

评析·法理

校规，即学校的各种规章制度，是指学校为了维护正常的教育教学管理秩序，针对受教育者制定的各种行为准则及道德规范要求。由于认识到校规的重要作用，因此一些学校管理者出于从严治校的目的，在校规的内容中规定了严格的行为、道德标准和严厉的惩罚措施，结果却引发了争议。比如：广州市某学校规定男生一律留小平头，女生一律留齐耳短发，个别学生因发型不符合要求而被禁止进入校园，此事经媒体报道后曾引起社会的广泛关注。又如：上海市某中学根据学校的规定，在全校班会课上公开播放两名本校学生在教室接吻的镜头（该镜头为安装在教室的摄像机在学生不知情的情况下拍摄），结果招致学生不满，社会舆论亦一片哗然。学校的做法为什么会受到学生、家长乃至社会的质疑呢？因为学校校规的内容存在问题。在一个法治社会，校规的内容有一个不能突破的底线——法律。校规的内容不能与现行的法律相违背，不能侵犯学生的合法权益，它需要与法律接轨，体现法治精神。

一、校规内容违法性的主要表现

从结构上看，一部完整、典型的校规或者校规体系，其条款内容一般可分为两个部分：行为模式和后果模式。行为模式部分规定学生应当怎么做、禁止怎么做；后果模式部分则规定学生做出符合行为模式中规定的行为时可以获得的奖励，以及做出违反行为模式中规定的行为时可能遭受的惩罚。校规中违法的内容往往出现在后果模式当中。抛开学生的受教育者身份而言，学生首先是一个普通公民，享有普通公民所拥有的一切合法权益；同时未成年学生又是一个受特别保护的个体，国家相关法律（如《中华人民共和国未成年人保护法》等）对其规定了一系列专门的保护措施。学校校规中关于惩戒的内容一旦涉及学生的普通公民权利或者法律专门保护的利益，则极有可能涉嫌侵犯学生的合法权益，从而构成违法。实践中，学校校规内容的违法性主要表现在以下几个方面：

（一）侵犯学生的受教育权，如案例1。

（二）侵犯学生的生命健康权，如案例2。

（三）侵犯学生的财产权，如案例3和案例4。

（四）侵犯学生的名誉权，如案例5。

实践中，除了以上几种常见的情形之外，校规内容的违法性情形还包括：规定学校可搜查学生的物品，可对学生进行搜身检查、关禁闭，从而涉嫌侵犯学生的人身自由权；规定学校出于某种教育目的可查看、截留学生的私人信件，可能涉嫌侵犯学生的通信秘密、通信自由权；规定学校可公布学生的学习成绩及其排名，可能涉嫌侵犯学生的隐私权；其他可能涉嫌侵犯学生的肖像权、申诉权、平等权等内容规定。

二、校规内容违法性的成因分析

校规的内容之所以频频触犯法律的雷区，其原因主要有两个方面。一是部分校规制定者的法律意识还不够强，法律知识还较为欠缺。在我国现行的法律、法规、部门规章中，涉及学生行为管理的规定特别少，仅有的一些涉及受教育者义务的条款的内容又比较笼统，多是一些原则性的规定。教育部颁发的《中小学生守则》《中学生日常行为规范》《小学生日常行为规范》虽然对学生的行为要求作出了规定，但其内容仍然不够细致、全面，难以涵盖学生在校园学习、生活中涉及的方方面面的活动领域。而且，这些守则、规范的内容都是倡导性的，缺乏惩戒性的条款规定，其执行力没有保障。因此，为了有效地规范学生的行为，学校需要制定内容更加全面、具体、明确的校规，并在校规中规定相应的处罚措施，以保障其执行力。然而，大多数校规制定者并非法律专业人士出身，囿于自身法律专业知识的欠缺，很容易在其制定的处罚条款中出现超越法律规定的内容，从而导致校规内容的合法性出现问题。二是部分学校管理者在教育观念上出现了偏差，过于迷信教育惩罚的功能，造成惩罚泛化、惩罚严厉化的倾向。学生的轻微违纪行为，比如不按时完成作业、乱扔纸屑、上课"开小差"等，完全可以通过正面引导、批评教育等方式加以解决，过于严厉的惩罚规定，很可能造成校规"用刑重典化"，最终导致校规的内容突破法律的界限。

三、校规制定、施行过程中应当注意的几个问题

（一）立规者在制定校规之时，头脑中一定要有法治意识，事先要了解、掌握基本的法律常识，特别是要熟悉关于公民（自然人）的权利、义务以及学生的特殊权利、义务方面的法律知识。可能的话，制定校规之前要通读我国《宪法》《民法典》《刑法》《教育法》《义务教育法》《教师法》《未成年人保护法》《预防未成年人犯罪法》等相关法律，特别是要熟悉教育部制定的《中小学教育惩戒规则（试行）》《未成年人学校保护规定》这两部规章的详细内容规定。在立规过程中，头脑中不能只装着学校秩序、学生义务等念头，而要在法律、权利、秩序、义务当中找到一种平衡，对学生的法律权利要给予充分的尊重和保护。

（二）在校规中应尽量减少惩戒性的条款内容，不应有惩戒泛化、惩戒严厉化的立规倾向。在校规的行为模式部分可以对学生提出各种各样的要求，但不要强求在后果模式部分一定要有对应的奖励或惩戒措施。对于学生轻微的违纪行为，以及某些处罚轻重程度不好把握的行为，可不规定惩戒措施，而让教师在事发后相机行事、灵活处理。校规中关于教育惩戒的内容，应当参考或者依据《中小学教育惩戒规则（试行）》进行制定，不得突破其确立的界限。

（三）在校规制定过程中，可采取"开门立法"的办法，让学生及其家长、教职员工乃至其他社会人士参与校规内容的讨论，多方征求意见，了解、掌握"民情"，以使得校规的条款内容尽量科学、适度、可行，减少校规在施行过程中可能遭受的抗拒心理。

（四）校规制定出来后应当及时公布，大力宣传，让学生充分了解校规的内容，以便学生对自己的行为后果有一个明确的预期，减少行为的盲目性、冲动性。此外，校规制定出来后，最好请法律专业人士再进行最后的把关。有条件的地方，可以将校规提交给教育行政部门备案或审查，最

大限度地减少校规内容出现问题的可能性。

（五）学校在适用校规对学生进行处分的过程中，要特别注意程序的正当性、合法性。首先，在做出处分之前，一定要充分掌握学生违纪的相关证据，主观臆测、道听途说的信息不能作为处分学生的依据，没有确凿的证据不要实施处分。其次，已准备要对学生进行处分时（处分决定尚未正式下达前），要给予学生陈述事实、自我申辩的机会。再次，做出处分决定后，应直接通知学生本人及其家长，而尽量不要将处罚结论予以公开，以避免可能造成侵犯学生名誉权的后果。

（六）校规也须与时俱进，学校应定期对校规进行重新审查，及时清理校规中不合法、不合时宜的内容规定，确保校规的时代生命力。

策略·建议

1. 学校在制定校规时，应当了解法律的相关规定，确保校规的内容不违法，不会侵犯学生的合法权益。校规制定出来后，有条件的最好先请法律专业人士把把关。

2. 一旦发现校规的内容可能与法律相违背，应当立即予以修改，不得将违法的校规作为处分学生的依据。

相关规定

《未成年人学校保护规定》第二十五条："学校应当制定规范教职工、学生行为的校规校纪。校规校纪应当内容合法、合理，制定程序完备，向学生及其家长公开，并按照要求报学校主管部门备案。"

自我测验

【案例】　申素平博士介绍说，1965年12月16日早晨，美国一所公立学校的学生约翰和玛丽在手臂上佩戴着黑纱来到学校，校方旋即勒令他们停学。因为就在两天前，学校刚刚出台了一则校规：如果有学生敢在手臂上佩戴袖标就要被勒令停学，直到他取下袖标为止。约翰和玛丽都知道学校的这个规定，但他们还是"顶风作案"，因为他们要按自己的意志表达反对越战的态度。该校的学生在家长的帮助下，最后将学校告上了地区法院，要求法庭废止学校的规定。理由是这个规定违反了美国宪法修正案中关于保护"言论自由"的规定。地区法院虽然认为学生有自由表达意见的权利，但并不认为学生的举动属于言论范围，于是判决学校的规定必须被尊重，因为这些规则是基于学校的秩序不被干扰的考虑。玛丽随后向美国第八巡回法庭提出申诉，但第八巡回法庭还是坚持了地区法院的判决。最后，玛丽不得不将这场官司引向了美国联邦最高法院。在最高法院，这起案件才峰回路转。法官经过审判认定，学生无论在校内还是校外都是一个"拥有完全权利的人"，学校不能因为"推测学生的行为有可能危害学校的秩序"而制定规则限制他们的权利，只有当学生的行为真正对学校秩序造成实质性影响的时候，才能对其作出处罚。这个判决对美国学校管理学生的行为产生了重大影响，它使学校在制定任何规则的时候，都会考虑这个规定是基于一定的事实，还是基于一种推测，更重要的是，他们会小心地界定校园规则与法律冲突的问题。（摘编自《新闻周刊》，作者：孙展）

【思考】 违法的校规会造成哪些后果？本案给我们什么启示？

什么叫学生申诉制度？如何建立和完善这一制度？

建议 32

完善学生申诉制度，依法处理学生申诉

情境再现

小宇是小学六年级学生，一向成绩优秀，还是班里的中队委员。临近期末的时候，班级评选校"三好生"，小宇没被选上。小宇的家长认为小宇品学兼优，至少比被评上"三好生"中的两名同学更有资格当选，评选结果不公正，侵害了小宇的荣誉权。为此，小宇的家长以小宇的名义向学校提起了学生申诉，递交了《学生申诉书》，请求将小宇评为校"三好生"。一星期之后，学校向小宇送达了《学生申诉处理决定书》，驳回了小宇的申诉请求，理由是当选"三好生"的基本要求是德、智、体、美、劳全面发展，而本学年小宇的体育科目成绩未达到"良好"以上，不符合"三好生"的标准。收到《学生申诉处理决定书》之后，小宇仍不服，经人指点，他又向区教委提起了学生申诉，但区教委最终以同样的理由维持了学校的决定。

评析·法理

学生申诉（本文仅指校内学生申诉），是指学生认为学校的行为、决定、处分或者教师、学校其他工作人员的行为侵犯了自己的合法权益时，

有权向学校有关部门进行申诉,要求获得公正处理。学校及其教职员工在对学生进行教育、管理过程中,有时难免会发生一些差错。赋予学生申诉的权利,等于为学生提供了一个为自己辩护、寻求救济的机会,它有利于缓解、消除紧张的师生关系、校生关系,有助于培养学生的民主、法治的观念和意识,也有助于学校及其教职员工及时纠正工作中出现的错误,改进不足,提高教育和管理水平。目前,各地不少学校已经开展了一些有益的探索,尝试着建立学生申诉制度,但总体上看,这一制度仍未受到各个学校的普遍重视,在制度的建立、实施过程中仍存在着诸多不尽如人意的地方。

要正确处理学生申诉,就应当建立规范、完善的学生申诉制度。而在制度的建设和完善过程中,学校应当特别注意以下几个方面的问题。

关于制度的制定和宣传。与以往学生或其家长的较为随意的口头反映问题、投诉等活动不同,作为一种常规制度的学生申诉,有特定的形式、程序和步骤,正规而严肃,是学校的一种专门活动。实践中,学校应当制定书面的《学生申诉规定》,详细规定本校学生申诉的受理范围、申诉的提出及受理方式、学校处理申诉的步骤和程序、申诉结果的送达方式等内容,以作为学校处理学生申诉的操作依据。更重要的是,在制定和公布《学生申诉规定》之后,学校应当进行宣传,让学生及其家长充分了解该规定的内容,懂得如何利用这一制度来维护自己的合法权益。

关于受理范围。学生在什么情况下可以提起申诉?这个范围应当尽量放宽,只要学生认为自己的合法权益(包括生命健康权、受教育权、隐私权、名誉权、荣誉权、人身自由权、财产权、平等权、获得公正评价权、休息娱乐权等)受到了学校或其教职员工的侵害,都可提起学生申诉。被申诉的事项包括三类:一是教师或教辅人员在工作中对学生实施的某种行为,如体罚学生、不让学生上课、没收学生物品等;二是学校在教育、管理活动中针对学生实施的某一行为、做出的某种决定,如组织学生补课、要求学生征订某一课外读物、在教室安装摄像镜头等;三是学校对学生做出的某一纪律处分，比如对学生处以严重警告的处分等。这项事项只要与学生本人具有切身的利害关系，且被学生认为不恰当、不公正、可能涉嫌侵权，都可以成为学生申诉的受理对象。

关于受理条件。提起学生申诉的时候，学生本人应当向学校提交书面的《学生申诉书》。该申诉书应当载明：申诉人的姓名及所在班级；被申诉人的姓名及所在工作部门（如系学校，则直接写学校的名称）；申诉要求，即学生希望通过申诉达到什么结果，比如要求教师归还被没收的物品，要求学校撤销对自己的处分等；事实和理由，即申诉事项的简要情况介绍以及支持自己的申诉要求的各种正当理由。

关于受理机构。学校应当成立专门的学生申诉受理机构，如"学生申诉委员会"（以下简称"学申委"），以接受、审查、处理学生申诉。该申诉机构的组成人员应当具有一定的代表性，由学校主要负责人，各职能部门负责人代表，各年级负责人代表，党、团、少先队组织代表，教师代表，学生代表等人员组成。条件允许的，还可吸收法律工作者、学生家长代表、社区代表等人员参加"学申委"，以便于学校从各个角度、立场来权衡、评判学生的申诉事项。"学申委"的人数应当为单数。

关于申诉的审查和评议。在受理学生申诉之后，学校首先应当进行调查取证，查明被申诉事项的基本情况。其次应当组织"学申委"的成员讨论案情、发表意见，对申诉事项进行准确定性，并确定该适用什么样的规定进行处理。必要时还应当召开"听证会"，听取申诉人和被申诉人的陈述和辩解，做到"兼听则明"。

关于申诉处理结果的做出。"学申委"在对学生申诉进行审查和评议之后，应当在规定的期限内（一般不应超过30天），以学校的名义做出书面的《学生申诉处理决定书》。《学生申诉处理决定书》作为学校对于学生申诉的最终处理结果，内容应当包括以下三方面。（一）学校的处理意见。分为两种情况：一种是支持学生的申诉要求，纠正（撤销）学校的行为、决定、处分，或纠正教职员工的行为；另一种是驳回学生的申诉要求，维持学校的行为、决定、处分，或者肯定教职员工的行为。（二）学校做出前述处理意见的法律及校规校纪的依据。（三）告知申诉人如果对学校的处理意见不服，可向上级教育行政部门提起学生申诉，或者采取其他合法途径进行维权。

关于申诉处理结果的送达。学校在出具《学生申诉处理决定书》之后，应当及时将该决定书送达学生本人及其监护人，同时保留好送达回执，并将本案所有的材料整理归档后予以妥善保管。

策略·建议

1. 为了让自认为受到不公正对待的学生享有权利救济的机会，保证其合法权益不被侵犯；也为了及时化解学校与学生及其家长之间可能存在的误解、矛盾，提高学校的教育和管理水平，学校应当建立健全学生申诉制度。

2. 在处理学生申诉时，要给予学生充分的陈述、申辩的权利，保证学生的知情权，处理申诉的过程和结果都力争让学生心服口服，将其变成一次对学生的再教育的过程。

相关规定

《中华人民共和国教育法》第四十三条："受教育者享有下列权利……（四）对学校给予的处分不服向有关部门提出申诉，对学校、教师侵犯其人身权、财产权等合法权益，提出申诉或者依法提起诉讼……"

自我测验

【案例】 对于某大学开除4名考试作弊学生的决定，9月8日北京市教委下发《学生申诉处理决定书》，决定撤销该大学的开除决定。但学校表示至今仍未接到教委的决定。据记者了解，今年1月初，在该大学的期末考试中，有10名学生因作弊而被学校处以开除学籍的处分。除了4名学生外，其他几人已先后办理了退学离校手续。这4名学生和家长因不服学校的处分，认为处分过重而向市教委提出申诉。市教委法规处在调查研究后于9月8日下达了《学生申诉处理决定书》，决定撤销该大学的开除学籍的处分决定。根据《学生申诉处理决定书》，学校如不服从该决定书，可在收到该决定书之日起60日内向教育部或市政府申请行政复议，或在收到该决定书之日起3个月内向法院提起行政诉讼。（摘编自"新华网"）

【思考】 学校在处理学生申诉时要注意哪些问题？学生若不服学校对其申诉的处理决定，如何继续寻求救济？

> 学校在对学生进行处分时应当注意哪些问题？如何避免因处分不当而侵犯学生的合法权益？

建议 33

处分学生要遵循法律规定，防止被学生告上法庭

情境再现

初一学生小毕在期中考试时作弊，被监考老师抓个正着。随后，学校让小毕写了检讨书，所考科目以零分计算。但事情并没有了结，不久后，学校在校园布告栏张贴公布了对违纪学生的处理决定，小毕的名字、违纪情况及处分结果（记过处分）赫然在列。此后，看见周围的同学对自己指指点点，小毕的自尊心受到了伤害，他觉得在同学面前抬不起头，产生了厌学的念头。小毕的家长觉得学校公布处分的做法欠妥，超出了未成年人的心理承受能力，给孩子造成了伤害，于是一纸诉状将学校告上了法庭。

评析·法理

对违纪的学生进行纪律处分，这是学校常见的教育管理手段之一。然而近些年来，被处分的学生却频频因不服处分而将学校告上法庭，而且在一些案件中，学校还遭遇了败诉的命运。对此，不少教育工作者感到困惑：难道学校没有处分学生的权利？失去了处分这种最具威慑力的教育方式，学校该如何管教那些品行恶劣、屡教不改的学生？其实，司法判决并

不是要剥夺学校处分学生的权利，之所以败诉，是因为学校在处分学生的过程中，某些做法可能没有遵循法律的规定，从而为法律所否定。那么，从法律上看，学校在对学生进行处分时应当注意哪些问题呢？

一、尽量不对学生进行处分

有位学者说过，教育是一种爱，是一种情怀。其实，我国有关教育的立法也体现了类似的原则。《义务教育法》《教师法》《未成年人保护法》《预防未成年人犯罪法》等法律都规定，学校、教师应当关心和爱护全体学生，尊重学生的人格尊严。其中《未成年人保护法》还规定，学校对行为异常、学习有困难的学生，应当耐心帮助，不得因家庭、身体、心理、学习能力等情况歧视学生，不得违反国家规定开除、变相开除未成年学生。《新时代中小学教师职业行为十项准则》第五条也规定，教师应当严慈相济，诲人不倦，真心关爱学生，严格要求学生，做学生良师益友。从法律和职业道德的价值取向看，学校教育学生积极向上的最主要手段是"爱"。

处分虽然是一种教育手段，甚至也是一种爱，但它是一种偏于严厉的教育手段，是一种不一定能被学生及其家长理解的爱。一旦使用不当，有可能会超出学生及其家长的承受范围，从而引发不必要的纠纷。其实，处分的目的是督促、警醒违纪者本人认识错误并改正错误，是为教育违纪者，而不是为惩罚违纪者，如果还有别的教育手段同样可以达到教育的目的，就不要采用处分的方式。只有在学生违纪程度极其严重、屡教不改、其他教育方式均无法奏效的情况下，才可考虑采用处分的手段。

二、对学生进行处分时，不应当使得学生人格尊严、名誉当众受损或者受教育权受到不当剥夺

目前，各个学校对学生适用的纪律处分的种类一般包括：警告，严重警告，记过，留校察看，开除学籍。有的还包括公开批评、记大过、劝退、勒令退学等。其中，有两类处分尽量不要采用。一是类似于全校大会点名批评的处分。这类处分的特点是把违纪学生的姓名、班级、违纪事实

及学校的评价意见公布于众,甚至让违纪学生站在台前当众"亮相""现眼"。它会形成一定的舆论压力,并给学生造成极大的心理压力,因而极具"杀伤力"。然而,对于心智尚未成熟的孩子而言,这样带有"示众"性质的行为有可能会伤及其自尊,超出其心理承受能力,甚而令其剑走偏锋,做出自杀、自残的行为。现实中此类案例并非罕见。为了学生的安全和健康,也为了避免不必要的纠纷,学校应当尽量不采用这一类处分。二是涉及剥夺学生受教育权的处分。在各种处分中,劝退、勒令退学、开除学籍的处分形式都直接剥夺了学生的受教育权。而在我国,受教育权是公民享有的一项为宪法所确认和保护的基本权利。按照我国《义务教育法》的规定,学校不得开除尚在接受义务教育的学生。对于非义务教育阶段的未成年学生,学校亦不得违反法律和国家规定予以开除(目前,教育部颁发的《普通高等学校学生管理规定》规定了高等学校可以开除学生的几种情形;而对于其他非义务教育阶段的学生,学校能否予以开除、什么情形下可予以开除,法律并未规定,国家也未有相关规定,因而实践中产生了不少争议)。可见,对于涉及剥夺学生受教育权的处分,学校一定要非常谨慎。

三、作为处分依据的校规校纪必须是在学生违纪之前就已公示,且内容不违法

古代社会的统治者对法的内容刻意秘而不宣,以使法"威不可测";现代社会则追求法的透明和自觉遵守,未公示过的"法"不具有法的效力,不得被采用。校规校纪虽然不是法,但是在校园之内,它便是学生的行为准则。这样的准则要想获得施行的正当性,要作为管理学生的一种工具,也必须要进行公示,让学生提前知晓其内容。为此,学校平时应当做好校规校纪的教育工作,要专门组织学生进行学习,并反复教育,让学生牢记。这样,当学校适用校规校纪对违纪学生进行处分时,便可降低、消除学生及其家长的抗拒心理。此外,校规校纪的内容不得与法律、国家的规定相抵触,否则即失去合法性与正当性,不具有效力。比如,有些初中

学校规定，在考试过程中屡次作弊的学生将给予开除学籍的处分，这一规定因与《义务教育法》的规定相违背而没有效力，不得作为学校对违纪学生进行处分的依据。

四、对学生的处分应当遵循程序正义的原则

西谚云："正义不仅应当得到实现，而且应以人们能够看得见的方式加以实现（Justice must not only be done, but must be seen to be done）。"此处"看得见的正义"是指"程序正义"，即程序公开、透明。正如著名法学家王利明先生所言，"一切肮脏的事情都是在'暗箱作业'中完成的，追求正义的法律程序必然是公开的、透明的"。学校对学生的处分，也应当追求"程序正义"。

（一）学校处分学生的流程

为了保证处分的正当性、合法性，学校对违纪学生的处分流程一般应当包括以下几个阶段：

• 学校对学生的违纪行为进行调查、取证，做出拟于处分的决定，并通知学生本人；

• 学校听取学生对其行为所进行的陈述、申辩（重大的处分决定，学生有权要求学校举行听证）；

• 学校做出正式的处分决定书；

• 学校将处分决定书送达学生及其家长，并告知学生其有权提出申诉；

• 学校对处分进行复查（学生提出申诉的情况下）；

• 学校经复查后做出维持或变更处分的决定，并告知学生其有权向上级教育行政部门提出申诉。

（二）处分过程中要给予学生充分的陈述、申辩权，要给予其寻求救济的权利

处分要做到公正，程序公开、透明必不可少，最重要的是要给予学生为自己说话的机会。处分如果是在背着学生、在其完全没有申辩机会的情

况下做出的，就算最终的处分结论没有任何问题，也很难让学生及其家长信服。对于学校而言，给学生申辩的权利，可以使得学校对学生的行为有着更为全面的了解，从而保持客观立场，发现问题所在并对症下药，更好地履行教育职责。对学生而言，申辩的过程也是一次自我反省、自我教育的过程，在释怀之后，面对学校合情、合理的处分，可最大限度地减少、消除敌对情绪。

在处分过程中，学生至少有三次寻求救济的权利，一是在学校告知拟对其进行处分之后，其有权行使陈述、申辩权；二是在学校送达处分决定之后，其有权提起申诉，要求学校复查；三是在学校复查后仍维持处分的，其还有权向上级教育行政部门提出申诉。这样的过程给了学生最大限度维护自己合法权益的机会，也最大限度地促进了公正的实现。正义不应当惧怕阳光，相反，阳光下的正义显得尤为可贵。

（三）处分应当做到证据充足，依据明确，程序正当，轻重恰当

证据充足，要求学校在做出处分之前，要进行充分的调查、取证，要通过合法的途径，掌握学生违纪的详细情况，没有证据支持的怀疑、推断不得作为定案事实。

依据明确，要求校规校纪中对拟予处分的学生的行为是否违纪、应当给予什么处分均有明确规定。"法无明文不为罪"，对于校规校纪没有规定应当给予处罚或者规定不明确的，不得给予处分。此外，处分决定书中应当准确援引处分所依据的校规校纪的条款内容。

程序正当，是指对学生实施纪律处分的过程、流程应当符合法律及国家有关规定，坚持公开、公平、公正的原则，充分保障被处分学生的合法权益。

轻重恰当，是指学校对学生作出的纪律处分应当轻重合适，罚其所当。对违纪学生处以何种纪律处分，应当根据学生违纪情节的轻重，并考虑学生承认错误和决心改正的态度，以及年龄大小等因素综合确定。

五、处分决定书尽量不公开

处分决定书应当送达违纪学生本人及其家长。那么,除此之外,学校能否把针对某一学生的处分决定书予以公开、公示（包括将处分决定书粘贴在校园宣传栏,利用校园广播播报处分决定书的内容等）,法律并未规定,国家也没有相关规定。考虑到未成年学生的身心发展特点,为避免发生意外或引发纠纷,学校还是应当尽其可能不公开对学生的处分决定。

策略·建议

1. 学校在制定学生违纪处分的规定时,要确保处分的种类、条件（情形）、程序及处分结果的告知等内容不会与法律相抵触,不会侵犯学生的合法权益。

2. 对学生进行处分的过程中,要遵循正当、合法的程序,尊重、保障学生的各种权利（特别是陈述、申辩权）,真正使得处分成为一种教育。

3. 处分的结果尽量不要公开,而要送达给学生本人及其监护人,并告知寻求救济的途径。

相关规定

《未成年人学校保护规定》第十七条:"学校对学生实施教育惩戒或者处分学生的,应当依据有关规定,听取学生的陈述、申辩,遵循审慎、公平、公正的原则作出决定。除开除学籍处分以外,处分学生应当设置期限,对受到处分的学生应当跟踪观察、有针对性地实施教育,确有改正的,到期应当予以解除。解除处分后,学生获得表彰、奖励及其他权益,不再受原处分影响。"

自我测验

【案例】 几名家长联名向《重庆晚报》反映,读初二的孩子因在教室看黄碟被学校开除了,他们质疑该校校规有悖《中华人民共和国义务教育法》。几天前,该校初二（3）班 24 名男生在校外租了 3 张淫秽光碟,晚自习前用家中带来的微型 VCD 机在教室放映，共有十几名男生观看。两天后，班主任得知这一情况，马上向校领导汇报。由于校长外出，德育处的主任及书记找学生谈话后，了解到此事系陈某、夏某等 4 名同学所为。他们立即通知了学生家长，希望家长利用运动会期间及双休日共 5 天的时间对学生进行教育。学校对学生的处理结果无非两种：留校察看或劝其转学。然而，5 天后学生返校时却被拒之门外。学生陈某的家长称，他去学校时发现孩子在外闲逛，原因是"老师不准进教室"。校方告知家长，由于学生的行为已严重违反校规，且影响很恶劣，学校决定劝其转学。其中 1 名学生很快转学了，其余 3 名学生的家长却一筹莫展。在陈家经营的小店里，陈父一脸愁容："不转学就不能上课，娃儿已经耍了一个星期了。要转学又谈何容易，动辄好几千，且学期中途转校，不用说也知道是因为犯了错误。""原先的学校不要，又没有其他学校接收，难道就把孩子推向社会吗？他们应该享受九年义务教育！"陈父激动地说。（摘编自《重庆晚报》）

【思考】 学校的做法是否违法？如果违法，学生可以采取什么方式来维权？

校园安全管理编

　　安全是头等大事，教师在工作中应当时刻具有安全防范意识，建立健全校园安全制度，对学生的活动加强组织和管理，积极采取措施消除潜在的安全隐患，全面履行对学生的安全保护职责，尽力避免发生学生伤害事故。

> 为什么说学校的首要职责是保护学生的安全?学校应当从哪些方面来预防学生伤害事故的发生?

建议 34

学生的安全是头等大事,应全力预防学生伤害事故

情境再现

一日,在上体育锻炼课的时候,初一学生肖某将排球踢出了学校围墙。为了捡球,肖某建议,由同学范某、李某分别抱住其双腿,协助其爬围墙。在攀爬过程中,肖某不慎从围墙上摔下。范某、李某两人随即将肖某送往学校医务室。医务室人员为肖某实施头部冷敷后对其进行观察,同时与肖母联系。因联系不上肖母,班主任即骑车去其单位寻找。下午,肖母单位同事来到学校,将肖某送往医院治疗。经诊断,肖某因颅内出血,造成继发脑疝,致左上肢、左右下肢瘫痪。法医鉴定指出,伤者如果能及时被送往医院进行救治,就不会出现目前如此严重的后果。不久后肖某诉诸法院,要求学校赔偿医疗费等经济损失共计96万余元,并承担肖某今后继续治疗的费用。同学范某、李某被肖某列为本案共同被告。因本案社会影响较大,且当事人情绪激烈,为慎重起见,在审理期间,上海市高级人民法院特向最高人民法院做了专门请示。法院经审理认为,肖某在校学习期间,学校对其负有进行教育、管理和保护的职责。肖某受伤后,学校未及时将其送往医院进行抢救,以致延误了医疗时机,造成肖某终身残疾,

校方应承担主要责任。肖某作为限制民事行为能力人,因违反学校纪律擅自爬墙摔伤,对损害后果应承担次要责任。范某、李某明知爬墙的危险性,仍然协助肖某爬墙,对损害后果亦应承担一定的责任。最终法院判决肖某自行承担55%的责任,学校承担40%的赔偿责任,范某、李某承担5%的赔偿责任。

评析·法理

　　学生的安全问题在校长们心中的地位有些微妙。说它重要吧,评价一个学校的好坏似乎更看重学生的学习成绩、升学率这些硬指标。说它不重要吧,一旦学生的安全问题出了纰漏,学校的麻烦、校长的烦恼将接踵而至。学生伤害事故发生之后,如果学校存在过错(绝大多数伤害事故中学校都或多或少地存在一定的过错,如场地、设施存在安全隐患,教师对学生疏于管理或保护不周等),那么学校就要承担民事赔偿责任,如果学生伤势很重甚至不幸身亡,那么等待学校的可能是天价赔偿。如肖某的人身损害赔偿案件中,几十万元的赔偿款,对于普通学校而言绝不是一笔小数目,它甚至有可能让办学经费紧张的小学校面临着"生死之槛"。如果学校不存在过错,那么从法律上讲学校是没有赔偿义务的,但是头脑中固有的"孩子进了校门,学校就是他的监护人"的错误观念让学生家长们绝不会轻易罢休。面对着"孩子在你学校出事,你能说学校一点责任都没有"这样悲愤的诘问,校长们在道义上、在情感上并不能像在对法律规定的认识上那样理直气壮。一旦处理不好,学校正常的教育教学秩序都有可能受到干扰。

　　学校的第一要务是保护学生的安全。对于任何一个家庭而言,孩子聪明、博学固然可喜,但孩子的生命安全和健康问题在任何情况下都是当仁不让的头等大事。未成年儿童比较欠缺自我保护能力,外界的呵护必不可少。学校的首要任务就是保护在校学生的健康和安全,其次才可谈及其他。这是道义的要求,也是法律、政策确定的责任。我国《教育法》《未成年人保护法》《中小学幼儿园安全管理办法》《学校卫生工作条例》《学校体育工作条例》《学生伤害事故处理办法》等法律、规章对学校的安全责任均做了明确而详尽的规定。对学生安全问题的疏忽，就是违法，甚至是犯罪。

那么，学校该从哪些方面来防范学生伤害事故的发生，来履行对在校未成年学生的保护义务呢？结合我国《民法典》《中小学幼儿园安全管理办法》《学生伤害事故处理办法》，以及《最高人民法院关于审理人身损害赔偿案件适用法律若干问题的解释》等相关规定，预防和避免学生伤害事故发生的举措可概括为五个方面。其一，学校的场地、设施、设备、教具、学具要保证安全，要定期进行检查，发现安全隐患要及时消除。其二，学校应当建立健全校园安全制度，包括门卫制度，实验课、体育课安全制度，学生在校就餐管理制度，午休时间教师巡逻制度，放学后清校制度，等等。学校可通过制度和常规建设，将责任落实到人。其三，学校在日常的教育教学活动中应当遵循教学及安全规范，要对学生在校学习和活动的过程进行合理安排和组织，对学生的行为加强管理、引导和监督，及时发现并制止可能危害学生安全的危险行为，合理预见、积极防范可能发生的风险。其四，学校应当经常性地对师生进行安全教育。对学生的安全教育要符合其认知水平、心理特性及法律行为能力特征，做到有针对性、有的放矢，让学生在内心自觉地树立起安全意识，提高自我保护的能力。其五，学校一旦发现有学生在校期间突发疾病或受到伤害，应当及时救助受害学生，并及时告知其监护人，有条件的学校应当采取紧急救援等方式进行救助，避免因延误救治而导致学生病情加重。

策略·建议

1. 学校和教师应当认识到学生的安全是学校的头等大事，要有高度的安全意识，时时留意、处处小心，尽职尽责保护学生的安全。

2. 实践中，学校的安全防范举措可归纳为以下五个方面：校园设施要安全，安全制度要健全，安全管理要到位，安全教育要经常，救助学生要及时。

3. 各个学校可根据实际情况，组织师生开展多种形式的事故预防演练，使师生掌握避险、逃生、自救的方法。

相关规定

《中小学幼儿园安全管理办法》第十五条："学校应当遵守有关安全工作的法律、法规和规章，建立健全校内各项安全管理制度和安全应急机制，及时消除隐患，预防发生事故。"

自我测验

【案例】 据一位家长来信反映，他的孩子读小学五年级。不久前，学校举办运动会，时间为星期四和星期五两天，学校要求所有学生均应到比赛现场。星期五下午 3 点多比赛结束，学生就放学了。他的孩子在回家途中与同学一起到河边玩耍，不幸跌入河里。由于有好心人相救，且医院抢救措施得当，孩子身体没有受到什么损害，但他们为此花费了近 2000 元的医疗费。该校下午正常放学时间为 4 点 30 分，而事发当天 3 点多学校就放学了，所以他们以"学校提前放学，导致对孩子的监管脱节从而发生事故"为由，要求学校赔偿损失，但遭到拒绝。（摘编自《福州晚报》）

【思考】 本案中，学校在管理上是否存在失职之处？表现在什么地方？

> 对于学生的体检结果，学校是否负有向学生监护人及时告知的义务？应当采取什么方式进行通知？

建议 35

健康无小事，应将学生的体检结果及时告知家长

情境再现

5月20日，某小学组织学生参加例行体检。当时年仅9岁的小学生亮亮的体检表中，记载着"肝部右上腹可及一4×4厘米大小包块"的内容。这一信息未能引起学校的充分重视。学校老师将体检表存档后，仅仅将结果告诉了亮亮本人，而没有及时通知亮亮的父母。半年后，亮亮感到身体不适。父母带亮亮到市区各大医院就诊。经专家诊断，亮亮体内的肿瘤体已成长为8×8.3厘米，病历记载为"肝癌晚期，无特别有效办法"。亮亮一家伤心欲绝，同时迁怒于学校，认为第一次体检时学校若及时通知家长，亮亮就不会走到这一步。于是，亮亮以学校未履行告知义务，致使其错过有效的治疗时期为由，起诉学校，要求赔偿经济损失及精神损失6万多元。接到诉状后，学校向法院辩称，组织学生体检是防疫部门根据卫生部的规定而进行的行政行为，学校无告知义务，另外对体检信息的含义学校也很难作出判断，故学校不应当承担责任。未料到，诉讼尚在进行之中，亮亮却不幸病亡。随后，其父母申请作为原告继续进行诉讼。法院经审理认为，亮亮的父母知道孩子参加体检，但事后未主动过问结果，对延

误治疗负有主要责任；学校未及时将体检结果通知亮亮的监护人，对延误治疗负有次要责任。鉴于此，法院判决被告赔偿原告部分经济损失。

评析·法理

对于学生的体检结果，学校是否负有向学生监护人及时告知的义务？答案是肯定的。学校对在校未成年学生负有保护的义务，应当谨慎地履行保护职责。对于学校掌握、知悉的涉及未成年学生安全和健康的信息，校方应当及时告知未成年学生的监护人。学校作为学生体检活动的组织者或参与者，又是学生体检档案的保管者，是学生体检信息的第一知情者，当然负有将体检结果及时反馈给学生监护人的义务。如果学校不向学生监护人通报，而是封锁信息，那么体检活动就失去了意义。

那么，学校该如何履行通知义务，采取什么方式进行通知？首先，学校和负责通知的校医、教师必须明确，应当将体检结果向学生的监护人进行通知，即被通知人应当是学生的监护人，而不能是其他人。需要特别强调的是，学校仅仅将体检结果告知未成年学生本人，是不能算作履行了通知义务的，因为学生本人不一定能够理解体检信息的真实含义。其次，通知最好应采取书面的方式，附有回执。若仅仅是口头通知，最好应留存录音，以备日后查证，否则一旦发生纠纷，学校不容易证明自己已履行了通知义务。

亮亮的悲剧告诉我们，将学生的体检结果以适当的方式通知学生家长，虽然在一定程度上会增加教师的工作量，但这十分必要且意义重大。

策略·建议

1. 学校在组织未成年学生参加体检之后，应当在第一时间将体检结果以书面的形式通知学生的监护人，并保存好回执。对于体检结果出现异常的学生，学校应提醒其监护人及时带孩子就诊。

2. 各个学校应当建立学生健康档案，做好健康信息记录，及时与学生的监护人进行沟通，并根据学生的身体健康状况对教学活动作相应的调整，保证学生的健康和安全。

相关规定

《中小学幼儿园安全管理办法》第二十三条："……学校应当建立学生健康档案，组织学生定期体检。"

《中小学幼儿园安全管理办法》第二十四条："学校应当建立学生安全信息通报制度，将学校规定的学生到校和放学时间、学生非正常缺席或者擅自离校情况，以及学生身体和心理的异常状况等关系学生安全的信息，及时告知其监护人。对有特异体质、特定疾病或者其他生理、心理状况异常以及有吸毒行为的学生，学校应当做好安全信息记录，妥善保管学生的健康与安全信息资料，依法保护学生的个人隐私。"

自我测验

【案例】 小芳所在的小学按有关规定每年都对学生进行体检。1997年12月3日体检时，小芳的双眼视力均为5.1（1.2）；1999年1月12日体检时，其左眼视力为4.4（0.25），右眼视力为4.8（0.6）；1999年11月17日体检时，其左眼视力为4.0（0.1），右眼视力为4.8（0.6）。1999年11月18日，经医院诊断小芳为左眼视网膜脱离。对此，小芳的父母认为学校有责任，遂将学校告上法庭，要求其负赔偿责任。小芳的班主任称，在该校1998年的体检中他已发现小芳的视力较差，因小芳父母不在家，便让孩子本人转告其奶奶。但在案件审理过程中，学校不能有效证明已将体检结果及时通知小芳的家长，也未把视力情况填写在成绩单上。法院经审理后认为，根据眼科学知识，对视网膜脱离的眼疾，一般情况下是可以通过手术治愈的。学校组织学生体检后，应当将体检结果告知学生的家长，这是原国家教委《中小学学生近视眼防治工作方案（试行）》中的要求，也是基于组织体检本身所产生的义务。小芳在校学习期间接受校方安排体检，其家长享有对体检状况的知情权。学校未能将体检结果有效告知小芳家长，是不作为的违法行为，应当承担民事赔偿责任。而视力下降是一个渐进的、缓慢的过程，在未成年人的视力变化过程中，监护人（小芳的父母）应当关心子女的身体状况，及时发现问题并治疗。小芳的父母未能及时发现小芳视力下降的情况，未尽监护人应尽的职责，也有过错。（摘编自《浙江法制报》）

【思考】　对于小芳的健康损害，哪一方存在主要过错？本案应如何判决？

> 学生身体出现不适或发生意外伤害之后，教师应该怎么办？未履行相关职责的，要承担什么样的法律责任？

建议 36

学生突发疾病或受伤害，应及时救助并通知家长

情境再现

小虎是某农村小学四年级学生。一日上午上课过程中，小虎突然感觉身体不适，出现精神不振、额头出汗等症状。任课教师发现这一情况后，随即派班上的两名学生小刚、小强（当时均为11岁）护送小虎回家。到达小虎家门口时，看见大门锁着，小虎本人也没带钥匙，小刚、小强就把小虎放在地上后返回了学校。不久，邻居陶老太太发现小虎躺在家门口，便喊来同村的郭某，让他抱着小虎去本村的诊所看病。由于没有找到医生，郭某便抱着小虎往回走，途中碰见小虎的父亲董某。董某将儿子送到乡医院，乡医院诊断小虎患病毒性脑炎。下午四点左右，小虎被转到市医院，但为时已晚，很快就不治身亡。医院诊断结论为急性食物中毒，引发多脏器功能衰竭而死。事发后，小虎的父母认为，如果学校尽到责任，不延误治疗，事情或许会有转机，于是他们将学校告上了法院，要求学校赔偿医疗费及死亡赔偿金等共计1.3783万元。法院经审理认为，学校对在校的未成年学生负有管理和保护的职责，应保护其人身健康和安全，小虎在校身

患急症，任课教师没有及时把他送往医院，或直接与其家长联系，延误治疗一小时之久，导致小虎错过最佳救治时间而死亡。学校对此存有一定的过错，应承担相应的民事责任。

评析·法理

小虎并未在学校就餐，其食物中毒事件本来与学校没有关系。但这并不意味着学校就可以一推了之。学校对在校未成年学生负有保护职责的重要体现之一，就是在学生发生意外事故之后，学校应及时予以救助，防止损害后果进一步扩大。按照我国法律的有关规定，未成年学生在校期间突发疾病或受到伤害的，学校应当及时采取合理的措施予以救助，并应当及时通知学生的监护人。因学校未履行上述义务而导致不良后果加重的，校方应对加重的后果承担相应的法律责任。

结合法律的规定以及学校的实践经验来看，一旦未成年学生在校学习期间身体出现不良症状或受到意外伤害，学校的职责主要表现在两个方面：

一是及时救助受伤害的学生。一些教师在课堂上发现学生身体不适后，不够重视，以为不要紧，学生坚持一会儿没准就过去了，因而没有采取任何措施。还有一些教师，认为学生的疾病或事故是由于自身的原因造成的，校方没什么责任，要等家长来学校之后，再由家长决定如何处置、是否送医，因此未及时救助。此类疏忽大意、推卸责任的做法，很容易造成学生延误救治的后果。正确的做法应当是，发现学生身体不适或受伤后，教师应当及时带其去学校医务室检查、处理，或者将校医叫到现场进行处理，再由校医决定是否送医治疗。学生病情、伤势严重的，应当立即拨打120急救电话，或者在向学校领导汇报后径直将学生送往就近的医院诊断治疗。如果学生出现流血不止、异物卡在喉咙、呼吸和心跳停止等紧急症状，学校还应当视情况当场对患者采取包扎止血、"海姆立克急救法"、人工心肺复苏等急救措施，以免患者伤情迅速恶化，为后续专业医生的进一步施救争取时间或打下良好的基础。为了保险起见，此类急救措施应当由校医或者其他受过急救方面训练的教职工来做，以免因为措施不当反而加重学生的病情，给患者造成二次伤害。

二是及时通知受伤害学生的家长。事故发生后，教师在救助伤者的同时，要立即通知学生的家长，保障家长的知情权。家长及时获知消息或者赶到孩子身边，有利于其及时对孩子的治疗问题作出决断，也有利于尽快稳定孩子的情绪和心理，更好地维护孩子的权益。如果教师没有履行通知义务，那么就表明学校没有充分地尽到管理和保护职责，从而需要对事故承担一定的责任。

策略·建议

1. 教师应当做个有心人，应对学生的健康问题予以格外关注，平时要提醒学生，身体不舒服一定要及时告诉老师，不要带病上课。

2. 一旦发现学生身体出现不适或发生意外伤害之后，教师应当尽快将学生送往医院治疗（或先送到学校医务室进行紧急处理，再由校医做出进一步的安排），并及时将学生的病情告知学生家长。

相关规定

《中华人民共和国未成年人保护法》第三十七条："……未成年人在校内、园内或者本校、本园组织的校外、园外活动中发生人身伤害事故的，学校、幼儿园应当立即救护，妥善处理，及时通知未成年人的父母或者其他监护人，并向有关部门报告。"

《学生伤害事故处理办法》第十五条："发生学生伤害事故，学校应当及时救助受伤害学生，并应当及时告知未成年学生的监护人；有条件的，应当采取紧急救援等方式救助。"

《学生伤害事故处理办法》第九条："因下列情形之一造成的学生伤害事故，学校应当依法承担相应的责任……（八）学生在校期间突发疾病或者受到伤害，学校发现，但未根据实际情况及时采取相应措施，导致不良后果加重的。"

自我测验

【案例】 11岁的马林系某小学四年级住读生。4月初，马林因身体不适到学校医务室（后查明校医周某无行医资格证）输液治疗，病情有所缓解。4月14日中午，因发烧、右腿痛，马林再次到校医务室输液治疗。4月15日早上，马林病情突然加重。11时许，学校通知马林的父亲和学校教师一道带马林到涪陵某医院就诊。经检查，医生认为病情无大碍，遂让马林回校。4月16日凌晨，该校教师见马林病情更加严重，遂拨打120求救。但为时已晚，马林在120救护车上经抢救无效死亡。后经重庆市法医验伤所鉴定，马林系感染引起急性呼吸、循环衰竭死亡。儿子死后，马林父母先后找到学校和涪陵某医院要求赔偿，均无结果。7月7日，马林父母向涪陵区法院提起诉讼，要求学校和医院赔偿。（摘编自《重庆时报》）

【思考】 学校对马林的死亡是否存在过错？本案应如何判决？

> 未成年学生参加劳动或勤工俭学活动,其危险主要来源于哪些方面?教师在带领学生参加劳动过程中需要注意哪些问题?如何保证学生的安全?

建议 37

组织学生参加劳动要适当,应加强安全防范工作

情境再现

一日,学校布置大扫除。五年级(2)班的班主任孙老师到本班教室检查卫生时,发现窗帘脏了,便随口吩咐学生将其取下。孙老师走后,劳动委员小童便自己行动起来。由于个子较矮,小童便将窗户打开后爬上窗台。在踮起脚尖取窗帘时,因用力过猛,小童的身子猛然一晃摔出窗外,从三楼直接落到了一楼水泥地板上。随后,学校老师急忙将小童送往医院抢救。医疗诊断为重型开放性颅脑损伤、多发颅骨骨折、颅底骨折。为此,小童住院治疗3个多月,花去医疗费等各种费用8万余元。经医疗鉴定,小童的伤残等级为八级。因赔偿问题无法与学校达成一致,小童家人将学校告到法院。后在法庭调解下,学校一次性赔偿小童各项损失13万元。

评析·法理

劳动教育是中国特色社会主义教育制度的重要内容。学校应当组织未

成年学生参加与其年龄相适应的日常生活劳动、生产劳动和服务性劳动，帮助未成年学生掌握必要的劳动知识和技能，养成良好的劳动习惯。需要注意的是，未成年学生辨别危险的能力较差，自我保护能力较弱，因此在劳动过程中，学校和教师应当对安全问题予以格外关注。一般而言，未成年学生参加劳动或勤工俭学活动，其危险主要来源于以下几个方面：一是劳动本身的危险性。比如，从事接触易燃、易爆、有毒、有害等危险品的劳动，超负荷的重体力劳动，此类活动本身带有较大的危险性，完全不适合于未成年学生。二是劳动技能的欠缺。未成年学生未受过相关的劳动训练，缺乏基本的劳动技能，在劳动过程中很有可能因操作不当而酿成事故。三是劳动纪律的违反。如学生在劳动过程中打闹嬉戏，易引发安全事故。学校作为劳动或勤工俭学活动的组织者，对学生负有管理和保护之责，其有义务消除劳动过程中存在的安全隐患，避免安全事故的发生。

在前述小童受伤的事件中，对于一名小学生而言，取下高处窗帘的行为带有一定的危险性，而孙老师在布置完劳动任务后，既没有对学生进行安全提醒，也未采取任何保护措施，未妥善履行管理和保护之责，明显失职，学校对此应当承担相应的赔偿责任。

学校组织学生参加劳动应当慎而又慎，特别应当注意以下几个问题：一是在安排劳动时，应当考虑到学生的年龄、性别、体力、健康状况及知识水平，以力所能及、保证安全为原则，不要安排学生从事危险性劳动；二是在组织劳动时，应事先对学生进行劳动安全教育，讲明注意事项，宣布劳动纪律，在劳动过程中须对学生的行为加强管理，不放任自流，发现学生做出危险行为应当立即予以制止；三是在劳动过程中，应当做好安全防护工作，提供必要的防护措施，发生危险情况应当及时、妥善组织学生脱离危险环境。

策略·建议

1. 出于教育的目的和需要，学校可以组织学生参加日常生活劳动、生产劳动和服务性劳动，但一定要以保证学生安全为前提，所安排的劳动必须是学生力所能及，且不具有危险性的。

2. 学校对学生参加劳动的过程应当加强组织、管理和监督，加强安全教育，排除安全隐患，保护学生安全。

相关规定

《学校卫生工作条例》第十一条："学校应当根据学生的年龄，组织学生参加适当的劳动，并对参加劳动的学生，进行安全教育，提供必要的安全和卫生防护措施。普通中小学校组织学生参加劳动，不得让学生接触有毒有害物质或者从事不安全工种的作业，不得让学生参加夜班劳动……"

《国务院关于特大安全事故行政责任追究的规定》第十条："中小学校对学生进行劳动技能教育以及组织学生参加公益劳动等社会实践活动，必须确保学生安全。严禁以任何形式、名义组织学生从事接触易燃、易爆、有毒、有害等危险品的劳动或其他危险性劳动……"

自我测验

【案例】　　8岁的小燕是某小学二年级学生。据小燕回忆，6月14日下午5时左右，班主任邓老师问当天是谁值日时，小燕举手说是自己。邓老师问小燕是否有伞，小燕当时回答说没伞，邓老师叫她借一把。小燕后来借了好朋友小岚的雨伞，和小岚一起冒雨走过操场。就在操场上，小燕遭遇了雷击，头部和腿被击伤，当场晕倒在地。经相关部门认定，小燕的颅脑损伤为十级伤残。家长就此将学校告上法庭，要求学校赔偿医疗费、精神损失费等共15万余元。对小燕遭雷击受伤一事，学校认为，这属于自然灾害，具有不可抗力的因素，因此学校不应该承担责任。法院经审理认为，小燕遭雷击一事，双方当事人在主观上均无过错，也不存在侵权行为，学校不应当承担过错责任。尽管学校的行为没有过错，但是考虑到小燕在校期间没有为学校提供无偿劳动的义务，而学校毕竟是小燕做清洁卫生的受益者，因此，基于公平原则，学校应当对小燕进行相应补偿，补偿金额为4万元。对于法院的这一判决，小燕的母亲并不认可。"学校不可能没有责任。"她认为，小燕年仅8岁，学校完全应该阻止一个年仅8岁的小孩在这么恶劣的雷暴天气下出门劳动。为此，她选择了继续上诉。（摘编自《广州日报》）

【思考】 小燕的上诉请求能否得到法院的支持？本案中，如果小燕所言属实，班主任的行为是否妥当？

> 教师是否可以组织学生参加抢险救灾活动？或是鼓励学生见义勇为？面对险情，我们该如何教育学生？

建议 38

不鼓励未成年学生见义勇为或参加抢险救灾活动

情境再现

一日，某乡村小学校长罗某和教师李某正带领学生在操场上参加劳动。"看，那边树林着火了！"有学生大喊起来。大家抬眼望去，只见学校东边不远处的林地浓烟滚滚，看样子火势甚是凶猛。"我们救火去！"十几名学生在征得校长同意后，徒手向火灾现场跑去。罗某和李某在安排好其余学生回教室上课后，随即也赶往现场。一些村民正自发地救火。由于火势太大，且救火行动缺乏组织，现场一片混乱。罗某和李某各自挥舞着棍棒扑火，没有顾及在场的学生。其间，因刮起大风，火势愈加猛烈。虽有人喊撤退，但为时已晚，部分人员被围困其中而惨遭大火焚烧。在整个救火过程中，共有7名学生被烧死，2名学生重伤。当地有关部门将此事定性为重大安全事故，并对受害者家属进行了妥善安抚。随后不久，罗某和林某因涉嫌犯有失职罪而被依法逮捕。当地法院对案件进行了公开审理。罗某因失职罪被判处有期徒刑两年，缓刑三年；李某也因同一罪名被判处拘役六个月，缓刑一年。

评析·法理

未成年学生体力较弱，心智尚未发育健全，自护能力较差，他们是社会的重点保护对象。正因如此，国家法律才规定从家庭保护、学校保护、社会保护、政府保护、网络保护及司法保护等各个角度对他们进行周密保护。学龄儿童一天中的很大一部分时间是在学校中度过的，因此学校的保护责任尤其重大。对于学校而言，判断其行为得当与否的标准便是看其行为是否有利于未成年学生的身心安全和健康成长。

见义勇为是中华民族的传统美德，也是当代社会极力倡导的优良风尚。危难时刻显身手，侠肝义胆照四方，这是人类文明和社会良知对每一个成年公民的道德希冀。但相比之下，未成年学生自身比较弱小，面对各种险情，他们的力量还不足以应对。盲目地让其"冲锋陷阵"，可能会付出惨重的代价，也与社会的道义相违背。生命无价，孩子的生命弥足珍贵，让孩子远离危险既是道义的呼唤，也是法律的要求。近些年来，各地的小学生守则、中学生守则中陆续将有关"敢于斗争""见义勇为"的规定删除，而改为鼓励学生遇见险情及时向成人报告、面对困难善于思考等，这其中无不闪烁着人道主义的光芒。

前述救火事件中，校长罗某和教师李某本负有对学生的保护之责，却任由学生参加与其自身能力不相符的抢险活动，且未对学生采取相应的管理和安全保护措施，最终酿成了惨剧，两位教师也为自己的失职行为付出了沉重的代价。血的教训告诉我们，面对险情，我们首先要教育孩子保护自我，而不是牺牲自我；需要让孩子远离危险，而不是让他们挑战危险。

策略·建议

1. 学校、教师不要组织未成年学生参加抢险救灾活动。

2. 在日常教育活动中，教师亦不要鼓励未成年学生见义勇为，而应当教育他们面对危险情境要善于开动脑筋，见义巧为、见义智为，在保证自身安全的基础上及时向成人反映情况、寻求帮助。

相关规定

《中小学幼儿园安全管理办法》第三十三条："学校不得组织学生参加抢险等应当由专业人员或者成人从事的活动，不得组织学生参与制作烟花爆竹、有毒化学品等具有危险性的活动，不得组织学生参加商业性活动。"

《未成年人学校保护规定》第七条："学校应当落实安全管理职责，保护学生在校期间人身安全。学校不得组织、安排学生从事抢险救灾、参与危险性工作，不得安排学生参加商业性活动及其他不宜学生参加的活动……"

自我测验

【案例】　4月29日下午6时许，虞城县第一实验小学二年级学生房苗苗和姐姐放学回家，路过该县红旗河，在河边捞鱼玩。房苗苗不小心滑进河里，姐姐大呼救命。正在附近散步的虞城县高中学生张曼莉听到呼救声后迅速跑到河边，奋不顾身地跳进河里救人。几经周折后，不会游泳的张曼莉用尽力气将房苗苗猛地一托，房苗苗拽住了岸上的小学生递过来的竹竿，张曼莉却缓缓地沉入水底，不幸遇难。无独有偶，5月1日下午2点，16岁的宁陵县刘楼乡中学初二学生卢亚飞与本村的小伙伴一同到沟边玩耍。其中9岁的卢希望下水摸鱼，不小心滑入水中。不懂水性的卢亚飞当即脱下衣服就跳入水中救人。卢希望滑入的是一个水深近3米的坑，卢亚飞入水后虽然用尽全力，也只能从后面将卢希望托出水面，却无法把他拉到岸上。后来站在岸边的几名儿童全力拉住卢希望的手，将他救上了岸。筋疲力尽的卢亚飞却没有力气支撑下去，没入水中而遇难。5月8日，商丘市委书记得知两名中学生舍己救人英勇献身的事迹后，心情十分沉重。他表示，要大力宣传这样的好典型，在全市弘扬正气。同时，要切实加强对未成年人的保护和关爱，要保证未成年人的生命安全。未成年人学

习英雄，主要是教育引导他们学习英雄的精神。见义勇为、舍己救人要尽力而为，量力而行。（摘编自《河南日报》）

【思考】　如何正确看待未成年人的见义勇为行为？在对学生进行教育时，教师应当持什么态度？

> 组织学生外出游玩或参加其他活动,教师需要履行哪些职责?如何避免安全事故的发生?

建议 39

组织学生外出活动,安全教育和管理必不可少

情境再现

初二(5)班班主任李老师性格开朗、乐观豁达,平时经常与学生打成一片。周末,有几名学生提议组织全班同学去郊区游玩。李老师随即向校长请示,校长表示同意,但叮嘱他一定要注意学生的安全。周日,李老师叫上同事潘老师,与全班三十多名学生一起骑着自行车奔往郊区一著名景点。一路上大家说说笑笑,欢声不断。到达一处下坡路段时,几名男生一时兴起,竟然飙起车来。结果因车速太快,两名学生不慎撞在一起后摔倒在地。其中一名叫小齐的学生痛苦地躺在地上,久久不能起来。李老师见状,急忙拦下一辆过路车,与学生一起将小齐送回城区医院救治。经诊断,小齐的伤势为左小腿粉碎性骨折。为此,小齐共花去治疗费2.545万元。围绕着治疗费等各项损失的承担问题,小齐的家长与李老师及学校产生了分歧,无法取得一致意见。随后,小齐一纸诉状将李老师以及学校告上了法院,要求两被告赔偿医疗费、营养费、护理费、家长误工费等损失3.12万元。法院经审理认为,原告小齐作为限制民事行为人,应当知道在公路上与他人赛车具有极大的危险性,而其却仍然做出这一危险行为,足

见其主观上具有较大的过错,应当对发生的损害承担主要责任。被告李老师在组织学生外出郊游活动中,未尽管理和保护职责,具有一定的过错,由于李老师在组织郊游活动之前已征求学校校长的意见并获得许可,故李老师的行为应视为职务行为,所产生的民事责任应由学校承担。据此,法院判决学校赔偿小齐各项损失 1.16 万元。

评析·法理

按照《学生伤害事故处理办法》的规定,学校对学生的教育、管理和保护之职责,既及于校园内的教育教学活动中,也及于学校组织的校外活动中。学校在组织学生参加校外活动时,应当对学生加强安全教育,并在可预见的范围内采取必要的安全措施。未履行上述义务而导致发生学生伤害事故的,学校应当承担相应的责任。在前述小齐受伤事件中,李老师在征得校长的同意之后,组织学生外出郊游,该活动应视为学校组织的活动。在郊游过程中,李老师未对学生进行相应的安全教育,对学生放任自流、疏于管理,当学生在下坡路段飙车时,李老师未及时发现或发现后未及时予以制止,最终酿成伤害事故。对此,因李老师在安全教育和活动的组织、管理上存在一定的疏忽,具有一定的过错,故学校应为此承担相应的责任。

对于学校和老师而言,组织学生外出活动,安全问题始终是头等大事。如何避免发生意外事故,从而最大限度地保护学生及学校的利益呢?关键在于活动的组织者、管理者要具有高度的安全防范意识。未成年学生生性活泼,自我约束能力较弱,对危险的辨别能力和自我保护能力都有待提高,一旦教师疏于管理和保护,很可能会发生意外。学校和教师应勤勉尽职地履行相关职责,才能最大限度地避免伤害事故的发生,就算仍旧发生意外,学校也会因为已履行了法定职责、不存在过错的原因,而免于承担责任或减轻责任。

策略·建议

在组织学生外出活动的过程中，教师要着力做好以下几个方面的工作：

1. 安全教育。活动之前要对学生进行细致的安全教育，讲明注意事项，宣布纪律，增强学生的安全意识。

2. 活动过程的合理组织、认真管理和适时监督。要保证整个活动都处在老师的有序管理和监督之下，避免出现学生放任自流的情形。

3. 发生意外事故后，教师要及时救助、正确处理，将损害影响降至最小。

相关规定

《中华人民共和国未成年人保护法》第三十五条："……学校、幼儿园安排未成年人参加文化娱乐、社会实践等集体活动，应当保护未成年人的身心健康，防止发生人身伤害事故。"

《学生伤害事故处理办法》第九条："因下列情形之一造成的学生伤害事故，学校应当依法承担相应的责任……（四）学校组织学生参加教育教学活动或者校外活动，未对学生进行相应的安全教育，并未在可预见的范围内采取必要的安全措施的……"

自我测验

【案例】　　一日，某中学组织学生到大熊猫繁育研究基地参观。在大熊猫活动场所，初一学生晓明不顾同学劝阻，跨过铁丝网。一只大熊猫发现晓明，冲过去咬住他的裤脚往下拖。尽管几个同学拼命拉着晓明，但终因体力不支没有救下晓明，晓明被大熊猫拖进两米深的沟里撕咬。等到老师和基地管理人员闻讯赶到时，晓明已被咬伤。事后，晓明父母以熊猫基地和学校没有履行法定职责，存在明显过失为由将二者告上法庭。原告方认为，熊猫基地"动物伤人，请勿入内"的警示牌高挂树上，游人很难看到；铁丝网及 2 米深沟等设施都是为防止大熊猫出来，却无法有效阻止游人进去，没有起到有效的防护效果。因此，熊猫基地应承担主要责任，学校应承担监管不力的责任。熊猫基地的代理人则辩称，孩子不顾警示擅自侵入熊猫领地激怒熊猫是事件的主要诱因，孩子本身有不可推卸的过错责任，而学校监管不力也难辞其咎。熊猫基地从门票到园内的相应标牌上均有明确的警示及注意事项，已经尽到了提醒义务。因此，熊猫基地在此事故中并无过错，但基于人道主义原则可以给予孩子一定的补偿。（摘编自"四川新闻网"）

【思考】 本案中，学校是否存在过错？对于晓明的损失，学校应当如何承担法律责任？

> 发生了教育设施重大安全事故，相关责任人要承担什么样的法律责任？如何避免教育设施重大安全事故的发生？

建议 40

采取得当措施，避免发生教育设施重大安全事故

情境再现

据《北京日报》报道，4月初，李某租用别人的社会力量办学许可证，开办了某培训学校，并自任校长。同年7月，为解决学生住宿问题，李某与北京上地建材城签订了租房协议，租用上地学生公寓11排12号、13号，12排6号、7号四个房间作为学生宿舍。为了解决宿舍冬季取暖问题，李某还为4间宿舍安装了蜂窝煤炉，但没有安装风斗。学生公寓管理员及上地建材城保安员多次提醒应安装风斗，但李某为节省费用，均以租房即将到期为借口拒绝安装。次年1月5日凌晨，不幸发生了，该宿舍12排6号房间发生煤气中毒事件，住在房内的女学生贾某等4人煤气中毒，其中贾某经抢救无效死亡。当天，李某被公安机关抓获，不久后被提起公诉。法院经审理认为，李某作为学校校长，明知学校宿舍存在安全隐患而不采取措施，导致了重大伤亡事故的发生，其行为已构成教育设施重大安全事故罪。鉴于李某认罪态度较好，且积极赔偿受害人全部经济损失，故对其从轻处罚，判处有期徒刑六个月，缓刑一年。

评析·法理

教育设施重大安全事故罪，是我国《刑法》于1997年修订后新增的罪名。按照《刑法》第一百三十八条的规定，"明知校舍或者教育教学设施有危险，而不采取措施或者不及时报告，致使发生重大伤亡事故的，对直接责任人员，处三年以下有期徒刑或者拘役；后果特别严重的，处三年以上七年以下有期徒刑。"实践中，常见的教育设施重大安全事故包括由于校舍倒塌、篮球架翻倒、教学楼楼梯扶手断裂、燃气泄漏、校园照明设备损坏等原因而造成的师生伤亡事故。只要造成死亡一人以上或重伤三人以上的，即为重大伤亡事故。什么人有可能触犯教育设施重大安全事故罪？主要是那些对校园建筑、场地、设施、设备负有安全职责的人，比如教育行政部门的相关负责人、校长、主管副校长、总务处负责人，以及其他对校舍、教育教学设施负有维修和管理职责的教师或职工等。一旦这些负有特定安全职责的人怠于履行相应职责，进而导致重大伤亡事故，相关责任人员即有可能被追究刑责。不负有保证教育设施安全使用之职责的普通教师，一般不会构成本罪，但当发生危险时，在场履行职务的教师若不及时组织学生撤离，亦有可能触犯本罪名。从立法旨意来看，国家强化了对相关违法行为的制裁，加强了对在校师生安全的保护。

实际上，一旦学校发生教育设施重大安全事故，除了相关责任人员要承担刑事责任之外，学校还将面临着民事赔偿问题。按照规定，学校及其举办者应当提供符合安全标准的校舍、场地、其他教育教学设施和生活设施，因违反这一职责而导致发生学生伤害事故的，校方要承担民事赔偿责任。这样的赔偿，有时会给学校带来极大的经济压力，甚至影响教育教学活动的正常开展。预防和避免教育设施重大安全事故的发生，对学校而言责任重大、意义非凡！

策略·建议

1. 学校的校舍、场地、设施、设备的建设、安装、配备，应当严格遵守国家和行业的相关标准，确保质量合格，且便于学生使用。未经安全验收或验收不合格的，禁止投入使用。

2. 建立定期安全检查制度。校舍、场地、设施、设备在使用过程中都会存在自然老化、人为损坏等问题，学校应当定期安排人员进行检查、检验，并做好安全记录。对存在安全隐患的建筑、场地、设施、设备，应当停止继续使用，及时予以维修或者更换。学校无力解决或者无法排除的重大安全隐患，应当及时书面报告主管部门和其他相关部门，提请他们予以解决。

3. 对校园内的危险场所或尚未消除安全隐患的设备、设施、场地，学校在维修、更换前应当设置警示标志，并采取必要的警戒措施，防止学生误用或接近。

4. 对学生使用场地、设施、设备的行为要加强监督、管理和疏导。

5. 加强安全教育，让学生掌握基本的安全知识，提高其安全意识和自我保护能力，以减少事故发生的可能性。

相关规定

《中小学幼儿园安全管理办法》第十八条："学校应当建立校内安全定期检查制度和危房报告制度，按照国家有关规定安排对学校建筑物、构筑物、设备、设施进行安全检查、检验；发现存在安全隐患的，应当停止使用，及时维修或者更换；维修、更换前应当采取必要的防护措施或者设置警示标志。学校无力解决或者无法排除的重大安全隐患，应当及时书面报告主管部门和其他相关部门。学校应当在校内高地、水池、楼梯等易发生危险的地方设置警示标志或者采取防护设施。"

《中小学幼儿园安全管理办法》第十九条："学校应当落实消防安全制度和消防工作责任制，对于政府保障配备的消防设施和器材加强日常维护，保证其能够有效使用，并设置消防安全标志，保证疏散通道、安全出口和消防车通道畅通。"

《中小学幼儿园安全管理办法》第二十条："学校应当建立用水、用电、用气等相关设施设备的安全管理制度，定期进行检查或者按照规定接受有关主管部门的定期检查，发现老化或者损毁的，及时进行维修或者更换。"

《中小学幼儿园安全管理办法》第二十二条："学校应当建立实验室安全管理制度，并将安全管理制度和操作规程置于实验室显著位置。学校应当严格建立危险化学品、放射物质的购买、保管、使用、登记、注销等制度，保证将危险化学品、放射物质存放在安全地点。"

《中华人民共和国刑法》第一百三十八条："明知校舍或者教育教学设施有危险，而不采取措施或者不及时报告，致使发生重大伤亡事故的，对直接责任人员，处三年以下有期徒刑或者拘役；后果特别严重的，处三年以上七年以下有期徒刑。"

自我测验

【案例】 某乡中心小学在修建围墙时，将内侧墙面漆成黑色，用于出黑板报。同时，为防雨淋，又在围墙上搭建了混凝土遮雨板。建成后，该校学生常借助围墙外一废弃戏台攀上遮雨板玩耍。学校发现这一情况后，曾多次对学生进行警告及劝阻，但效果不佳；校方也曾多次向有关部门反映，要求拆除戏台以防止学生借此攀上遮雨板玩耍，但戏台一直没有拆除。一日，该校十余名学生在遮雨板上玩耍时，遮雨板倒塌了，事故中有两名学生死亡，数名学生受伤。经质检部门鉴定，学生在该遮雨板上玩耍是造成其倒塌的主要原因。（摘编自《本案是意外事件还是教育设施重大安全事故》，作者：杨军、肖晖）

【思考】 本案能否定性为"教育设施重大安全事故"？对于学生的死亡，学校是否应承担赔偿责任？

> 引发校园踩踏事件的主要原因有哪些？如何采取有效措施来预防校园踩踏事件的发生？

建议 41

防范校园踩踏事件，学校需要积极作为

情境再现

据新华网报道，2009年12月7日晚9点10分左右，湖南省湘乡市育才中学发生踩踏事件，共造成8名学生遇难、26名学生受伤，事发当晚天降大雨。按照学校的规定，学生于21点10分下晚自习，21点30分就必须熄灯就寝。发生事故的教学楼四个方向都有楼梯通达一层，楼梯为水磨石结构，宽度约1.5米。发生事故的楼梯通道位于教学楼与学生宿舍最近的一处。孩子们为了躲雨和早点回寝室，都不约而同地选择了这个通道，一时间楼梯内人群高度密集。先是有1名女生滑倒，后面潮水般涌来的人群一层叠一层地压了上去，导致酿成严重踩踏事故。事发后不久，学校校长、政教处主任及干事等3人被依法提起了公诉。湘乡市人民法院经审理认为，被告人叶继志身为湘乡市育才中学校长、校安全领导小组组长，被告人彭和良、陈新威分别作为校政教处干事、政教处主任，同任校安全领导小组成员，明知学校教学楼就读学生严重超编且楼梯灯光不符合相关标准，对教学楼存在的安全隐患不整改、不报告，导致楼梯间发生踩踏事件，三被告人的行为均构成教育设施重大安全事故罪。据此，法院作出一

审判决，叶继志犯教育设施重大安全事故罪，判处有期徒刑一年六个月；陈新威、彭和良犯教育设施重大安全事故罪，判处有期徒刑一年，缓刑一年。

评析·法理

近些年来，各地中小学时而发生学生踩踏事件，事故场面多是触目惊心、惨不忍睹，不少家庭的幸福生活因此而被摧毁。痛定思痛，在这些群体性重大伤亡事故的背后，都不难发现学校的失职之处。一是未及时消除校园场地、设施、设备中存在的安全隐患。比如，楼道的照明灯坏了，未及时予以更换；楼梯、护栏年久失修，无人过问；楼道、楼梯、过道设计不合理，宽度不够，或两侧护栏高度不够，学校对此未加以重视，亦未采取相应的防范措施；等等。这些设施设备中存在的安全隐患犹如定时炸弹，很容易在特定行为的作用下"引爆"安全事故。二是对学生的群体性行动未能进行合理的组织、管理和疏导。有的学校要求学生在开会、上操的时候，应当在规定的时间内快速到达集合地点，完全忽视了同一时间内大量未成年学生在面积有限的场地快速通行时可能存在的危险；有的学校在学生集体通行、活动的场所，没有安排教师在场维持秩序、疏导通行，学生打闹、嬉戏亦无人制止。学生集体行动的失序为事故的发生埋下了隐患。三是安全教育的缺失。关于出入校园、上下楼道、上厕所等活动中的安全秩序问题，不少学校重视不够，未对学生加强相应的安全教育，学生缺乏规则、秩序、安全意识。

血的教训告诉我们，在安全问题上，学校哪怕是存在着细微的疏忽，都有可能造成无法挽回的损失。校长、教师多一分责任心，学生就多一分安全，家庭就多一分幸福！

策略·建议

1. 学校要及时发现并清除校园场地、设施、设备中存在的安全隐患。对于使用中的场地、设施、设备，学校应当定期进行安全检查，发现有安全隐患的，负有相应职责的教师应当及时采取措施予以消除，不属于自己职责范围的，应当及时向主管领导汇报，有关负责人应当及时解决，不要拖延。

2. 对学生群体性的活动，学校应当进行合理的组织和周密的安排，在容易引发事故的场所（如楼梯的过道口、厕所、校门口等），应当安排教师维持秩序、疏导通行，防止学生过度拥挤，对学生的行为加强引导和管理。

3. 经常性地对学生开展安全教育。在楼梯、厕所、校门口等面积有限的公共场所的通行问题上，学校应当教育学生靠右行走、慢行、不停留、不拥挤、不打闹，互相礼让，听从老师的指挥，防止踩踏、挤压。通过安全教育，提高学生的安全防范意识和自我保护能力。

相关规定

《中小学幼儿园安全管理办法》第三十二条："学生在教学楼进行教学活动和晚自习时，学校应当合理安排学生疏散时间和楼道上下顺序，同时安排人员巡查，防止发生拥挤踩踏伤害事故。晚自习学生没有离校之前，学校应当有负责人和教师值班、巡查。"

自我测验

【案例】 2005年10月25日晚8时许，四川省巴中市通江县广纳镇小学寄宿制学生晚自习结束后，在下楼梯时发生拥挤踩踏事故，造成8名学生死亡，45名学生受伤。《华西都市报》报道了此次事故发生的细节：当晚8时许，小学生上完晚自习走出教室，灯突然熄灭，不知是谁趁机大喊："鬼来了！"听到喊声，学生们都跟着大喊"鬼来了"。楼道一片漆黑，大家都争着向楼下奔跑，唯恐落在后面。突然前面有同学摔倒了，后面不知就里的同学仍跟着冲下来，并踩在倒下的同学身上，接着又有同学倒下、被踩踏，现场惨叫声不断，但后面的同学仍不断地向楼下奔跑，现场一片混乱。（摘编自《东方早报》）

【思考】 本案中,学校在管理上存在哪些问题?如何避免校园踩踏事件的发生?

学校应当采取哪些措施保障学生的交通安全?

建议 42

对学生加强交通安全教育和管理，预防发生交通事故

情境再现

【案例1】 据中新网报道，2011年6月2日清晨7时许，在北京市平谷区马昌营镇某小学门口附近，河北省来京人员梁某驾驶着一辆银灰色长安微型面包车，行驶至事故发生地，因车辆失控，冲向路边正常行走的行人，其中大部分为马昌营镇某小学准备上学的小学生。事故造成2名学生和1名成年人死亡，19名学生和1名成年人受伤。

【案例2】 据《封面新闻》报道，2023年5月23日，武汉汉阳区弘桥小学内发生一起交通事故，一名一年级学生被老师开车碾轧，送医抢救后死亡。汉阳区教育局及弘桥小学工作人员介绍，5月23日下午1点多，肇事老师从学校地下车库将车辆开进校园，在距离校门十多米的地方停下，等待同事上车，计划一起外出参加培训活动。当时午休已经结束，距离下午第一节课还有几分钟，学生在校内自由活动。在车辆原地等待期间，一年级学生谭某走到车前蹲下。13时50分，车辆重新启动前行，谭某被撞倒、碾压。家属称，事发后查看了监控，并进入校园实地探寻了事件过程。监控中，小孩走到车前捡纸飞机，肇事老师在车上等到两名同事

上车之后启动车辆前行,悲剧就此发生。"实地查看发现,地下车库出来直行十几米有一道侧门,是专门供车辆进出的。车子从车库出来,左拐绕道到了大门那边。"家属表示,不理解为什么车辆要从专门通道绕道到大门。汉阳区教育局工作人员回应家属时介绍,按照规定,所有的车辆不允许停在操场上,人车是分流管理的。学校工作人员称,车子当时绕道到事故发生地点,是为了接另外两名教师外出参加培训。5月25日,汉阳区教育局发布通报称,除了涉事教师被刑事拘留外,涉事学校校长和分管副校长已被免职,纪检监察部门已对相关责任人员立案调查,将依纪依规作出严肃处理。

评析·法理

交通事故是我国儿童意外伤亡的第二大原因,仅次于溺水事故。根据交管部门的统计,我国每年有超过1.85万名14岁以下的儿童死于交通事故,也即每天大约有50名孩子死于交通事故。未成年学生交通安全意识薄弱是事故频发的主要原因,而家长监护不到位则是事故发生的重要"推手",教育、公安交通管理部门安全教育不足、监管不力也是事故诱因之一。学生的交通安全问题,关系到千家万户的切身利益,也牵动着整个社会的神经。

学校作为教育机构,在保障学生的交通安全方面肩负着特殊的职责。那么,我们应当如何做好对学生的交通安全教育和管理工作呢?

其一,平时要配合有关部门做好对学生上下学接送车辆的监管工作。学校应当专门针对学生家长开展交通安全教育,提醒家长提高安全意识和监护人责任意识,不要让孩子乘坐拼装车、报废车、农用车、低速载货汽车、三轮汽车、拖拉机等非法营运车辆上下学,不让孩子乘坐超员、超速、酒后驾驶、驾证不符等违法校车。平时,各个学校应当逐一对本校学生上下学乘坐车辆的情况进行全面了解,并根据上级教育行政部门及公安交通管理部门的要求,做好相关情况的信息统计和上报工作,发现有家长租用社会非法营运车辆接送学生上下学情况的，要立即予以劝阻，并尽快通报相关部门，积极配合有关部门做好学生上下学接送车辆的监管工作，确保学生上下学的交通安全。

其二，使用校车的学校，应当建立健全校车安全管理制度。学校或校车服务提供者应当按照《校车安全管理条例》的规定，使用符合国家标准的校车，并按规定申请校车使用许可，获得校车标牌。校车驾驶人必须符合规定的资格条件，并严格按照机动车道路通行规则和驾驶操作规范安全驾驶、文明驾驶。在校车接送学生的过程中，学校还应当按照规定建立专人跟车管理制度，指派跟车人员全程照管乘车学生，保证学生的乘车安全。

其三，完善校内道路交通及车辆安全管理制度。为了防范车辆在校内违规停靠、行驶而造成安全事故，学校应当采取以下几个方面的管理措施。首先，要严格控制机动车辆进入校园。上下学时段应禁止机动车进出学校，教职员工车辆要在学生入校前进入，在学生放学后再离开。其他确实需要进入学校的机动车，例如垃圾清运车、学生餐外送车等车辆，要求定时间进入、定人员负责、定路线行驶，并且要限速低速行驶。其次，要禁止各类机动车辆（包括外部车辆、本校车辆及教职工的个人车辆）进入校园的教学区和生活区。具备条件的学校要实行"人车分流"，学生和机动车进出学校不用同一个校门，车辆行驶路线与学生活动空间彻底实现物理隔离。如校内不具备物理隔离条件，须禁止机动车进入校园。再次，要禁办对外停车业务。学校不得出租校园内场地停放校外机动车辆，不得利用学校用地建设对社会开放的停车场。

其四，维护校门口的交通安全秩序。凡是校门口交通安全形势比较复杂的学校，应当主动提请有关部门根据我国《道路交通安全法》的规定，在学校门前的道路设置行人过街设施，或者施画人行横道线，设置提示标志。校门口紧邻主要街道或交通主要干道、交通环境较为复杂的学校，应当提请有关部门设立"护学岗"，在学生上下学的高峰期安排民警到学校门前路段维持交通秩序。同时，在学生上下学时间，学校也应当安排有经验的教师到校门口值班，负责疏导通行，保护学生的人身安全。

其五，加强对学生的交通安全教育。交通事故之所以成为未成年学生安全的主要"杀手"，也与未成年学生法治观念不强、交通安全意识淡薄有关。对未成年学生开展交通安全教育，需要公安交通管理部门、学校和家长共同努力，各尽所长，密切配合。学校应当把对学生的交通安全教育作为日常法治教育、安全教育的一项重要内容，向学生宣传行走、骑车、乘车等方面的交通安全知识，增强学生的交通安全意识，提高其自我保护能力。

策略·建议

1. 学校和教师平时应当对学生开展交通安全教育，并采取有效措施改善在校学生的交通安全环境，防止学生受到交通事故的伤害。

2. 学校应当督促家长加强对孩子的交通安全教育，切实保障孩子的出行安全。学校平时要提醒家长，骑电动自行车接送学生出行时，大人孩子都应正确佩戴安全头盔，并做到各行其道，不闯入机动车道，不逆向行驶，不闯红灯，远离大货车；家长驾驶机动车接送孩子时，要确保车内所有人都按规定系好安全带，要特别注意上下车的安全，警惕"开门杀"。

相关规定

《中小学幼儿园安全管理办法》第二十六条："学校购买或者租用机动车专门用于接送学生的，应当建立车辆管理制度，并及时到公安机关交通管理部门备案。接送学生的车辆必须检验合格，并定期维护和检测。接送学生专用校车应当粘贴统一标识。标识样式由省级公安机关交通管理部门和教育行政部门制定。学校不得租用拼装车、报废车和个人机动车接送学生。接送学生的机动车驾驶员应当身体健康，具备相应准驾车型3年以上安全驾驶经历，最近3年内任一记分周期没有记满12分记录，无致人伤亡的交通责任事故。"

《中小学幼儿园安全管理办法》第四十一条:"……学校应当对学生开展交通安全教育,使学生掌握基本的交通规则和行为规范……"

自我测验

【案例】 13岁的学生小智是某中学的一名寄宿生,平时在学校住宿,周末回家。2020年的一天放假后,小智回到了家里。第二天,小智骑着家里的一辆电动自行车,搭载着两名同村的小伙伴,准备出去游玩。结果刚骑到公路上,就撞上了停放在公路边的一辆货车的尾部,小智当场死亡,两名小伙伴受伤。经公安交警大队认定,货车车主与小智对本起事故负有同等责任。事故发生后不久,小智的父母以学校没有尽到安全防范教育职责为由,将学校起诉到法院,要求学校赔偿各项费用共计30万元。法院经审理认为,小智生前系平时寄宿在学校的、不满14周岁的学生,该交通事故损害发生的原因与学校平时不注重安全防范知识教育有一定的关联,依据公平原则,判决学校一次性补偿小智的父母3万元。一审判决后,学校不服,提起上诉。二审法院经过审理,认为学校对事故的发生没有过错,不应当承担责任,于是撤销了一审判决,改判驳回了家长的诉讼请求。

【思考】 结合本案,谈一谈学校应当对学生开展哪些方面的交通安全教育。

> 引发校园火灾事故的主要原因有哪些？如何采取有效措施来预防校园火灾事故？

建议 43

做好校园消防安全工作，预防发生火灾事故

情境再现

【案例1】 据《中国青年报》报道，2024年1月19日23时，河南省南阳市方城县119指挥中心接到报警，方城县独树镇砚山铺村英才学校一宿舍发生火灾。方城县消防救援大队组织救援力量迅速到达现场，23时38分现场明火被扑灭。事故造成13人遇难，4人受伤。记者了解到，遇难的13人均为该校小学三年级男生，年龄9周岁左右。据了解，英才学校推行校园封闭式管理，实行学生生活管理教师全面负责制。学校里西侧是教学区，东侧是住宿区，住宿区宿舍窗户均安装有防盗网，二楼为女生宿舍，三楼为男生宿舍。记者经多方了解，事故火灾点为住宿区三楼的一间男生宿舍，宿舍内住着小学三年级的30多名男生。另有知情人士告诉记者，有学生在窗户防盗网下侧打开了一个小口，从此口跳楼逃生。事故发生后，当地迅速成立事故处置指挥部，迅速开展事故调查和善后处置等工作。涉事学校7名相关责任人员已被依法控制。

【案例2】 2008年11月14日清晨6时，上海商学院徐汇校区学生宿舍楼602室发生火灾事故，因烟火过大，4名女生在消防队员赶到前从6

楼宿舍阳台坠楼逃生，不幸全部遇难。火灾的原因系前夜有学生使用"热得快"电热器，宿舍熄灯断电后该学生将"热得快"放在床板上，但没有拔下电源插头，导致次日清晨送电后，"热得快"引燃周围可燃物。据悉，该女生寝室着火后，有2名女生先是呼救，并试图用脸盆到水房打水灭火，但回来后发现房门已无法打开。火势迅速蔓延，尚在室内的其他4名女生情急之下跑到阳台处。后因火势越来越大，她们先后从6楼坠下，全部遇难。

评析·法理

　　生命无价，水火无情，火灾是威胁在校师生安全的一个重大危险源。各个学校未成年学生聚集，他们的身体、心智发育还不成熟，自我保护能力较弱，遇事慌乱，很容易成为火灾事故的受害者。学校的教学楼、图书馆、食堂、学生集体宿舍以及托儿所和幼儿园，都属于消防意义上的人员密集场所，此类场所一旦发生火灾，很容易酿成群死群伤事件，给师生的生命和财产安全造成重大损失。有鉴于此，学校应当严格按照国家的有关规定，建立健全校园消防安全管理制度，预防火灾事故的发生。

　　首先，要确保学校的整体消防安全布局、学校建筑物内部消防安全设计符合消防安全要求。一方面，在校园建筑、场地的新建、改建、扩建过程中，设计、建设、施工、监理单位均应严格遵守《建筑设计防火规范》和《高层民用建筑设计防火规范》的规定，保证建筑物的耐火等级、疏散楼梯、安全出口、防火分区、防火间距、防火门、消防车道、消防给水以及灭火设施等各方面的消防设计都符合相关指标规定。另一方面，建设单位应当遵守《消防法》中关于消防设计审批以及工程竣工后消防验收的规定，建设工程的消防设计未经公安机关消防机构审核或审核不合格的，不得施工；建设工程竣工后未经公安机关消防机构消防验收或者消防验收不合格的，不得投入使用。把好了消防安全的源头关，等于为学校的消防安全工作打下了一个良好的基础。

其次，要保障疏散通道、安全出口畅通。火灾发生时，疏散通道、安全出口如同被困人员的"生命通道"，其重要性不言而喻。一切可能影响发生火灾时人员疏散、逃生的障碍，都应当坚决予以排除。为此，学校或其举办者应当保证多层教学楼、多层宿舍楼至少有两部楼梯，楼道和楼梯不得被占道或堆放杂物，以免影响通行。教室以及居住人数较多的学生宿舍，应当有两个门，不得设置门槛或其他障碍物，并且在学生上课或者住宿休息期间，门应当处于可以开启的状态。楼房的安全出口不得封闭或上锁，应随时处于开启或可以开启状态，并且出口处不得设置门槛、台阶。疏散通道上应当安装有应急照明灯，当发生火灾时，在正常照明电源被切断的情况下，该应急照明灯应当能够自动切换到使用状态。在疏散门、疏散通道和安全出口的正上方，应当安装、悬挂有安全疏散指示标志。此外，教室或宿舍的窗户上不应当安装可能阻碍火灾时逃生的防护栏和防护网。

再次，要配备必要的消防设施及器材，加强维护保养。当火灾发生时，在专业消防队员来施救之前，消防设施及器材是人们灭火、自护和逃生的"武器"，对人们及时发现火情、初期灭火、预防中毒、安全疏散和紧急逃生起着至关重要的作用。学校应当根据本校消防安全的需要，配齐必要的消防设施、器材。更为重要的是，学校平时应当加强对消防设施及器材的管理、维护和保养工作，定期安排专门人员对其进行检查，发现损坏或过期的，应当及时维修或更换，保证其处于正常可用状态，并防止任何单位和个人损坏、挪用或者擅自拆除、停用消防设施及器材。

从次，加强对用火、用电及易燃易爆危险品的安全管理。鉴于校园火灾主要是由不安全的用火、用电行为引起的，学校应当加强对校园用火、用电行为的管理，建立相应的安全制度，从火灾诱因管理上杜绝相关安全隐患的产生。在用火方面，学校应当严格遵守有关规定，加强对工程用火、食堂用火、实验室用火的安全管理，并制止学生携带火源、易燃易爆物品进校或在学校进行非教学用火，特别要禁止学生在宿舍抽烟、点蜡烛、点蚊香、做饭以及焚烧物品等危险性用火行为。在用电方面，学校应当定期对电源线路进行安全检查，对陈旧老化的线路要及时进行整改、更新和升级，保证其能够满足学校的正常教学、生活需要。更重要的是，学校应当通过向学生开展安全用电知识教育和加强对违规用电行为的查处力度，让学生学会合理、正确用电，杜绝私接乱拉电线、使用大功率电器和劣质电器、将台灯靠近可燃物、人走不关电等危险性用电行为。

最后，要落实消防安全责任制，建立学校消防安全常规制度。学校应当根据本单位的实际情况，落实逐级消防安全岗位责任制。各岗位的安全责任人要做到"五知"（即知本岗位的火灾危险性、知本岗位的防火措施和制度、知本单位的防火责任人及消防专干或兼干、知火警电话"119"以及知灭火基本方法措施）、"三会"（即会报火警、会使用各种灭火器材以及会组织人员疏散）。

策略·建议

1. 学校应当按照国家有关规定并结合本校的特点，建立健全学校各项消防安全管理制度，消除火灾隐患，防止发生火灾事故。

2. 作为消防重点单位，学校应当进行每日防火巡查，并加强夜间防火巡查。防火巡查的内容应当包括：（1）用火、用电有无违章情况；（2）安全出口、疏散通道是否畅通，安全疏散指示标志、应急照明是否完好；（3）消防设施、器材和消防安全标志是否在位、完整；（4）常闭式防火门是否处于关闭状态，防火卷帘下是否堆放物品影响使用；（5）消防安全重点部位的人员在岗情况等。

3. 学校和教师还应当定期对学生开展消防安全教育，特别要强化对学生的安全用火和用电行为的教育，并按照规定定期组织师生进行灭火以及安全疏散方面的演习，让师生切实掌握灭火以及逃生自救的基本技能，从而最大限度地保护自己和他人的人身和财产安全。

相关规定

《中小学幼儿园安全管理办法》第十九条:"学校应当落实消防安全制度和消防工作责任制,对于政府保障配备的消防设施和器材加强日常维护,保证其能够有效使用,并设置消防安全标志,保证疏散通道、安全出口和消防车通道畅通。"

自我测验

【案例】 2011年2月17日,适逢元宵节,武汉市某中学学生放假。该校女学生小田(化名)没有回家,留宿寝室。因学校断水断电,小田只能点蜡烛在宿舍看书。其间,小田不小心碰倒了蜡烛,迅速引燃被褥。小田连忙去接水,却发现停水。等她返回宿舍时,火已将整个床铺引燃。经消防战士近半小时的扑救,火灾才被控制。(摘编自《楚天都市报》)

【思考】 结合本起事故,谈一谈学校和教师如何对学生开展消防安全教育。

> 为什么要建立学生接送的交接制度？在建立和完善这一制度的过程中，学校应当注意哪些问题？

建议 44

与学生家长签订协议，完善学生接送交接制度

情境再现

三岁的豆豆原本就读于某幼儿园，大人们的一时疏忽却让他永远离开了这个世界。豆豆的家长向法院起诉称，5月27日早晨，他们把孩子送到幼儿园，然而当天下午五时许，家长尚未到学校接孩子，豆豆却离开了幼儿园，后跌入到学校附近的一条两米多宽、近一米深的河沟里，不幸被淹死。他们要求幼儿园赔偿死亡赔偿金、丧葬费等共计17万余元。幼儿园则辩称，出事前三个月，豆豆常常由班上另一名幼儿的家长江某（江某跟豆豆一家是邻居，两家关系很要好）接送回家，学校和家长对此都是默认的，从未有异议。出事当天下午五点多，正是江某到学校接其孩子的时候，顺便将豆豆一起接走了。江某在送豆豆回家途中因看管不周，致使豆豆在河边洗手时不慎跌入水中而发生意外。对此，幼儿园是没有过错的，不应承担法律责任。庭审中，法院将江某追加为共同被告。江某则辩称，过去其虽偶尔也接过豆豆，但出事当天，她并没有接豆豆，豆豆家长也没让她接。那天，她接自己孩子的时候，豆豆也想跟她走，但她没同意。她还特别叮嘱学校门卫看好豆豆，别让豆豆跟她走。她带着自己的孩子出了

校园，刚走了几十米，后面有人喊孩子落水了，她才知道豆豆出事了。她认为，事发当日自己并没有接豆豆，不应承担赔偿责任。庭审中，豆豆的妈妈也坚持说当天她并没有委托江某接豆豆。然而，学校找来的一些证人却作证说，那天他们看到江某领着豆豆走到河边，豆豆说想洗手，江某让豆豆自己洗，结果豆豆洗手时不慎跌入水中。后来，江某看到他们时还说，"我把娃娃接出来淹到了，怎么办啊！怎么办啊！"此案经开庭审理，各方针锋相对、据理力争，法院终审判决幼儿园承担全部责任，赔偿豆豆的父母17万余元。法官解释说，曾经有过接送的情况，不能够证明当天就确实委托了。虽然双方都举了证人证言，但是均不能证明他们的委托关系成立。豆豆的父母也陈述，当天并没有委托江某接送孩子，江某也不认可接这个孩子是他们委托接的。在没有证据证明（委托关系）的情况下，幼儿园擅自把孩子交给江某接走，那么学校就应承担孩子出事以后的人身损害赔偿责任。

评析·法理

本案争议的焦点有两个：一是豆豆是否是被其邻居江某接走的；二是如果豆豆确是被江某接走的，那么江某接走豆豆是否是源于豆豆家长的委托。关于第一个争议焦点，从各方的陈述及证人作证的情况来看，应该可以确定豆豆是被江某从学校带走的。而对于第二个争议焦点，委托关系在法律上要成立，既需要有委托人明确的委托意思表示，还需要有受托人明确的同意接受委托的意思表示，两者缺一不可。由于本案中豆豆的家长与江某均否认事发当日存在着委托关系的事实，故委托关系缺乏成立的法律要件，应认定两者之间不存在委托关系。虽然江某过去曾帮豆豆的家长接过豆豆，但两者之间并没有书面的协议，且幼儿园与豆豆的家长之间也没有允许第三人接豆豆的协议，故不能以以往的个例来推定委托关系的恒定成立。按照《中小学幼儿园安全管理办法》的规定，小学、幼儿园应当建立低年级学生、幼儿上下学时接送的交接制度，不得将晚离学校的低年级学生、幼儿交与无关人员。本案中幼儿园在未征得豆豆家长同意的情况下，擅自将豆豆交与他人进行接送，其行为违反了国家的相关规定，对意外事故的发生存有一定过错，须承担相应的民事责任。

豆豆的遭遇给我们留下了深刻的教训。低年级小学生和幼儿缺乏明辨是非、自我控制、自我保护的能力，一旦脱离家长的监护和学校的管理、保护，处于监管的"真空状态"，则极有可能诱发意外事故。因此，家庭的监护和学校的保护在时间及空间上应当相互衔接、不留漏洞。

实践中，学校在建立学生接送的交接制度时应当注意以下几个问题：

一是交接协议的签订。为了明确学生的监护人和学校之间各自的职责范围，同时也为了避免发生意外后各方互相推卸责任，学校应当与学生的监护人签订学生接送的交接协议。通过书面协议约定学生交接的时间、地点、接送人和交接方式，并在实践中予以严格执行。关于接送人，约定的接送人应当是完全民事行为能力人，不能是限制民事行为能力人或无民事行为能力人（学校可让家长在协议中就这一条件做出承诺）。接送人可以是一人，也可以是多人，但每个人的身份信息都应在接送协议中予以注明，以便学校教师在学生交接时进行确认。一旦约定的接送人因故不能亲自来学校接孩子，而需委托他人代为接送的，学校应当让学生的监护人给受托人出具代为接送的授权委托书。受托人到学校代为接送孩子时，应当将授权委托书交给学校。学校应当立即与学生的监护人进行确认，只有在证实委托关系确实成立的情况下，学校方可让受托人接走学生。关于接送时间，如果因学校的临时安排而出现提前放学、非法定性、非常规性的临时放假等情形，导致接送时间发生变化的，学校一定要以书面的形式提前通知学生家长，并取得回执。这既是郑重、有效地对家长进行特别提醒的需要，也是为了事后给学校留下一个已履行通知义务的凭证。如果接送人未在约定的接送时间来接孩子，学校则不能让孩子自行离校，或者将孩子交给无关人员，而应当坚持让孩子留在学校等候接送人或监护人临时委托代为接送的人，以确保孩子的安全。

二是接送卡制度的完善。目前有些学校实行了接送卡制度，由学校向学生家长发放接送卡，家长（接送人）凭卡接人，学校凭卡放人。需要注意的是，接送卡上既需要注明被接送的学生的相关信息，也应当注明接送人的相关信息（如照片、身份证号、与学生的关系等，如学生的监护人指定多个接送人，则可办理多张接送卡），并盖有学校的印章，以防接送卡在遗失的情况下被不法之徒冒用而给孩子造成伤害。

三是什么年级、年龄的孩子属于接送的交接范围要明确。按照《中小学幼儿园安全管理办法》的规定，低年级的小学生、幼儿园的幼儿必须建立接送交接制度，对于中高年级小学生则未作规定。我们认为，关于中高年级小学生的接送问题，学校也应当与学生的监护人做出书面约定，以明确接送还是不接送。如果确定不接送，则约定学生自行上、放学，上、放学途中的安全问题由学生及其监护人自行负责。这既是为了督促家长、学生重视安全问题，也是维护学校合法权益的需要。

策略·建议

1. 小学、幼儿园应当建立学生上下学时接送的交接制度，尽可能与学生家长签订交接协议，约定交接的时间、地点、接送人、交接的方式，明确各自的职责。

2. 约定接送人之后，除非学生的监护人明确委托他人代为接送，否则学校不要将学生交给无关人员，亦不要让学生独自离校。

3. 发现学生擅自离校或被无关人员接走等情形，学校应当立即与学生的监护人取得联系，并协助寻找，必要时应当及时向公安机关报案。

相关规定

《中小学幼儿园安全管理办法》第三十一条："小学、幼儿园应当建立低年级学生、幼儿上下学时接送的交接制度，不得将晚离学校的低年级学生、幼儿交与无关人员。"

自我测验

【案例】 2月28日下午4时30分左右，正是学校放学的时间，晶晶等几位学生在没人接送的情况下自行回家。途中，晶晶被他人残害致死。为了讨要一个说法，悲痛欲绝的晶晶之父将女儿就读的小学诉至法院，要求学校承担损害赔偿费。晶晶之父认为，校方未将晶晶安全转交给他，任由晶晶自行回家，造成晶晶在回家途中被他人残害的后果，学校对此难辞其咎。校方则辩称，学校在学生入学通知书及幼儿园管理规定中，均没有规定幼儿园学生接送制度，而且学校也没有收取接送学生的费用，因此，学校不负有接送学生的义务。（摘编自"中国法院网"）

【思考】 本案中，学校在学生接送的交接制度上是否存在过错？谁应当对晶晶之死承担法律责任？

> 学校门卫制度中常见的安全隐患有哪些？如何完善门卫制度，避免校园安全事故的发生？

建议 45

完善门卫制度，守住校园安全的第一道防线

情境再现

【案例 1】　2004 年 8 月 4 日上午，北京市某幼儿园门卫徐某在值班期间，持菜刀在校园内疯狂行凶，将 15 名儿童和 3 名教师砍伤，其中一名重伤儿童经抢救无效死亡。凶手很快被抓获。据公安部门公布的信息，徐某于 1999 年 5 月 11 日至 9 月 24 日期间，曾因精神分裂症偏执型在北京安定医院住院治疗。

【案例 2】　据媒体报道，2005 年 6 月 5 日，刘某因与林某发生感情纠纷，遂将一把管制刀具藏在随身携带的背包内，随后以给孩子送文具为名，经门卫允许进入林某之子赵某就读的学校，将赵某叫到无人处用刀具朝其身上猛扎数刀，致使赵某当场死亡。

评析·法理

门卫制度是学校安全的第一道防线。目前，国内绝大多数学校都建立了较为完善的门卫制度。比如，门卫由专门的安全人员担任；门岗 24 小时值班，有完整的交接班制度，建立了来访者登记制度，禁止无关人员进入

校园；严把货物、车辆进出校门口；等等。这些举措可以有效地把各种不安全因素挡在校园之外，保卫在校师生的生命和财产安全。在门卫制度的建立和完善过程中，学校应注意以下事项。

一是严格选任门卫人员。到底什么样的人可以担任学校的门卫？一些学校的认识陷入了误区：或认为门卫岗位无非是收收信件、接接电话、做做访客登记，随便选一个人就行；或干脆一刀切，只要是保安就行，至于其品行、素质则一概不问。血的教训提醒我们，门卫是一个非常特殊的岗位，虽然不起眼，但却关系重大，一旦出了差错，后果可能是灾难性的。对于门卫人员的选任问题，学校应当给予充分的重视。在招聘门卫时，应当对应聘人员进行专门的考核，包括法律知识的考查，性格的测验，心理及精神健康状况的鉴定等（可委托专业机构进行），还应当审查其档案，要求应聘者提供公安部门出具的无违法犯罪记录的证明，以确保招聘到的门卫是一个具有较强的法治意识、心理健康、性格开朗、能够切实履行门岗职责的人员。将不合适的人员安置在门卫岗位上，不啻在学校安放了一颗定时炸弹，如若发生意外，将造成难以估量的损失，学校也将需要为人员选任不当而承担法律责任。

特别需要强调的是，根据最高人民检察院、教育部和公安部于2020年8月联合印发的《关于建立教职员工准入查询性侵违法犯罪信息制度的意见》的规定，中小学校、幼儿园在新招录教职员工前，以及教师资格认定机构在授予申请人教师资格前，应当对应聘人员、申请人员进行性侵违法犯罪信息查询，经过查询，发现应聘者、申请者存在性侵违法犯罪信息的，不得予以录用，或者不予认定教师资格；已经录用的在职人员，应当立即停止其工作，按照规定及时解除聘用合同。学校在招聘、管理门卫人员的时候，应当遵循这一规定，严格执行入职报告和准入查询制度，防范那些可能对未成年学生实施不法侵害的人员混入教职工队伍。

二是门卫要对入校人员进行安全检查。学校门卫最重要的作用，是将可能来袭的外部危险因素阻挡在校门之外。如何做到这一点呢？关键是要做好安全检查，不让可疑人员和危险物品进入校园。首先，在入校人员的管理上，学校门卫一定要做好来访人员的登记和盘查工作，要在取得被访者同意后方可允许访客进入校园，坚决制止无关人员入校，必要时可向公安部门求助。其次，门卫还应当对来访者随身携带的物品进行必要的盘问和检查。在这一问题上，学校的工作可能有一定的难度。学校门卫并非法定的具有搜查权的人，对来访者强行进行搜查似乎既不合法，也不合情。然而，学校毕竟是一个自我保护能力弱小的未成年人聚集的场所，为了最大限度避免意外事件的发生，学校可以规定，来访人员应当将携带的物品寄存在传达室或学校指定的场所，或者开包展示以便门卫查看并确认不含有危险物品，不配合者谢绝进入校园。条件较好的学校，也可配置安检设备，来访的客人入校前一律要通过安检。这样的制度看似不近人情，对学生而言却是最大的人道、最好的保护。

　　三是门卫应制止有害于学生的危险行为和侵权行为。按照我国《未成年人保护法》《中小学幼儿园安全管理办法》和《学生伤害事故处理办法》等法律、规章的规定，学校应当制止有害于学生的危险行为和其他侵犯学生合法权益的行为。学校的这一职责主要是通过教师来履行的，那么门卫是否也应履行这样的职责？校园门岗是学校与外界联系的"交通枢纽"，实践中，一些有害于学生的危险行为和侵权行为时而会发生在门岗周围（包括校内及校门口附近）。这些行为包括学生做出的危险动作、危险游戏，学生之间的斗殴行为，校外人员在校门外对学生实施的违法犯罪行为等。当门卫发现此类行为时，他应当怎么办？在这里，以校门为界，门卫的法定职责是有所区别的。当此类行为发生在校门以内时，门卫与普通教师一样，也负有告诫、纠正和制止的义务。如果门卫怠于履行这一职责，一旦发生学生伤亡后果，学校将会被认定未履行对学生的管理和保护职责，对损害后果的发生须承担相应的民事责任。当此类行为发生在校门之外时，从法律上讲，学校对学生的教育、管理和保护职责仅及于校内活动以及学校组织的校外活动，只要不是学校组织的活动，学校并不负有相关的法律义务。如果因这类行为而引发学生伤亡后果的，学校不应当承担法律责任。这样是不是就意味着门卫可以视而不见、见死不救呢？绝非如此，从道义上、情理上讲，学校门卫一旦发现此类行为，还是应当及时予以告诫、纠正和制止。如果情况复杂、无法处理，也应当立即向相关职能部门（如公安机关等）报告，以求最大限度保护未成年人的合法权益。

四是门卫应制止学生在上学期间随意离校。有一名小学生，因未携带必要的文具，任课教师便责令其立即回家去取。学生跟门卫解释了离校原因后，便出了校门，结果在回家途中不慎摔伤，后经医院就诊，花去医疗费5000多元。随后学生家长将学校告上了法庭，法院判决学校承担部分赔偿责任。这其中的教训是深刻的。未成年学生在校上学期间，学校对其负有教育、管理和保护的职责。因此，在正常的上学时间内，除非未成年学生的监护人提出要求并按照约定进行接送，学校不应当允许学生自行离开校园。否则一旦发生学生伤害事故，学校须承担相应的责任。在这个问题上，学校门岗的职责尤其重要，门卫应当坚决贯彻学校的要求，与学校相关部门、班主任密切配合，把好校门，坚持原则，决不动摇。

策略·建议

1. 学校应重视门卫工作，在物力、人力等各方面予以保障，建立健全校园门卫制度。

2. 选任身心健康、品行良好且具有较强法治观念的人员担任门卫，严格执行来访人员的盘问和安全检查制度，杜绝无关人员、可疑人员和危险物品进入校园。

3. 门卫在履行职责的过程中，发现有害于未成年学生的安全的行为应当及时予以制止，对身处危险之中的学生应当及时予以帮助，并及时向学校负责人或有关部门汇报。

4. 除非学校领导或班主任批准，非放学时间门卫原则上不允许学生离校。

相关规定

《中小学幼儿园安全管理办法》第十七条:"学校应当健全门卫制度,建立校外人员入校的登记或者验证制度,禁止无关人员和校外机动车入内,禁止将非教学用易燃易爆物品、有毒物品、动物和管制器具等危险物品带入校园。学校门卫应当由专职保安或者其他能够切实履行职责的人员担任。"

《未成年人学校保护规定》第三十六条:"学校应当严格执行入职报告和准入查询制度,不得聘用有下列情形的人员:(一)受到剥夺政治权利或者因故意犯罪受到有期徒刑以上刑事处罚的;(二)因卖淫、嫖娼、吸毒、赌博等违法行为受到治安管理处罚的;(三)因虐待、性骚扰、体罚或者侮辱学生等情形被开除或者解聘的;(四)实施其他被纳入教育领域从业禁止范围的行为的。学校在聘用教职工或引入志愿者、社工等校外人员时,应当要求相关人员提交承诺书;对在聘人员应当按照规定定期开展核查,发现存在前款规定情形的人员应当及时解聘。"

《未成年人学校保护规定》第三十七条:"学校发现拟聘人员或者在职教职工存在下列情形的,应当对有关人员是否符合相应岗位要求进行评估,必要时可以安排有专业资质的第三方机构进行评估,并将相关结论作为是否聘用或者调整工作岗位、解聘的依据:(一)有精神病史的;(二)有严重酗酒、滥用精神类药物史的;(三)有其他可能危害未成年人身心健康或者可能造成不良影响的身心疾病的。"

自我测验

【案例】 9月14日上午7时45分左右,罪犯林培青将事前准备好的两把菜刀藏入书包内,趁学生和护送学生的家长进校的高峰期,混入合江县人民小学(以下简称人民小学)校内,人民小学兼职门卫没有对其进行盘查、登记。8时整,人民小学例行每周一次的升国旗仪式。林培青趁学校师生集中精力于升国旗之机，突然冲入学生队伍，持刀肆意砍杀学生，当场砍伤21名学生（包括4名原告）。学校教师、门卫奋力制止其犯罪行为，林培青在逃离现场途中，又砍伤学生2名，随后被学校教师抓获扭送公安机关。与此同时，学校其他教师紧急疏散学生进教室躲避，将23名受伤学生送往合江县人民医院救治。经及时抢救，受害学生均脱离危险。案发后不久，四川省高级人民法院终审判决林培青以持刀肆意砍杀的危险方法危害公共安全罪，处以死刑，于12月30日被执行枪决。随后，4名受害学生将学校告上了法庭，请求判令被告赔偿原告住院护理费、伙食补助费、续疗费、鉴定费、交通费、残疾补助费和精神赔偿费共62.5914万元。原告诉称，学校没有设置专职门卫，并且兼职门卫明显失职，致使罪犯混入学校并向学生行凶造成损害，学校对事故损害的发生存在过错，依法应承担民事责任。

【思考】　该学校的门卫制度存在哪些漏洞？学校应承担什么责任？

> 为了预防食物中毒事件的发生，学校应当履行哪些职责？若发生校园食物中毒事件，相关责任人可能承担哪些责任？如何判断学校有无责任？

建议 46

严把校园食品卫生安全关，防范学生食物中毒

情境再现

【案例1】 据中新社报道，2016年12月9日，位于河南省信阳市光山县孙铁铺镇的某小学学生在吃了餐厅午饭后，出现肚子疼、恶心、呕吐等症状，被送往县人民医院紧急救治。随后当地官方通报称，先后有三十余名学生出现疑似食物中毒症状。根据光山县公安机关现场调查和光山县人民医院医务人员临床诊断分析，确定疑似中毒的原因是食用发芽变质的土豆。事发后，光山县食品药品监督管理局对该校进行了立案处理，并处以10万元的罚款；县教体局免去该校校长和分管副校长的职务；县纪检监察机关依据疑似食物中毒的原因，对县教体局、县食品药品监督管理局相关责任人员进行立案调查，对违纪责任人员依纪从重问责。

【案例2】 据《齐鲁晚报》报道，2012年5月25日，青岛市某中学发生一起学生集体性食物中毒事故，多名学生出现呕吐、腹痛、发热和腹泻等症状，陆续到医院就诊。经查，此次事故是由"蜡样芽孢杆菌"感染所致的群体性食物中毒，主要原因是学校食堂将前一天午餐所剩的大米

饭提供给学生食用。中毒事件发生后，事发学校食堂托管公司经理寇某某、学校食堂厨师长许某被公安机关刑事拘留。青岛市食安办对该校食堂托管单位泽丰源酒店管理服务公司的违规行为进行了行政处罚，责成学校与该公司解除合同。同时，青岛市政府、市南区委对相关责任人分别给予了行政纪律处分。同年12月17日，青岛市南区人民法院对该起食物中毒案进行一审审判。法院以犯生产、销售不符合安全标准的食品罪判处寇某某有期徒刑两年，并处罚金5000元；判处许某有期徒刑一年六个月，并处罚金4000元。

评析·法理

学生的饮食卫生和安全问题，一直是学校操心、家长关心、社会关注的大问题。各地时有发生的在校学生集体食物中毒事件，更是频频敲响了校园安全管理的警钟。准确把握学校在饮食卫生和安全管理中的义务以及可能要承担的法律责任，有助于我们更好地开展相关工作。

一、若在学校食堂发生学生食物中毒事件，如何判断校方是否应承担责任？

关于学校的食品卫生和安全管理问题，我国《食品安全法》《食品安全法实施条例》《学校食品安全与营养健康管理规定》《餐饮服务食品安全操作规范》等法律、法规、规章均做了相关规定。根据这些规定，为了防止学校食物中毒或者其他食源性疾患事故的发生，学校应当履行以下几个方面的职责：落实食品安全校长（园长）负责制，并配备专（兼）职食品安全管理人员和营养健康管理人员；建立健全校园食品安全管理制度，落实岗位责任制；学校的食堂建筑、设备与环境都应当符合规定的标准；在食品采购、贮存及加工过程中应当严格遵守卫生要求；食堂从业人员应当具有健康证明，符合有关食品卫生的基本要求，并具有良好的个人卫生习惯；等等。其中每个方面又规定了详细的要求。这些都是学校的法定职责和义务。一旦学校怠于这些职责，而导致发生学生食物中毒事件，校方就必须承担法律责任。例如,学校食堂加工操作间环境脏乱、苍蝇横飞,致使食品被污染而引发中毒事件;食堂采购人员采购过期的食品或者向没有卫生许可证的单位、个人采购食品而导致发生中毒事件;学校食堂将未完全煮熟的豆角、豆芽出售给学生而导致学生中毒;等等。这些中毒事件中,学校因存在着未履行法定义务的情形,对损害后果的发生存在严重的过错,均应承担法律责任。

二、学校将食堂承包给他人经营,若发生食物中毒事件,校方是否还需承担责任?

实践中,一部分学校将食堂承包给其他单位或者个人经营,双方签订合同,合同中约定如果发生食物中毒事件,由承包方承担全部责任,发包方(即学校)不承担任何责任。如何看待这一约定?根据我国《民法典》的相关规定,学校将食堂承包给他人之后,如发生食物中毒事件,学校需要与承包者一起承担连带责任。即学校仍是责任主体之一,受害学生既可以要求承包者进行赔偿,也可要求作为发包人的学校进行赔偿,两者承担连带赔偿责任。

可见,将食堂承包出去,并不能将学校的安全责任一推了之。为此,学校在将食堂承包给他人经营时,应当注意考查承包方的资质,不能将食堂承包给不具备资质者经营。承包之后,学校应当对承包者的经营行为加强监督,督促其严格履行法定职责。同时,在承包合同中,学校应坚持将食品卫生安全作为承包合同的重要指标,约定如果承包方违反法定职责而造成食品卫生安全事故,承包方应当赔偿受害者及学校的全部损失。

三、若校外供餐发生食品安全事件,校方是否应承担责任?

不少学校由于自身条件所限,选择从校外供餐单位订餐的方式来解决在校学生集体供餐问题。实践中,一些校外供餐单位在食材采购、环境卫生、食品加工、餐具清洗、运输配送等环节均存在严重安全问题,从而造成供餐不洁而引发食物中毒事件。那么在这一类事故中,如何判断法律责任呢?按照法律规定,校外供餐发生食品安全事件,供餐单位应当承担责任；学校在校外供餐单位的选择、合同签订、分餐管理等方面存在过错的，也应承担一定的责任。可见，对于校外供餐，学校仍然须承担食品安全主体责任。一方面，学校从供餐单位订餐，应当严格考核对方的主体资质，优中选优，选择取得食品经营许可、能够承担食品安全责任、社会信誉良好的食品经营机构作为供餐单位，并与其签订含有食品安全保障内容的供餐合同；另一方面，在日常监管方面，学校应成立以校长为组长的学生在校就餐工作领导小组，加强对校外供餐的监督管理，建立健全相关工作制度，并对供餐单位提供的食品随机进行外观查验和必要检验，确保食品符合国家和地方对配送食品的标准、质量、温度等要求，预防发生食品安全事故。

四、若发生食堂投毒事件，校方是否应承担责任？

按照我国法律的规定，投毒是一种犯罪行为，因犯罪行为而造成的损失，由罪犯承担赔偿责任。《学生伤害事故处理办法》第十四条也规定，因学生、教师及其他个人故意实施的违法犯罪行为，造成学生人身损害的，由致害人依法承担相应的责任。然而，这并不意味着学校在投毒事件中不承担任何责任。《学校食品安全与营养健康管理规定》第四十三条规定：学校食堂应当建立安全保卫制度，采取措施，禁止非食堂从业人员未经允许进入食品处理区；学校在校园安全信息化建设中，应当优先在食堂食品库房、烹饪间、备餐间、专间、留样间、餐具饮具清洗消毒间等重点场所实现视频监控全覆盖。在实践中，如果因学校食堂的安全保卫措施不严或存在漏洞，致使非食堂工作人员得以进入操作间或原料投放间进行投毒，从而导致发生学生伤亡事件的，学校将会被认定对损害后果的发生存有过错，应当依法承担相应的责任。

五、若发生学生食物中毒事件，相关责任人可能存在哪些法律责任？

首先是刑事责任。比如，因投毒而造成的中毒事件，行为人的罪行构成投放危险物质罪（投毒罪）。又如，因生产、销售不符合食品安全标准的食品，足以造成严重食物中毒事故或者其他严重食源性疾患的，行为人的罪行构成生产、销售不符合卫生标准的食品罪；因生产、销售有毒有害食品而造成的中毒事件，行为人的罪行则构成生产、销售有毒有害食品罪。

其次是民事责任。在学生食物中毒事件中，学校如果存在过错，则须向受害学生承担损害赔偿责任，赔偿学生或其监护人的医疗费、护理费、营养费、交通费、陪护家属误工费、残疾赔偿金（构成伤残等级的情况下适用）、残疾辅助器具费、死亡赔偿金（造成学生死亡的情况下适用）、丧葬费等各项损失。

最后是行政责任。学校食品安全的相关工作人员、相关负责人不履行或不正确履行食品安全管理职责，造成食品安全事故的，相关责任人应受到行政处分，学校应受到行政处罚。

策略·建议

1. 学校应当落实食品安全校长（园长）负责制，配备专（兼）职食品安全管理人员和营养健康管理人员，建立健全各项食品安全管理制度。

2. 为了保证学校食品卫生安全，学校应当按照《餐饮服务食品安全操作规范》等规定，针对食品生产经营活动的各个环节、各个方面建立相应的规章制度，并建立岗位责任制，将具体职责落实到个人。特别要严格落实以下几个方面的规章制度：（1）原材料采购索证登记制度；（2）库房卫生管理制度；（3）粗加工及切配卫生制度；（4）烹调加工卫生制度；（5）餐具清洗消毒制度；（6）食堂、餐厅清洁卫生制度；（7）食品留样制度；（8）从业人员健康体检制度及卫生知识培训制度；等等。

3. 学校应当对食堂采取严格的安全保卫措施，严禁非食堂工作人员随意进入食堂的食品加工操作间及食品原料存放间，还应管理好学生就餐场所，杜绝无关人员接触学生食品，防止投毒事件的发生。

4. 学校应当根据国家的有关规定并结合本校的实际情况，制定食品安全事故应急处理预案。发生食品安全事件后应当及时救助受害者，并封存好相关证物，配合有关部门查明原因，严格追究相关人员的责任。

相关规定

《学生伤害事故处理办法》第九条："因下列情形之一造成的学生伤害事故，学校应当依法承担相应的责任……（三）学校向学生提供的药品、食品、饮用水等不符合国家或者行业的有关标准、要求的……"

《学校食品安全与营养健康管理规定》第十二条："学校食品安全实行校长（园长）负责制。学校应当将食品安全作为学校安全工作的重要内容，建立健全并落实有关食品安全管理制度和工作要求，定期组织开展食品安全隐患排查。"

自我测验

【案例】　1月4日上午，派出所接辖区某小学报案称，学校食堂蓄水池有异味，怀疑被人投毒。民警经现场勘查，从蓄水池上方的压水机附近提取药瓶一个，经初步鉴定，系1605剧毒农药。民警经过调查，将犯罪嫌疑人王某抓获。据王某供述，王某曾与该校书记蒋某有矛盾，1月1日，王某趁学校放假之机，携带1605农药潜入学校，倒入蓄水池上方的压水机内，企图以此手段报复蒋某。由于发现及时，最终没有引发群体中毒事件。（摘编自《齐鲁晚报》）

【思考】　本案中，犯罪嫌疑人王某应承担什么责任？如何避免校园投毒事件的发生？

> 学校对寄宿的学生负有什么职责？学校是否应允许学生到校外住宿？对学生宿舍进行检查时该如何避免侵权？如何处理学生宿舍失窃事件？住宿费收不上来怎么办？

建议 47

依法进行学生住宿管理，避免侵犯学生合法权益

情境再现

以下是一些学校的学生住宿管理规定：

例1：学生在寄宿期间，不经请假私自离开校园的，按照违纪进行处分，累计三次以上未经批准擅自离开宿舍的，给予开除出宿舍的处分；私自离开宿舍，造成人身伤害或者其他事故的，学校一概不予承担相关的安全管理责任。

例2：严禁寄宿生中午放学后打乒乓球，违者没收球拍，并作处分；严禁中午放学后打篮球，违者没收篮球并作处分。

例3：寝室内外严禁乱接电线、电灯、插座，禁止使用电炉、吹风机、电热杯等电器。违者，没收电器及电源材料，并予以相应罚款。因乱接电源造成事故者，按校纪予以处分。

例4：全体寄宿生要团结起来，坚决与小偷作斗争。有盗窃行为者，一经发现、查实，要赔偿并给予开除处分，严重者交由公安机关处理。为了维护切身利益，欢迎同学们揭发举报有盗窃行为者。

例5：寄宿生应当按时缴纳住宿费，逾期不交纳者，取消在校寄宿资格；毕业时仍未交纳者，暂扣其毕业证，直至交清住宿费。

评析·法理

在我国的各级各类学校，有相当一部分学生在学校寄宿。对学生住宿行为的管理该如何依法进行？怎样规避可能存在的法律风险？这是许多学校管理者关注的问题。

一、学校对寄宿生负有什么特殊职责？

按照我国现行的法律规定，学校对在校未成年学生负有教育、管理和保护的职责。这里的"学校"，法律并未限定其范围，因此应当是既包括普通的走读学校，也包括寄宿制学校。同样，这里的"学生"，法律也没有限定其范围，因此应当是既包括走读生，也包括寄宿生。按照法律的规定，只要学校与学生的法定监护人之间不存在着关于监护职责委托的特别书面约定，学校对在校未成年学生就不承担监护职责，而只承担法定的教育、管理和保护之责。在这个问题上，寄宿制学校、寄宿生与普通的走读学校、走读生并无差别。

然而，在教育、管理和保护职责上，寄宿制学校与走读学校、寄宿生与走读生却是有差别的。对于走读生，学校的这一职责仅及于上学期间，在放学之后即不再存在。而对于寄宿生，学校的这一职责及于上学期间以及放学后在校自习、生活、休息期间（即一日24小时）。在这期间，一旦学校因怠于履行教育、管理和保护职责而导致发生学生伤害事故，校方须承担相应的法律责任。可见，对于寄宿生、寄宿制学校而言，学校的责任性质并没有变（并非由教育、管理和保护职责变为监护职责），只是责任时间延长了，责任负担加重了。这也告诉我们，为了保护寄宿生的安全，学校还应当建立起放学之后的自习、生活、休息等各项安全管理制度。这也是学校对寄宿生所负职责的特殊之处。

二、学生提出到校外住宿，学校该同意还是拒绝？

对于家不在本地的学生，如果其提出到校外住宿，学校该怎么办？从学校的角度来看，为便于教育和管理，当然希望家不在本地的学生都能在学校寄宿。但是，对这一问题，学校可向学生及其法定监护人发出倡议、进行说服，却没有办法强制。如果学生坚持不在学校寄宿，而要求自行到校外解决住宿问题，学校并不能因此而对其进行处分。况且，有些学生确有特殊情况，例如因需专人照顾、辅导，不方便在学校寄宿。在这种情况下，为了充分保护学生及学校的合法权益，并明确各自的义务、职责，学校可要求与学生及其法定监护人签订安全协议，约定学生在校外住宿期间，其安全责任由学生及其监护人自行负责，学校不承担相关职责；监护人应当对孩子加强安全教育，督促孩子遵纪守法、加强自我保护，并为孩子指定临时监护人，以便对孩子加强管理和保护。这样的约定有时对学校是非常重要的，一旦学生在校外住宿期间发生意外伤害，这一约定可避免学校与学生家长之间在对事故责任的理解上产生争议。

三、对学生宿舍进行检查时该如何避免侵权？

有时，学校为了组织学生宿舍参加卫生、秩序等评比活动，或者为了检查学生是否携带违法、违禁物品，需要进入学生宿舍进行查房。在查房过程中，学校应当注意两个方面的问题。其一，什么情况下可以进入学生宿舍？学生宿舍的产权虽然属于学校所有，但学生在交纳了住宿费并入住之后，便享有了对宿舍的临时使用权。宿舍也就成了在其内住宿的所有学生的私人生活空间。在此情况下，学校工作人员不宜随意进入学生宿舍。学校在查房之前，应当事先通知学生，让学生做好准备。在查房之时，应当让学生在现场，不宜背着学生进行暗查。这是尊重学生的私人空间自由、尊重学生隐私权的重要表现。其二，在查房时，能否搜查学生的私人物品？根据我国现行的法律规定，除司法机关或国家安全部门出于追查刑事犯罪或维护国家安全的需要，而有权搜查公民的物品或对公民进行搜身检查之外，其他任何个人、组织均不享有搜查权。因此，即便学校为维护校园安全秩序确需进行检查的，也不应当私自搜查学生的个人物品和身体。需要注意的是，根据《中小学教育惩戒规则（试行）》第十二条的规定，教师、学校发现学生携带、使用违规物品或者行为具有危险性的，应当采取必要措施予以制止；发现学生藏匿违法、危险物品的，应当责令学生交出并可以对可能藏匿物品的课桌、储物柜等进行检查。教师、学校对学生的违规物品可以予以暂扣并妥善保管，在适当时候交还学生家长；属于违法、危险物品的，应当及时报告公安机关、应急管理部门等有关部门依法处理。

四、宿舍失窃事件——学校该如何预防和处理

在一些学校，学生宿舍发生失窃事件之后，学校便自行组织"破案"活动，或对学生的物品、身体进行搜查；或公开怀疑某些学生，对其进行重点"讯问"，甚至让其自证清白。这样的行为是严重违法的，它侵犯了学生的身体权、人格尊严权等合法权益。正确的做法是：首先，学校平时应当对学生加强防盗教育，提醒学生注意保管好个人物品，贵重物品可委托老师代为保管，而不要放在宿舍；其次，建立健全学生宿舍安全制度，如楼道值班制度、定时巡逻制度等，不给偷盗者以可乘之机；再次，发生失窃行为后，学校可通过加强思想教育，引导学生主动承认、改正错误，同时做好保密工作，保护学生的自尊心；对于较大的盗窃案件，应及时报警，由公安机关介入调查。

五、住宿费收不上来怎么办？

学生不交住宿费，多半是因为经济方面的原因，个别情况下也有可能是认识或其他方面的原因。对于欠费问题，学校可根据实际情况，与学生及其监护人协商采取缓交费用、减免费用等方式加以解决，必要时也可以考虑采取法律手段。但是，以下两种做法应当避免。一是扣留学生的毕业证或档案材料。毕业证和档案涉及学生的人身权益，其和住宿费问题（涉及财产权益）完全不属于同一层面的法律问题。对毕业证进行扣留缺乏法律依据，得不到法律的保护。二是将欠费的学生从宿舍驱赶出去，不让其

在校园寄宿。除非是学生及其监护人自愿提出到校外住宿,并与学校签订了安全协议,否则,学校单方面让学生搬离宿舍,一旦日后发生意外,学校很可能会与学生及其监护人就责任承担问题发生纠纷。

策略·建议

1. 寄宿生在校学习、生活的整个期间,学校应当认真履行对其教育、管理和保护之责,保证其人身安全。

2. 对于原本在学校寄宿的学生,若其监护人提出让孩子到校外住宿,则学校应当与学生的监护人签订协议,约定在校外住宿期间,学生的安全责任由学生及其监护人自行负责,学校不承担相关职责。

3. 学校在对学生宿舍和住宿生进行管理的过程中,应当尊重学生的人身权、财产权及其他权利,不要搜查学生的身体或私人物品,不要对学生处以罚款或没收其财物,不要扣押学生的身份证、毕业证等证件,防止侵犯学生的合法权益。

相关规定

《中小学幼儿园安全管理办法》第二十五条:"有寄宿生的学校应当建立住宿学生安全管理制度,配备专人负责住宿学生的生活管理和安全保卫工作。学校应当对学生宿舍实行夜间巡查、值班制度,并针对女生宿舍安全工作的特点,加强对女生宿舍的安全管理。学校应当采取有效措施,保证学生宿舍的消防安全。"

自我测验

【案例】 1月2日晚上9时许,某中专学校的同学们下晚自习回到宿舍,发现所有宿舍里未上锁的皮箱、提包等物品均被学校检查过,而他们事前并未接到学校通知。当晚学生们议论纷纷,一些学生情绪激动。第二天早晨,部分男生就以不上早操表示抗议。在学校教务处的一个角落,记者看到了学生们被检查出的物品：4根一尺多长的4分钢管、3把4—7寸长（展开后）的刀具、7个空啤酒瓶、10节蜡烛、11个打火机、4包香烟和47个空烟盒。这些东西全部是从男生宿舍查到的，女生宿舍中没有发现类似物品。校方解释说，学校的生源比较复杂，他们这是吸取特大火灾的教训，依照《未成年人保护法》和校规，对学生宿舍进行安全检查。当时有学校治安主任、政教主任、2名值日教师、1名团委副书记和3名学生会干部参加，只是检查了可能会给学校和学生安全造成危害的东西，学生的钱财等物品一概没有触动。学校里的学生纪律中明确规定，学生严禁抽烟、私藏伤人刀具，禁止带火柴、火机等火种进入宿舍。整个检查过程没有超过一节课，学生的所谓"隐私"根本没有涉及。不少学生虽然对校方此举的主观愿望表示可以理解，但对校方的这种做法却绝对不接受（他们称学校的行为是"搜查"），认为这严重侵犯了他们的隐私权、人身权和财产权。（摘编自《扬子晚报》）

【思考】　学校的做法是否合法？为什么？

> 校园性侵害案件为什么会时有发生？学校该如何采取有效措施保护未成年学生免受性侵害？

建议 48

加强教育和防范，保护学生使其免受性侵害

情境再现

据《中国青年报》报道，北京青少年法律援助与研究中心曾对 2006 年至 2008 年媒体报道的 340 个性侵害案件进行专项调查分析，其分析报告表明：在未成年人遭受性侵害案件中，熟人实施性侵害案件数量多，其比例占到 68%；校园性侵害案件频繁发生，在 340 个案件中，有 50 个案件发生在校园里，其中有 35 个案件的作案者为教师及校长；学校周边成为未成年人遭受性侵害的"重灾区"，校园周边的安全治理存在重大隐患。

评析·法理

现实表明，保护未成年学生免受性侵害，学校义不容辞！一方面，有相当一部分案件发生在校园或始于校园周边，守住了学校这块"净土"，就等于筑起了保护未成年孩子免受性侵害的"主防线"；另一方面，学校担负着教书育人的职责，未成年孩子有相当一部分时间是在校园度过，学校权威性、系统性、针对性的教育能够有效帮助未成年孩子形成关于性的正确知识和态度，提高其自我保护能力。

那么，保护未成年学生免受性侵害，学校该如何作为呢？

首先，作为国民教育机构，学校在性的问题上也应当切实担负起教育者的职责，向未成年学生传授正确的性知识，帮助其破除对性的无知和偏见，培养其关于性的是非、善恶的观念和态度，向其传授自我保护的方法、技巧。对孩子进行性教育，关键是要帮助孩子建立"身体自主权"的观念，让其明白：身体是自己的，任何人不得随意触碰；自己的身体可以分为"可触碰区域"和"不可触碰区域"，对于"不可触碰区域"，特别是隐私处，除父母为自己洗澡或医生检查身体等少数情形外，应当拒绝任何触摸；对于让自己感到不舒服、不自在的身体接触，无论对方是谁，都可以拒绝让其触碰或靠近；如果别人摸了自己并授意甚至恐吓自己要"保守秘密"，那么千万别害怕，一定要告诉父母、自己信赖的老师或其他成年人，否则事情只会变得更糟。

其次，学校应当加强对教师的教育和管理，健全规章制度，预防校园未成年学生性侵害案件的发生。在未成年人遭受性侵害的案件中，绝大多数是熟人作案。熟人因为受孩子的信任，更容易接触、靠近孩子，从而成为容易引发作案念头的"高危人群"。教师便是这种理论上的"高危人群"之一。为此，学校应当注意以下几点：

1. 严格执行教职工入职报告和准入查询制度，把好教职工"入口关"。学校在新招录教职员工前，应当对应聘人员进行性侵违法犯罪信息查询，经过查询，发现应聘者存在性侵违法犯罪信息的，不得予以录用；已经录用的在职人员，应当立即停止其工作，按照规定及时解除聘用合同。

2. 对教职工加强法治教育。实践中，除非自己遇到了法律纠纷，教职工普遍缺乏主动学习、掌握法律知识的热情。因此，有条件的学校，可以邀请法律专家到学校开展法治讲座。通过教育，让教职工意识到，未成年学生也是普通公民，享有普通公民所享有的一切权利；同时，作为弱势群体，未成年人还受到相关法律的特殊保护；在性的问题上，未成年人享有性的不可侵犯的权利，对未成年人实施猥亵或性侵害，将会受到法律更为严厉的惩罚。通过学习，提高教职工的法治观念、法治意识，进一步增强其保护学生的自觉性、主动性。

3. 完善学校的各项规章制度，从制度上预防校园性侵害事件的发生。各个学校可以根据本校的实际情况制定教师行为守则，对教师的言行进行规范，比如，规定教师应尽量避免与学生发生身体接触（体育课上教师进行个别辅导和保护除外），尤其是对异性学生；规定男性教师在没有第三者在场的情况下，不得单独在教室、办公室或宿舍留下女生进行谈话或辅导功课。

4. 正确处理发生在校园的性侵害案件。以往，个别学校发生了教师性侵害学生事件之后，出于各种考虑，学校便出面将涉案教师"保出来"，或者是充当调解人，力促受害学生家长与教师进行"私了"。这样的做法是错误的。须知，对未成年学生进行性侵犯已构成违法犯罪，只能交由司法机关进行处理，学校或校长不能以"担保"或"私了"的方式进行包庇，否则同样构成违法。况且，学校无原则的袒护，有可能让受害学生遭到更大的伤害或导致其他学生受到新的伤害，也可能让施害者在违法犯罪的泥潭中越陷越深。为了学生安全，"公心"要压倒"私心"。

最后，加强校门口及周边环境的安全建设。在一些地方，校门口及其周边往往成为学生安全保护的"死角"，学校管不了，相关职能机构推卸责任不愿意管，导致少数不法分子抓住这一安全漏洞从这里开始实施违法犯罪。针对这些问题，学校可从以下几个方面入手：

1. 争取相关职能部门的支持和配合，净化校园周边环境。《中小学幼儿园安全管理办法》明确规定，教育、公安、司法行政、建设、交通、文化、卫生、工商、质检、新闻出版等部门应当建立联席会议制度，定期研究部署学校安全管理工作，依法维护学校周边秩序；通过多种途径和方式，听取学校和社会各界关于学校安全管理工作的意见和建议。学校应主动与相关职能部门进行联系和配合，着力净化校园周边环境，不给坏人创造为非作歹的条件。

2. 建立低年级学生、幼儿上下学时接送的交接制度。鉴于低年级学生、幼儿的安全意识较弱、自我保护能力较差，应尽力避免将其暴露于家长监护或学校管理之外的"真空地带"。对此，低年级学生、幼儿接送的交接制度尤其重要。学校应当制定相关制度，或者与家长通过书面协议约定学生的接送时间、地点、接送人，并严格予以执行。一旦发现问题，要及时与家长取得联系，尽力救助受害学生。

3. 对于没有家长接送的学生，学校应对其加强安全教育，鼓励学生结伴行走，尽量避免单独行动，不要在校外长时间逗留，女生的着装不要过于暴露。学生的自我保护意识增强了，自我保护能力提高了，安全问题就能得到极大的改善。

策略·建议

1. 学校应当开设相关课程，对未成年学生进行适当的性教育，增强孩子的自我保护意识，提高自我保护能力。

2. 对教职员工加强法治教育，特别是关于尊重和保护未成年学生的合法权益方面的教育，规范教职员工的言行，引导男性教师尽量避免和女性学生在封闭的空间单独相处。

3. 积极争取公安、文化、交通等相关职能部门的支持，创造相对安全的校园周边环境，不给违法犯罪行为的发生提供可乘之机。

相关规定

《未成年人学校保护规定》第十八条："学校应当落实法律规定建立学生欺凌防控和预防性侵害、性骚扰等专项制度，建立对学生欺凌、性侵害、性骚扰行为的零容忍处理机制和受伤害学生的关爱、帮扶机制。"

《未成年人学校保护规定》第二十四条："学校应当建立健全教职工与学生交往行为准则、学生宿舍安全管理规定、视频监控管理规定等制度，建立预防、报告、处置性侵害、性骚扰工作机制。学校应当采取必要措施预防并制止教职工以及其他进入校园的人员实施以下行为：（一）与学生发生恋爱关系、性关系；（二）抚摸、故意触碰学生身体特定部位等猥亵行为；（三）对学生作出调戏、挑逗或者具有性暗示的言行；（四）向学生展示传播包含色情、淫秽内容的信息、书刊、影片、音像、图片或者其他淫秽物品；（五）持有包含淫秽、色情内容的视听、图文资料；（六）其他构成性骚扰、性侵害的违法犯罪行为。"

自我测验

【案例】 一日晚 8 时 20 分，某中学住校的同学回到了寝室。因该中学是一所封闭式管理学校，所以负责本校寝室管理的男教师李某，例行公事般地对 9 个男女学生宿舍进行了检查，在确认没有异常的情况下，同学们关灯休息，他自己也回到了寝室。可能是考虑同学们晚上要起来上厕所，各寝室大都没有锁门。可是谁也没有想到，就是这看似正常的疏忽，却给歹徒留下了可乘之机。深夜 12 时许，一个歹徒潜入了四楼 9 号女学生宿舍，将两名女生掐昏后对其实施了奸淫。事后，歹徒乘着夜色逃脱。案发后，学校方面为了保全声誉，禁止全校师生将此事外传，并决定暂不向警方报案。直到学生家长找到学校，迫于压力，学校才于案发第二天上午向当地派出所报了案。由于案发现场已遭到严重破坏，案件迟迟未能侦破。不久后，两名受害女生以学校疏于管理、无有效安全防范措施为由，一纸诉状将学校告上了法庭，请求法院判决学校赔偿医疗费、护理费等各 5000 元，并赔偿精神损失费各 5 万元。（摘编自"人民网"）

【思考】 学校是否应向两位女生承担赔偿责任？如何避免校园性侵害案件的发生？

> 学校与学生家长之间签订了"安全协议"之后,是否还须履行对学生的管理和保护职责?发生了意外事故,学校能否凭借"安全协议"得以免责?

建议 49

安全协议无法免除学校的责任,保护学生须尽心

情境再现

小雄是某市郊区小学的五年级学生。听说学校最近要组织秋游活动,他一连兴奋了几天。然而,秋游前一天他从学校带回的一份"安全协议"却让家长陷入了左右为难的境地。这份由学校起草的"安全协议"明确规定:在秋游过程中,如果学生不听从教师的管理和指挥,发生安全事故的,由学生家长自行负责,学校不承担责任……不同意本协议规定的,视为自动放弃参加秋游活动。小雄的家长觉得学校有推脱责任的嫌疑,但拗不过儿子的一再请求,最后还是签了字。可就在秋游当天,小雄爬山时不慎从半山腰滑落,造成左腿骨折。事后,家长和学校就医疗费的承担进行协商,但没能达成一致意见。学校的态度很明确,"我们事先签订了协议的"。家长遂向当地法院提起诉讼,法院最终认定学校在组织秋游活动过程中,对学生的行为未能进行合理安排和有效管理,存在一定的过错,应当承担30%的责任。

评析·法理

"逼迫"学生家长签订"安全协议",对许多学校而言实在是一种无奈之举。因为一旦发生安全事故,将要面对的是家长的问责、学校教育经费的捉襟见肘等诸多麻烦。有了这样的协议在手,至少事后能够让家长在问责学校时不再那么"理直气壮"。况且,这一协议有时也对学生家长起到普法的作用,使其认清在学生安全问题上学校和家长的各自职责所在,督促其对孩子加强管教。就此而言,签署"安全协议"还是有一定的意义的。

然而,在发生学生伤害事故之后,"安全协议"能否达到免除学校法律责任的目的?答案是否定的。

首先,关于学生的安全问题,我国《未成年人保护法》《学生伤害事故处理办法》等法律、规章规定,学校对在校未成年学生负有管理、保护和进行安全教育的职责。因学校疏于履行职责而导致发生学生伤害事故的,学校应承担相应的责任。这是学校法定的、强制性的义务。这一义务不会因为学校与家长签订了"安全协议"就得以免除。也即无论学校是否与家长签订协议,学校都必须履行这一义务;违反这一义务而发生意外事故的,学校均需承担责任。其次,按照我国《民法典》的规定,违法的合同不具有法律效力。如果"安全协议"的内容排除了学校应尽的法律义务,则其就不具有法律效力,不能产生学校希望达到的法律效果。再次,学校让家长签字的"安全协议",可以看作是采用格式条款订立的合同。根据我国《民法典》第四百九十七条的规定,提供格式条款一方不合理地免除或者减轻自身责任,加重对方责任,限制或者排除对方主要权利的,该格式条款无效。在学校与学生家长签订的"安全协议"中,如果协议的内容不合理地免除或减轻学校对学生的管理、保护和安全教育的责任,则这一条款无效。

可见,"安全协议"并不能免除学校对学生应尽的安全保护之责,一旦发生意外，这一协议也无法成为学校推脱责任的"挡箭牌"。

策略·建议

1. 学校为了督促未成年学生的家长加强对孩子的安全教育和管理，可以和学生的监护人签订"安全协议"，但应当清楚这一协议并不能免除或减轻学校对学生的教育、管理和保护之责。

2. 无论是组织学生外出活动，还是日常的校内教育教学活动，学校仍旧应当恪守安全职责，采取必要的安全防范措施，强化学生安全意识，预防安全事故的发生。

相关规定

《学生伤害事故处理办法》第九条："因下列情形之一造成的学生伤害事故，学校应当依法承担相应的责任……（四）学校组织学生参加教育教学活动或者校外活动，未对学生进行相应的安全教育，并未在可预见的范围内采取必要的安全措施的……"

《中华人民共和国民法典》第一千一百九十九条："无民事行为能力人在幼儿园、学校或者其他教育机构学习、生活期间受到人身损害的，幼儿园、学校或者其他教育机构应当承担侵权责任；但是，能够证明尽到教育、管理职责的，不承担侵权责任。"

《中华人民共和国民法典》第一千二百条："限制民事行为能力人在学校或者其他教育机构学习、生活期间受到人身损害，学校或者其他教育机构未尽到教育、管理职责的，应当承担侵权责任。"

《中华人民共和国民法典》第一千二百零一条："无民事行为能力人或者限制民事行为能力人在幼儿园、学校或者其他教育机构学习、生活期间，受到幼儿园、学校或者其他教育机构以外的第三人人身损害的，由第三人承担侵权责任；幼儿园、学校或者其他教育机构未尽到管理职责的，承担相应的补充责任。幼儿园、学校或者其他教育机构承担补充责任后，可以向第三人追偿。"

自我测验

【案例】 原告段某和被告杰某均为 5 岁，一日中午放学时，段某、杰某和幼儿园同班同学一起在老师的带领下，排好队准备到学校大门口等待家长们来接。队伍行进中，走在后面的段某认为杰某走得太慢，就从后面推了杰某一下，杰某回头踢了一脚，不料这一脚正踢中段某的腹部，造成段某腹部受伤，脾脏破裂，并发出血性腹膜炎，经法医鉴定构成五级伤残。随后，段某将其所在的幼儿园和杰某告上法庭，要求二被告共同赔偿各项费用共计 9.3 万元。庭审中，幼儿园辩称，段某自己有过错，其受伤过程中幼儿园已尽到相关范围内的职责义务，是杰某踢伤了段某，校方没有过错；况且，幼儿园已经和每位学生家长签订了安全协议，约定在此种情况下学校不应承担责任，故不同意赔偿。杰某的法定代理人则辩称，引起事故的责任在原告，是原告先推被告，被告才"自卫"的，且被告的监护责任已转移到学校，应由学校承担责任，他们不应承担责任。（摘编自《今日安报》）

【思考】 对于段某的损失，哪一方（哪几方）应当承担法律责任？为什么？

> 学校为什么不是学生的监护人？在安全问题上，学校须对学生承担什么样的法律职责？

建议 50

学校不是学生的监护人，但须履行应尽的职责

情境再现

两名初一学生在课间嬉戏，互相在对方身上挠痒痒，其中一人笑得上气不接下气，突然晕倒在地，口吐白沫，送医院后不治身亡。医疗诊断表明学生系猝死。家属将一起嬉闹的学生及学校一并告上了法庭。面对此案法院亦左右为难，经调解无效后，法庭认定虽然学生的死亡源于嬉戏，但没有证据表明另一学生存有过错，因此该学生不承担过错赔偿责任，但按公平原则，应给予死者家属5000元的补偿；学校在整个事件过程中没有过错，不承担责任，驳回原告对学校的全部诉讼请求。

评析·法理

显而易见，学校在这起事件中是不存在过错的。那么，学生家长为什么要将学校告上法庭呢？原因多半在于，家长认为孩子进了校园，学校就成了孩子的监护人，就应当履行监护职责，无论学校对学生伤害事故的发生是否有过错，都要承担责任。对于学生家长的这一说法，学校当然不能同意。根据现有的规定，学校并非学生的监护人，对于发生在校园的伤害

事故，学校并非像监护人那样承担无过错责任（即在没有过错的情况下也要承担法律责任），而只是在有过错的情况下才承担责任。可见，监护职责之争，背后体现的是利益之争，责任范围大小之争。

　　学校对在校未成年学生是否承担监护职责？先来看看监护职责的法律含义。按照《民法典》等法律的相关规定，监护人的职责包括四个方面：一是照顾被监护人的生活，保护其身心健康；二是管理和保护被监护人的财产，代理其进行民事活动；三是对被监护人进行教育和管理；四是在被监护人合法权益受到侵害或者与他人发生争议时，代理其参加诉讼活动。我们想想看，未成年学生名下的存款、房产等财产是由学校来保管和保护的吗？非也，其保管人、保护人是其家长。未成年学生要从事购买房产、与演艺公司签约等民事活动，是谁代理他们进行交易呢？只可能是其家长，绝不会是学校。未成年学生与他人发生了法律纠纷，是谁坐在法庭上代理其进行诉讼活动？断然不可能是学校。显然，学校不可能也无法履行对学生的监护职责。那么，谁是未成年人的监护人？我国《民法典》第二十七条规定："父母是未成年子女的监护人。未成年人的父母已经死亡或者没有监护能力的，由下列有监护能力的人按顺序担任监护人：（一）祖父母、外祖父母；（二）兄、姐；（三）其他愿意担任监护人的个人或者组织，但是须经未成年人住所地的居民委员会、村民委员会或者民政部门同意。"可见，原则上学校并非在校未成年学生的监护人，对学生不承担监护职责。

　　学校不是学生的监护人，是不是意味着学校对学生的安全问题不承担责任？绝对不是，家长们完全没有必要担心学校在学生安全问题上的责任心会因此而减弱。在学生的安全问题上，法律给学校上了另一道紧箍咒。按照我国《教育法》《未成年人保护法》《学生伤害事故处理办法》等相关法律、规章的规定，学校对在校未成年学生负有教育、管理和保护的职责。学校应当提供符合安全标准的校舍、场地、其他教育教学设施和生活设施；应当对在校学生进行必要的安全教育和自护自救教育；应当按照规定，建立健全安全制度，采取相应的管理措施，预防和消除教育教学环境中存在的安全隐患；当发生伤害事故时，应当及时采取措施救助受伤害学生。对于业已发生的学生伤害事故，学校如有过错（即未履行前述职责），则应当承担与其过错大小相适应的法律责任。

比较监护人的监护职责和学校的教育、管理、保护职责，两者最大的区别在于，监护人承担的是无过错责任（没有过错也要担责），而学校承担的是过错责任（有过错才担责，无过错则不担责）。对于学校而言，适用过错责任原则，既可以督促学校勤勉、谨慎地保护学生的安全，又避免了无限制加大学校的责任、影响学校正常运行的不良后果的出现；既对学生负责，又保护了学校的正当权益。

策略·建议

1. 学校不是学生的监护人，对学生不承担监护职责，但在安全问题上，学校对学生负有教育、管理和保护的法定职责。

2. 因安全事故的责任承担问题发生争议之后，学校可向学生的家长阐明各自职责的法律含义，校方只有在未尽教育、管理和保护职责（即有过错）的情况下才承担民事责任。

相关规定

《学生伤害事故处理办法》第七条："未成年学生的父母或者其他监护人（以下称为监护人）应当依法履行监护职责，配合学校对学生进行安全教育、管理和保护工作。学校对未成年学生不承担监护职责，但法律有规定的或者学校依法接受委托承担相应监护职责的情形除外。"

自我测验

【案例】 小王是一所中专学校的学生，上学期间一直在学校住宿。入学后不久，小王在学校就经常受到同宿舍学生的无端殴打、虐待，这种状况一直持续了近两年时间。由此,他身心受到了严重伤害,患上抑郁症,最终无法继续上学。无奈之下,他将自己就读的学校告上了法院,认为自己在上学期间属于未成年人,学校负有不可推卸的监护职责,正是由于学校未履行监护责任,才导致自己受到伤害,为此,他要求法院判决学校承担赔偿责任。

【思考】 学校是否应对小王的损害承担赔偿责任?为什么?

> 对于已经发生的学生伤害事故,如何判断学校是否应承担法律责任?如何判断学校是否有过错?

建议 51

发生学生伤害事故,要按过错情况判定学校的责任

情境再现

小军和小明是某小学六年级的同班同学。一日下午课间休息时,两人在操场上玩耍。追逐嬉戏中,小军把玩具枪子弹打在了小明的脑门上,小明便追上转身跑开的小军,将他推倒在地,小军倒地后受伤。学校当即联系了两人的家长。小军的父母将小军带到医院,经医生诊断为上唇挫裂,并两颗牙齿冠折,医生建议在小军 18 岁后对受伤牙齿做烤瓷冠修复。小军认为,是小明推倒他致使他受伤的,因此要求小明赔偿医药费、后续镶牙费等共计 1.1 万余元。小军还认为学校没有尽到安全管理义务,因此要求学校承担连带赔偿责任。法院经审理后认为,学校在小军受伤后,及时通知双方家长并积极协助救治伤者,已经尽到了应尽的安全教育管理义务。而且,小军是在课间玩耍时,被同学推倒受伤,学校并不存在过错,因此,学校不应该对小军的受伤承担赔偿责任。由于小明推倒小军导致其受伤,小明应承担赔偿责任,但因小军先用玩具枪击打小明头部,引发争端,小军对自己受伤亦存在相应过错。据此,法院判决小明承担 60% 的赔偿责任,而小军自己承担 40% 的责任。

评析·法理

对于很多学校而言，未成年学生伤害事故几乎是防不胜防。学校教师稍有疏忽，意外很可能就乘虚而入。就算教师尽职尽责、时刻提防着，生性好动而自我保护能力不足的孩子也难免惹出事端。一旦发生了学生伤害事故，该如何判断法律责任？到底应当由哪一方承担责任？

其实很简单，那就是看谁有过错，谁对事故的发生存在过错。有过错，就承担责任；没有过错，就不承担责任。我国《民法典》第一千一百六十五条规定："行为人因过错侵害他人民事权益造成损害的，应当承担侵权责任。"这是判断事故责任的一般原则，适用的是过错原则。根据行为人有没有过错，来判断其是否应承担责任。如果学校有过错，那么就由学校来承担责任。如果其他学生或者第三人有过错，那么就由其他学生或者第三人来承担责任。如果受伤害学生自己有过错，那么就由他自己来承担责任。如果各方都存在一定的过错，那么就由各方共同按比例来分担责任。

那么，发生学生伤害事故后，怎样判断学校有没有过错呢？那就是看学校是否对学生尽到了教育、管理职责。如果尽到了教育、管理职责，则表明学校没有过错，不承担责任。如果未尽到教育、管理职责，则表明学校存在过错，应当承担责任。

实践中，学校的这种教育、管理职责，到底表现在哪些方面？怎样衡量校方是否尽到了教育、管理职责？目前，学校的教育、管理职责主要规定于我国《教育法》《教师法》《未成年人保护法》《中小学幼儿园安全管理办法》《学生伤害事故处理办法》《学校卫生工作条例》《学校体育工作条例》《未成年人学校保护规定》《幼儿园管理条例》《幼儿园工作规程》等法律、法规和规章之中，其中尤以《中小学幼儿园安全管理办法》的规定最为全面。这些"教育、管理职责"可以归纳为以下几个方面：（一）设施要安全。学校应当保证校园建筑、场地、设施、设备、器材和药品等符合安全标准。（二）制度要健全。学校建立健全各个方面的校园安全管理制度。（三）管理要到位。学校对在校学生的行为应当加强管理，及时有效地制止幼儿、学生做出的危险性行为，及时制止侵犯幼儿合法权益的行为；及时消除校园环境中存在的安全隐患。（四）教育要经常。学校应当经常性地对在校学生开展安全教育，提高其安全防范意识和自我保护能力。（五）救助要及时。学生在校突发疾病或者发生事故后，学校应当及时予以救助，尽可能降低损害后果。

一旦学校因未尽到上述教育、管理职责，而导致在校学生受到意外伤害或导致损害后果加重的，即表明学校存在过错，需要承担与其过错相应的法律责任。

策略·建议

1. 发生了学生伤害事故之后，学校可从调查事故的起因入手，判断学生、学校及其他第三方的过错情况。有过错则担责，且承担与过错大小相应的法律责任；无过错，则无责任。

2. 在判断学校自身过错情况的过程中，要查明学校及其教职员工是否恰当地履行了教育、管理和保护之责，是否尽其所能地采取了相关安全防范措施以避免伤害事故的发生，事故是否是学校自身所无法预见、无法避免的，从而得出学校是否有过错的结论。

3. 对于学校有过错的事故，学校要积极主动地承担责任；对学校不存在过错的事故，学校要做好学生家长的思想工作，必要时可引导其通过法律途径来维护自己的合法权益。

相关规定

《中华人民共和国民法典》第一千一百九十九条："无民事行为能力人在幼儿园、学校或者其他教育机构学习、生活期间受到人身损害的，幼儿园、学校或者其他教育机构应当承担侵权责任；但是，能够证明尽到教育、管理职责的，不承担侵权责任。"

《中华人民共和国民法典》第一千二百条："限制民事行为能力人在学校或者其他教育机构学习、生活期间受到人身损害，学校或者其他教育机构未尽到教育、管理职责的，应当承担侵权责任。"

《中华人民共和国民法典》第一千二百零一条："无民事行为能力人或者限制民事行为能力人在幼儿园、学校或者其他教育机构学习、生活期间，受到幼儿园、学校或者其他教育机构以外的第三人人身损害的，由第三人承担侵权责任；幼儿园、学校或者其他教育机构未尽到管理职责的，承担相应的补充责任。幼儿园、学校或者其他教育机构承担补充责任后，可以向第三人追偿。"

自我测验

【案例】 初中学生杨某平时身体健康。一日下午，杨某参加学校组织的拔河比赛，结果在比赛中死亡。在收验杨某尸体时发现杨某的小腹上有紫斑，嘴角有血，腹部肿胀。杨某的父母认为学校组织不力，没有明确比赛规则，从而使比赛的另一方取胜后突然松绳子，直接导致杨某所在的一组队员突然倒地，当场有多人踩到或倒在杨某身上，致使杨某当场死亡。杨某的父母起诉到法院要求学校承担赔偿责任。杨某所在的学校则认为，杨某是猝死，属意外死亡，学校不应承担责任。（摘编自"青岛新闻网"）

【思考】 对于杨某的死亡，学校是否存在过错？是否应承担法律责任？

> 校方责任险的作用是什么？它能否彻底解决学校的对外赔偿难题？投保之后，学校在学生的安全问题上是否就可以放松警惕了？

建议 52

投保校方责任险，以解决学校对外赔偿的难题

情境再现

9岁的文文系某小学三年级学生。一日中午，在学校食堂门口排队打饭的时候，因队伍拥挤，文文不慎被挤倒，并将放在一旁的盛有菜汤的塑料桶碰倒，洒出的菜汤将其烫伤。经住院治疗，文文共花去医疗费、护理费、交通费等3万余元。出院后，文文的家长找到学校协商赔偿事宜。学校在事发后及时与承保其校方责任险的保险公司取得了联系。因赔偿数额达不成一致，保险公司未予赔付。文文遂将学校告上了法庭。法院经审理认为，学校对学生就餐秩序缺乏管理，且将盛有热汤的塑料桶放置于食堂门口，其对事故的发生存有明显的过错，应承担相应的赔偿责任。据此，法院判决学校赔偿文文医疗费等经济损失3万余元。随后，学校持判决书通知保险公司进行理赔，保险公司审查相关材料后履行了相应的赔付。

评析·法理

学生伤害事故的原因比较复杂，对于学校而言有时是防不胜防，一个

细微的疏忽就有可能引发一起事故。对于学校负有责任的事故，校方该如何解决赔偿款的筹措问题？对此，教育部于2002年颁发的《学生伤害事故处理办法》曾规定，由学校负担的赔偿金，学校应当负责筹措，学校无力完全筹措的，由学校的主管部门或者举办者协助筹措；县级以上人民政府教育行政部门或者学校举办者有条件的，可以通过设立学生伤害赔偿准备金等多种形式，依法筹措伤害赔偿金；学校有条件的，应当依据保险法的有关规定，参加学校责任保险。此后，全国一些城市的教育行政部门开始陆续组织学校投保校方责任险，以解决学校的对外赔偿难题。2008年4月3日，教育部、财政部、中国保监会联合发布了《关于推行校方责任保险完善校园伤害事故风险管理机制的通知》，明确规定在全国各中小学校中推行意外伤害校方责任保险制度，并规定"九年义务教育阶段学校投保校方责任保险所需费用，由学校公用经费中支出"。至此，校方责任险制度进一步在全国各地推广开来，各个学校陆续实现了校方责任险的全员覆盖。

　　校方责任险是为解决学校的对外赔偿难题而设立的一个险种，其含义是指学生在学校活动中或由学校统一组织安排的校外活动中，因学校的疏忽或过失造成学生的人身伤亡或财产损失的，学校依法应承担的经济赔偿责任转由保险公司进行赔偿。校方责任险与学生平安险（简称"学平险"）不同，后者是学生自愿投保，被保险人是学生，当学生自身出现安全事故后可得到保险公司的赔偿；前者则是由学校投保，被保险人是学校，当学校因过错而需对外赔偿时，由保险公司代替学校进行赔偿。假设一名学生投了"学平险"，学校也投了校方责任险，学生在学校上实验课时因教师操作不当而被化学溶液灼伤，此时，学生可以从"学平险"中获得赔偿；同时由于本起事故中学校有过错，亦应承担赔偿责任，学生还可从校方责任险中获得赔偿。两者各自独立、互不影响。如果学校没有投保校方责任险，那么学生在获得"学平险"的保险赔偿后又起诉学校要求赔偿的，学校只能自掏腰包进行赔偿。

目前，校方责任险多由各地教育行政部门组织学校统一进行投保，学校当然也可自行投保，保费标准一般为每年每生5～10元。依法设立的幼儿园、全日制中小学（含特殊教育学校）、各类中等职业学校、高等学校及其他教育机构，均可参加投保并作为被保险人。校方责任险的保险合同中一般都有赔偿限额的约定，比如，有的保险公司约定，每所学校每次事故最高赔偿限额为600万元，每名受伤害学生每年累计赔偿限额为100万元。超出限额的赔偿款，学校需要自行对学生进行赔偿（这样高赔偿额的事故应当是很少发生的，学校无需过多担心）。发生保险事故之后，学校应当及时向保险公司报案，并根据其要求提供与事故赔偿有关的各种资料和证明材料，以便其定责定损。特别需要指出的是，学校可以协助学生进行索赔，但是未经保险公司的书面同意，不要自行对索赔的学生做出任何关于赔偿的承诺或约定，以防事后若保险公司不同意该赔偿约定，学校陷于被动。

对于校方责任险，有几个认识上的误区，还需学校加以注意。

误区一："只要投了校方责任险，学生受到伤害后都可获得赔偿。"校方责任险解决的是学校的责任赔偿，前提是学校对损失的发生负有责任。若是学校不存在责任，比如：学生在上学、放学途中受到伤害的；学生在校突发疾病，学校履行了及时救助并通知其监护人的义务，仍然发生伤亡后果的；学生在课间休息时因相互嬉闹而受伤的；等等。这些事故所造成的损失，就不属于学校责任险的赔偿范围，只能由当事学生根据民法的有关规定承担责任。如果受害学生投了"学平险"，则可获得该险种的赔付。

误区二："只要学校负有赔偿责任，保险公司就会全额代替学校进行赔偿。"实际上，超出保险合同约定的赔偿限额的损失，只能由学校自行负责赔偿。此外，保险公司一般还会在保险合同中约定某些情形之下其免于赔偿（即免赔条款），这些情形可能包括：学校在签订保险合同时，故意告知保险人与保险标的有关的虚假情况或故意隐瞒真实情况；因学校或其教职员工的故意行为而造成的学生伤害事故；学校应当承担的赔偿款中的精神损害赔偿、罚款、罚金及惩罚性赔偿等。出现了前述免赔情形的，保险公司将免于代替学校承担赔偿责任，学校只能自行对受害学生进行赔偿。由此可见，有了校方责任险并非就万事大吉了，学校及其举办者最好还应当通过多种途径筹集款项，设立学生伤害事故赔偿准备金，以备万一。

误区三："有了校方责任险，学校在学生安全的问题上就可以放松警惕了。"这样的想法是极其有害的。首先，保护学生的安全是学校的法定职责，这一职责并不因赔偿款给付义务的转嫁而消失或减轻。学生的安全和健康事关重大，任何不履行法定职责的行为都必将受到法律的否定和道义的谴责。其次，鉴于存在着保险公司限额赔偿及免于赔偿的情形，发生了校方责任事故，学校仍有可能要自行承担赔偿责任。这也提醒学校，忽视学生的安全害人又害己，代价有可能是巨大的。再次，保险只是解决了学校的赔偿款问题，发生了学校责任事故，仍要追究相关责任人的行政责任甚至刑事责任。《学生伤害事故处理办法》第三十二条规定："发生学生伤害事故，学校负有责任且情节严重的，教育行政部门应当根据有关规定，对学校的直接负责的主管人员和其他直接责任人员，分别给予相应的行政处分；有关责任人的行为触犯刑律的，应当移送司法机关依法追究刑事责任。"责任追究制度的施行，将督促全体教职员工时刻关注在校学生的安全问题，从而最大限度降低事故发生的可能性。

策略·建议

1. 学校或者学校举办者应当按照规定投保校方责任险，在发生学生伤害事故之后，要及时通知保险公司，保留好各种证据，并在受害学生家长的配合下积极主动地向保险公司进行理赔。

2. 有条件的地方，学校或者学校举办者还可以购买校方无过失责任险和食品安全、校外实习、体育运动伤害等领域的责任保险，扩大保险的覆盖面，更好地保护学生的权益。

3. 投保了校方责任险之后，学校仍要尽职尽责地履行对学生的教育、管理和保护之责，最大限度地保护学生的安全。

相关规定

《关于推行校方责任保险完善校园伤害事故风险管理机制的通知》规定："……充分利用保险工具处理学校发生的安全责任事故，有利于防范和妥善化解各类校园安全事故责任风险，解除学校、家长的后顾之忧，有利于推动学校实施素质教育，有利于维护学校正常教育教学秩序，有利于保障广大在校学生的权益，避免或减少经济纠纷，减轻学校办学负担，维护校园和谐稳定，促进青少年健康成长。"

《教育部等五部门关于完善安全事故处理机制 维护学校教育教学秩序的意见》规定："形成多元化的学校安全事故损害赔偿机制。学校或者学校举办者应按规定投保校方责任险，有条件的可以购买校方无过失责任险和食品安全、校外实习、体育运动伤害等领域的责任保险。要通过财政补贴、家长分担等多种渠道筹措经费，推动设立学校安全综合险，加大保障力度。要增强师生和家长的保险意识，引导家长为学生购买人身保险，有条件的地方可以予以补贴。学校可以引导、利用社会捐赠资金等设置安全风险基金或者学生救助基金，健全救助机制。鼓励有条件的地方建立学校安全赔偿准备基金，或者开展互助计划，健全学校安全事故赔偿机制。"

自我测验

【案例】 5月28日，小刘代表学校参加青岛市中小学生运动会跳高项目比赛。当时他已经跳过杆，但是没有落到垫子上，头部先着地后受了伤。小刘被送到医院后经诊断发现，他的颅骨骨折、颈椎骨裂。保险公司现场勘查认定，小刘参加的是学校统一组织的活动，并且是因场地管理不当导致的意外受伤，属于校方责任险的保险范围。随后保险公司预赔付1万元人民币用于治疗，并在长达3个月的治疗过程中多次跟踪了解病情，

表示住院治疗的所有费用也将由保险公司全部承担。(摘编自《中国教育报》)

【思考】 什么样的学生伤害事故属于校方责任险的保险范围？如果小刘已从"学平险"中获得赔偿，能否再从校方责任险中获得赔偿？

学校被学生起诉了该怎么办？怎样打官司？

建议 53

被学生告上法庭之后，学校要积极应诉

情境再现

刘校长最近有些烦，本校的一名初一学生因为一起伤害事故将学校告上了法庭，涉案的标的额只有5000元。事故的起因是一日课间休息时，原告安安与其他几名同学在学校操场上踢足球。安安做守门员，同学射门，足球经过安安的手挡之后，打在安安脸部，造成安安脸部皮肤轻微伤。事后，学校已经和当时射门的学生的家长一起垫付了大部分的医疗费。校长认为学校已是仁至义尽了，没想到学生却仍不满足，而将学校告上了法庭。由于认为学校在本起事故中没有责任，再加上当时工作繁忙，刘校长就没把官司的事放在心上，开庭之日学校也没派人参加庭审。孰料两个月之后，学校竟然收到了法院邮寄来的判决书，其中判决学校赔偿安安2000元。法院怎么能判学校赔钱呢？刘校长百思不得其解。

评析·法理

学生把自己就读的学校告上法庭，这样的事在今天早已不是什么新闻。然而，一旦真的摊上了官司，不少学校的负责人第一反应却是委屈、恼怒，甚至威胁要对当事学生进行纪律处分，如此态度其实大可不必。起诉是学生的法律权利，任何人只要认为自己的合法权益受到了他人侵害（无论事实上是否真的如此），且这样的事情又属于法院的受理范围，都有权诉诸法律。学生通过诉讼的方式来解决其与学校之间的矛盾，而不是采取其他极端的方式（如学生家属围堵校门、在校园内大吵大闹等），至少说明我们的学生及其家长的法律意识还是很强的，我们的教育还是培养出了理性、文明的人。作为被告，校方完全没有必要感到愤怒或是耻辱，而应当保持平常心，让法律来评判是非曲直，让有关各方都感受到正义阳光的普照。

接到法院送达的学生的起诉状之后，学校与学生之间的纠纷仍然存在着多种解决途径，包括双方协商解决、教育行政部门居中进行调解、法院审判等。学校首先应当认真审查自己的被诉行为是否违法，是否真的侵犯了学生的合法权益，然后再选择最理性、最经济的解决方式。如果学校确认自己的行为完全合法，则既可选择敬候法院审判，也可选择主动与学生（原告）联系，向其解释学校行为的合法性、合理性，消除可能存在的误会。如果学校的被诉行为确实或多或少地存在着违法之处，那么在法院审判之前，学校最好还是应当尝试通过双方协商或教育行政部门居中调解的方式来解决纠纷。因为诉讼活动毕竟要耗费较多的人力、财力，持续时间也较长，成本相对较高。一旦通过前述协商或调解的方式解决了纠纷，学校一定要与学生及其监护人签订书面协议，把解决方案写进协议书当中，并写明学生不得因为此事再行向学校主张其他任何权利。这样的协议只要是双方自愿达成的，且内容不存在违法之处，经过学校的盖章和学生及其监护人的签字之后，即具有正式的法律效力，对双方均有约束力。通过这样的方式解决纠纷之后，学校不要忘记督促学生及时到法院办理撤案手续，撤销其对学校的诉讼。如果经过一番协商或调解之后，学校和学生还是未能达成一致意见，那么诉讼就不可避免了，学校应当全力做好应诉的准备。

学校该如何应对诉讼活动呢？要做的事情至少有三件。其一，决定是否聘请律师。如果涉案纠纷事实比较清楚，法律关系简单，争议金额也不大，而且学校的员工足以胜任诉讼代理工作，那么也可以不必聘请律师。但如果案件争议金额很大（即学生的索赔金额很高），或者案件涉及的法律关系比较复杂，或者学校没有能力自行搜集证据，那么学校最好还是聘请律师作为代理人来参加诉讼活动。诉讼毕竟是一种专业性很强的活动，非专业人士未受过专门训练，不具备娴熟的诉讼技能，不一定能够充分地维护学校的合法权益。其二，自行或协助律师（如果聘请律师的话）搜集证据，了解、掌握与案件有关的法律规定。千万不要天真地认为自己在理，就一定能赢得官司。在法庭上，"理"是需要用证据事实和法律规定来证明的，否则便得不到法庭的支持。为此，一方面，学校在开庭之前要自行或协助律师进行调查取证，搜集方方面面的证据，以便在法庭上用于证明自己所主张的案件事实。比如，在一起因实验课而引发的学生伤害事故案件中，为了证明"任课教师在上课前已经对学生进行了相关安全教育、向学生交代了实验的注意事项"这样的一个案件事实，学校就需要取得班上其他学生的证言，并动员这些证人到法庭上为学校作证。另一方面，学校在开庭之前还要查找、了解、掌握与案件有关的所有法律、法规、规章的规定，并能够利用这些规定来诠释自身行为的合法性，来支持自己的诉讼主张。其三，了解庭审的基本程序，顺利地参加庭审活动。庭审活动一般包括以下几个阶段。（一）法官或书记员核实当事人及其委托代理人的身份，宣读法庭纪律。（二）原告宣读起诉状，被告宣读答辩状。（三）法庭调查。具体包括：（1）法官向原告、被告、第三人或证人等询问与案件有关的事实情况；（2）原告进行举证（出示证据并说明其所证明的内容），被告进行质证（对原告的前述证据发表认可或反驳的意见）；（3）被告进行举证，原告进行质证。（四）法庭辩论。原、被告分别围绕着案件的争议焦点，从事实和法律两个方面进一步陈述本方的诉讼主张，反驳对方的诉讼主张，双方展开辩论。（五）最后陈述。原、被告分别陈述自己的最后诉讼意见。（六）法庭调解。法官征询原、被告的调解意愿及调解条件，如果双方在法官的主持下能够达成一致的调解意见，则法庭可做出《民事调解书》，该《民事调解书》经双方签收后即具有法律效力。

（七）判决。双方中任意一方不愿意调解，或者虽经法官调解但双方无法达成一致意见的，法官可当庭作出判决，也可于一定日期后作出判决。熟悉了庭审活动的这些基本程序之后，学校在庭审过程中应当按照规定或者法官的要求充分地行使自己的诉讼权利，顺利地参加庭审活动，协助法官查明案件事实，清楚地表达本方的诉讼主张和意见。

我国现行的审判制度实行的是两审终审制。对于一审判决结果，如果原、被告都表示服从，在法定上诉期限内都未提起上诉，则上诉期限届满后该判决即发生法律效力，双方应当予以执行。但是，如果原、被告中有一方或者双方均不服从一审判决的，则可以在上诉期限内提起上诉，案件由此进入二审程序。二审的庭审程序与一审相类似。二审判决一经做出即生效，当事人应当履行。对于生效判决，负有履行义务的一方不履行的，另一方可申请法院予以强制执行。

打官司总有输赢，无论是输了还是赢了，学校都应当对自身的行为进行反思。学校的日常管理行为还存在着哪些不符合法律或政策规定的地方？如何让校园的管理行为显得更加人性化，更容易取得学生及其家长的理解和支持？如何尽可能地避免校、生之间纠纷的发生？通过反思，不断地改进学校的管理水平，真正做到依法治校、依法执教，从而更好地完成学校所担负的使命。

策略·建议

1. 一旦被自己的学生告上法庭，学校一定要理性对待，不要责怪学生甚至对其进行报复，而要理解、尊重学生的诉权，坦诚应对，依法办事。

2. 如果可能的话，学校可以选择与学生达成诉前和解。在无法和解的情况下，学校要积极应诉，搜集必要的证据，掌握相关的法律规定，配合法庭的审理活动，让法律公断是非曲直。

自我测验

【案例】 丹丹系小学四年级学生。她在起诉状中称，2月17日上午11时，学校上最后一节体育课，沈老师安排女生爬天梯。在爬天梯前，沈老师既没有讲注意事项，又没有交代爬天梯的要领，就去照看男生。轮到丹丹爬时，还未爬上两格她便从天梯上摔了下来，左脚一阵剧痛。沈老师跑来看她的脚，告诉她坐会儿就没事了。11时40分，下课铃响了，沈老师见她还不能走路，就告诉了她的班主任丁老师。后来沈老师亲自骑自行车将她送回家。经医院检查，丹丹被诊断为"左胫骨下段碎裂骨折"，在骨科医院住院到5月10日。住院期间，共花去医疗费、护理费等1.2万元。她的父母多次到学校要求解决无果，于是诉诸法院。被告某小学对事情经过无异议，但提出沈老师当天在上体育课时组织同学们做了充分的准备运动，然后才分组教学，对于丹丹的受伤学校没有过错，因而不同意赔偿。庭审中，原告举出3名同学的证词，说明沈老师未向大家讲注意事项，被告却举出4名同学（其中有3名与原告的证人相同）证明沈老师是讲了的。对此，原告提出异议称，原告早在7月12日就已向3名同学取证，而被告身为管理者在开庭的前一天才向其取证，3名同学有了压力之后做出的证言肯定不可信。旁听此案的一位教育工作者指出，如果双方所举的证词真是学生所作，那么总有一次是在说谎。不管家长还是学校，为了一点经济利益，暗示或要求学生说谎，显然都是不应该的。（摘编自《华西都市报》）

【思考】 学校在诉讼过程中，应当如何履行举证的权利和义务？

教师职业保护编

教育者应当是先行者,教师要善于利用法律来保护自己,正确处理工作和生活中的各种矛盾,维护自己的职业权利,成为知法、守法、依法维权的典范。

> 学校和教师之间是什么法律关系？发生聘用纠纷之后该如何依法处理？

建议 54

教师与学校是聘用关系，发生纠纷应按合同办事

情境再现

2005年8月，林老师到某中学应聘初中语文教师，经说课、试讲及笔试考核，学校同意予以录用。双方签订了教师聘用合同，其中约定：甲方（林老师，下同）的工作岗位为初中语文教学；工资标准为2500元/月；社会保险按国家有关规定缴纳；福利待遇按国家及乙方（学校，下同）的规定执行；甲方应当遵守乙方的规章制度，尽职尽责完成教育教学工作；如甲方不能胜任教育教学工作，或有违反法律、师德的言行，乙方有权予以解聘；合同期限为三年，自2005年9月1日至2008年8月31日。随后，林老师到学校工作，教授初中一年级语文。由于教学有方，林老师的课深受学生喜欢，学生学习成绩也名列年级前茅。然而，在一次全校教师大会上，林老师当面顶撞校长，此后便遭遇了一连串的厄运。先是教学处主任找他谈话，说他的课太散漫，对学生太放纵，不利于培养学生的组织纪律性。接着，学校以他不能胜任语文教学工作为由，将他调到图书馆工作。2007年1月，学校向他发出了《解除聘用合同通知书》，正式将他解聘，解聘理由为"你（指林老师）已无法适应学校的正常工作"。丢掉工作后，

林老师心里感到不平,便向当地劳动争议仲裁委员会提起仲裁,要求裁决学校恢复其工作,并赔偿其工资损失。仲裁委支持了他的仲裁请求。随后,学校向法院提起诉讼,要求撤销仲裁结论,驳回林老师的仲裁请求。法院经开庭审理,最终维持了仲裁结论。

评析·法理

教师和学校之间是一种什么样的法律关系?不再是过去那种行政色彩浓重的任命与被任命、管理与被管理的准行政关系。随着聘用制的推行,学校与教师之间已经演变成一种聘用合同关系。既然是合同关系,缔约双方的法律地位就是平等的,任何一方均不享有支配对方的特权。这种关系遵循着公平、自愿、等价有偿、诚实守信的原则。双方各自的权利、义务、责任(包括工作岗位、工作地点、时间、工资、福利待遇、劳动保护、解除合同的条件、违反合同时应承担的法律责任等)都由聘用合同作出详尽的约定。合同订立后,双方都应当不折不扣地予以遵守和履行。任何一方不履行合同约定的义务,即构成违约,应当向守约的相对方承担继续履行合同或赔偿损失等法律责任。聘用合同,成了衡量教师和学校之间就用工关系而发生的诸种行为的是非、对错的标准和尺度。

在前述林老师遭解聘事件中,双方在教师聘用合同中约定林老师的工作岗位为初中语文教学,随后在工作中,林老师尽职尽责,教学业绩突出。在此情形下,除非学校有确凿的证据证明林老师不能胜任这一岗位的工作要求,否则是不能擅自调整林老师的工作岗位的。此外,按照聘用合同的约定,除非林老师不能胜任学校安排的工作或做出违反师德的行为,否则学校不得将其解聘。显然,学校擅自调整工作岗位及解聘行为都违反了聘用合同的约定。林老师作为受害的相对方,有权要求学校继续履行合同、恢复其语文教学工作岗位,或者要求学校赔偿因其擅自解约而给自己造成的损失。当然,如果双方在聘用合同中约定学校可以根据教育教学工作的实际需要对教师的工作岗位进行调整,而无须征得教师本人的同意,则校方在对教师的工作岗位安排上享有较大的自主权。但在聘用合同期限届满前，学校如果要解聘教师，一定要有法定或者聘用合同约定的理由才行，否则教师将有权要求学校承担违约责任。可见，教师聘用合同，既保护了学校和教师的合法权益，也制约着任何一方的违约行为。

策略·建议

1. 教师在应聘成功之后，一定要按照法律的规定，与学校签订《教师聘用合同》。

2. 无论是教师还是学校，在签订合同时都要做到谨慎、细致，要在合同中详细地约定双方的权利和义务。签约之后，各方都应忠实地履行合同，发生纠纷后要善于利用合同来维护自己的合法权益。

相关规定

《关于在事业单位试行人员聘用制度的意见》规定："事业单位与职工应当按照国家有关法律、政策和本意见的要求，在平等自愿、协商一致的基础上，通过签订聘用合同，明确聘用单位和受聘人员与工作有关的权利和义务。人员聘用制度主要包括公开招聘、签订聘用合同、定期考核、解聘辞聘等制度。通过实行人员聘用制度，转换事业单位用人机制，实现事业单位人事管理由身份管理向岗位管理转变，由行政任用关系向平等协商的聘用关系转变，建立一套符合社会主义市场经济体制要求的事业单位人事管理制度。"

《中华人民共和国教师法》第十七条："学校和其他教育机构应当逐步实行教师聘任制。教师的聘任应当遵循双方地位平等的原则，由学校和教师签订聘任合同，明确规定双方的权利、义务和责任。实施教师聘任制的步骤、办法由国务院教育行政部门规定。"

自我测验

【案例】 2004年11月2日上午，30岁的数学老师郭某与其工作单位某中学在法院对簿公堂。在与学校签订的人事聘用合同期满后，郭某以双方存在事实聘用关系为由，要求学校继续聘用他，但遭到学校拒绝。就是这样一个小案子却让审理此案的法官倍感头疼。当时对于事业单位与员工发生的人事争议问题，我国在立法上还没有一项专门的法律来适用。据悉，这是该市法院受理的首例教师与事业单位发生人事争议纠纷案。法庭上，郭老师说，2002年9月他受聘于该中学，任高一两个班的数学教师。2003年9月开学后，他被安排到校图书室工作，待遇也由二级职员降到三级职员，同时学校与他签订了期限为2003年7月至2004年7月的人事聘用合同。2004年6月30日，学校向他发出一份意向书，称拟与他解除合同，征求他的意见，并要求他将意见以书面形式交给学校。当时他就在意向书上签字表示反对。2004年9月8日开学后，学校突然通知他立即离开学校。随后，他发现校方还是将8、9月份的工资按时打进他的卡里。"这说明在今年7月合同期满后，我与学校还存在事实上的劳动关系，所以我要求学校继续和我签订聘用合同，恢复我的教师岗位及相应级别待遇，并补偿由此造成的待遇损失。"郭老师说。（摘编自《北京娱乐信报》）

【思考】 学校不再聘用郭老师的做法是否违法？理由是什么？

> 教师在评职称过程中受到不公正对待该如何寻求救济？如何提起教师申诉？

建议 55

评职称时受到不公正对待，可提起教师申诉

情境再现

齐老师是某中学语文一级教师。今年学校给了语文教研组一个晋升高级职称的名额。齐老师心想这回该轮到自己了。这几年，自己在国家级学术刊物上发表过多篇教学论文，所带班级几乎拿遍了学校设立的各类集体荣誉，学生的学习成绩也一直名列年级前茅，自己的公开课还曾获得市观摩课评比二等奖。这样的条件，在语文教研组甚至在全校都是数一数二的。同事们也认为，今年的语文组晋升高级职称的人选应是非她莫属了。按照惯例，语文教研组将齐老师和另一位教师孙某作为候选人上报给了学校职称评审委员会（以下简称"职评会"）。谁知职评会经评议，却将孙某作为最后的候选人上报给了区教委。齐老师又一次落选了。她的心里充满了难过、委屈和不平。孙老师是校长（也是职评会组长）的亲戚，虽然条件也很不错，但与齐老师相比还是存在不小差距。大家都替齐老师感到惋惜。齐老师觉得自己受到了不公正的对待，她找到了学校领导，要求"给个说法"。得到的回答是"职评会的评议过程是透明的，程序是民主的，结果是客观的，教师个人应当尊重并接受职评会的评议结果"。齐老

师感到困惑了，她无法平静地接受这一结局，但又不知道该如何去维护自己的合法权益。

评析·法理

教师职称有时就像一座大山，压得教师们喘不过气来。现行的中小学教师职称评比制度赋予了学校初评权。教师评职称首先要过学校的初评关。各个学校往往设立职称评审委员会或类似机构，对众多参与职称晋升活动的候选人进行评议、筛选，最终确定人选上报给教育行政部门。初评权属于学校自主权的范畴，是学校的一种内部管理权力。这种自主权和管理权的行使可能会受上级部门的制约，但不受司法干涉。这表明在职称评议过程中产生的纠纷不能通过诉讼途径得以解决。如执意起诉，法院将以所诉事由不属于法院受案范围为由，裁定不予受理或驳回起诉。

个别学校在职称评议活动中确实存在着一些不正常甚至腐败的现象。一些各方面条件都不错的教师受到了不公正的对待。职称评议活动的合理性、公正性得不到保证。遭遇这样的情形，教师该怎么办？找领导大吵大闹，甚至将失落、不满的情绪发泄于工作之中，绝对是有违师德的错误之举。除此之外，能够看淡荣誉、坦然面对现实固然是好，通过各种正当途径依法维护、争取自己的合法权益也无可厚非。如果选择维权，虽然诉讼之路走不通，但教师还有一个选择——申请教师申诉。教师申诉是《中华人民共和国教师法》规定的一种教师权益救济的特别途径。根据《中华人民共和国教师法》第三十九条规定："教师对学校或者其他教育机构侵犯其合法权益的，或者对学校或者其他教育机构作出的处理不服的，可以向教育行政部门提出申诉，教育行政部门应当在接到申诉的三十日内，作出处理。教师认为当地人民政府有关行政部门侵犯其根据本法规定享有的权利的，可以向同级人民政府或者上一级人民政府有关部门提出申诉，同级人民政府或者上一级人民政府有关部门应当作出处理。"这便是教师申诉的法律依据。目前，各地都已逐步建立、完善教师申诉制度。教师申诉制度开辟了教师维权的特有途径。

策略·建议

1. 在职称评议过程中，教师如果认为自己受到不公正的对待，可向教育行政部门提起教师申诉，请求后者对学校的职称评比活动进行审查，并作出公正处理，以维护自己的合法权益。

2. 在提起教师申诉的过程中，教师须按照规定提交《教师申诉书》及相关证据材料。

相关规定

《国家教委关于〈中华人民共和国教师法〉若干问题的实施意见》规定："……（二）行政机关对属于其管辖的教师申诉案件，应当及时进行审查，对符合申诉条件的，应予受理；对不符合申诉条件的，应以书面形式决定不予受理，并通知申诉人。行政机关对受理的申诉案件，应当进行全面调查核实，根据不同情况，依法作出维持或者变更原处理决定、撤销原处理决定或者责令被申诉人重新做出处理决定。（三）对学校或者其他教育机构提出的申诉，主管教育行政部门应当在收到申诉书的次日起30天内进行处理。对当地人民政府有关行政部门提出的申诉，受理申诉的行政机关也应当及时作出处理，不得拖延推诿。逾期未作处理的，或者久拖不决，其申诉内容涉及人身权、财产权以及其他属于行政复议、行政诉讼受案范围的，申诉人可以依法提起行政复议或者行政诉讼……"

自我测验

【案例】 刘老师是一名中学信息技术学科教师，2007年1月他参加了学校组织的"网络环境下的学生德育模式探究"课题研究，主要负责案例收集、资料整理和打印等工作，并发表了与课题研究相关的文章3篇。2007年9月，学校将研究报告提交给市教科院参与科研成果奖评选，但未将刘老师列入课题主研人员名单。刘老师随即找到校长，要求将其列入课题主研人员名单。校长解释说，市里规定每项成果的申报人数最多不超过5人，因此只将贡献最大的5名教师列为主研人员，其他参与人员由学校统一予以表彰。最终，该校提交的论文获得了市教育科研优秀成果奖一等奖。这样的结果更是让刘老师无法释怀，他认为自己的脑力劳动成果没有得到应有的尊重。

【思考】　对于学校的做法，刘老师能否提起教师申诉？如何提起？

> 什么情况下发生的事故属于工伤？教师该如何申请工伤认定？

建议 56

教师因工伤亡，要及时申请工伤认定

情境再现

阮老师是某小学四年（2）班的班主任。4月15日，学校组织学生集体外出郊游，各班班主任按学校要求跟班负责学生安全。其间，阮老师在爬山时不慎从半山腰滑落，造成左腿骨折。为此，阮老师住院治疗近两周，花去医疗费、护理费、营养费、交通费等各项费用8850元。出院后，阮老师遵照医嘱，在家休养了一个月。上班后不久，阮老师发现自己近两个月的工资明显减少。经询问财务人员，阮老师得知在自己住院及在家休养期间，学校对其按病假处理。阮老师认为自己系因工负伤，应当享受工伤待遇。学校解释说，阮老师是因为自己不小心摔倒的，自身存在过错，不能按工伤处理。鉴于此，学校不同意将阮老师的情况提交给相关部门进行工伤认定。无奈之下，阮老师只好自己向当地劳动保障行政部门提出了工伤认定申请。劳动保障行政部门受理申请后，认定阮老师的情况属于工伤，应当享受工伤待遇。随后，学校向阮老师补发了被扣留的部分工资。

评析·法理

什么样的情况属于工伤？

按照我国《工伤保险条例》的规定，职工有下列情形之一的，应当认定为工伤：（一）在工作时间和工作场所内，因工作原因受到事故伤害的；（二）工作时间前后在工作场所内，从事与工作有关的预备性或者收尾性工作受到事故伤害的；（三）在工作时间和工作场所内，因履行工作职责受到暴力等意外伤害的；（四）患职业病的；（五）因工外出期间，由于工作原因受到伤害或者发生事故下落不明的；（六）在上下班途中，受到非本人主要责任的交通事故或者城市轨道交通、客运轮渡、火车事故伤害的；（七）法律、行政法规规定应当认定为工伤的其他情形。

《工伤保险条例》还规定，职工有下列情形之一的，视同工伤：（一）在工作时间和工作岗位，突发疾病死亡或者在48小时之内经抢救无效死亡的；（二）在抢险救灾等维护国家利益、公共利益活动中受到伤害的；（三）职工原在军队服役，因战、因公负伤致残，已取得革命伤残军人证，到用人单位后旧伤复发的。

根据《工伤保险条例》的规定，职工有下列情形之一的，不得认定为工伤或视同工伤：（一）故意犯罪的；（二）醉酒或者吸毒的；（三）自残或者自杀的。这些情形之所以不得被认定为工伤，是因为它们都是严重违法或主观上故意引发的，法律对其予以否定性的评价。

上述事件中，阮老师系在工作中、在履行职务过程中受伤的，虽然其本身或许存在一定的过错（即不小心、疏忽），但不存在着严重违法或故意的主观因素，不属于不得被认定为工伤的三种情形之一，因而符合工伤的认定条件，应当被认定为工伤。那么，实践中受伤的教职员工该向什么机构提出认定工伤呢？按照《工伤保险条例》及其他相关法律、法规、规章的规定，负责工伤认定的主管部门为当地人力资源和社会保障部门。

策略·建议

1. 教师在履行职务过程中发生伤亡事故的，应当及时与学校联系，说明受伤的原因及过程，并将诊断证明、病历等材料交给学校，要求学校按照《工伤保险条例》的规定，在事故发生之日起 30 日内，向工伤认定主管部门提出工伤认定申请。

2. 如果学校不配合，坚持不提出工伤认定申请，教师或其直系亲属可以在事故发生之日起 1 年内，直接向工伤认定主管部门提出工伤认定申请，以保护自己的合法权益。

相关规定

《工伤保险条例》第十七条："职工发生事故伤害或者按照职业病防治法规定被诊断、鉴定为职业病，所在单位应当自事故伤害发生之日或者被诊断、鉴定为职业病之日起 30 日内，向统筹地区社会保险行政部门提出工伤认定申请。遇有特殊情况，经报社会保险行政部门同意，申请时限可以适当延长。用人单位未按前款规定提出工伤认定申请的，工伤职工或者其近亲属、工会组织在事故伤害发生之日或者被诊断、鉴定为职业病之日起 1 年内，可以直接向用人单位所在地统筹地区社会保险行政部门提出工伤认定申请。按照本条第一款规定应当由省级社会保险行政部门进行工伤认定的事项，根据属地原则由用人单位所在地的设区的市级社会保险行政部门办理。用人单位未在本条第一款规定的时限内提交工伤认定申请，在此期间发生符合本条例规定的工伤待遇等有关费用由该用人单位负担。"

《工伤保险条例》第五十五条："有下列情形之一的，有关单位或者个人可以依法申请行政复议，也可以依法向人民法院提起行政诉讼：（一）申请工伤认定的职工或者其近亲属、该职工所在单位对工伤认定申请不予受理的决定不服的；（二）申请工伤认定的职工或者其近亲属、该职工所在单位对工伤认定结论不服的；（三）用人单位对经办机构确定的单位缴费费率不服的；（四）签订服务协议的医疗机构、辅助器具配置机构认为经办机构未履行有关协议或者规定的；（五）工伤职工或者其近亲属对经办机构核定的工伤保险待遇有异议的。"

自我测验

【案例】 女教师吴云照生前任教于浦江县浦阳第五小学,担任副班主任,协助班主任进行班级管理。2006年6月12日中午11时30分,吴云照在教室改完卷后,到五楼休息室去。由于天气热,12时20分左右,她离开休息室下楼,走到五楼至四楼前半部分的楼梯处摔倒,经医院抢救无效死亡。浦江县人事劳动社会保障局认为,吴云照系自己在午睡时间内下楼梯时不慎跌倒而发生意外,学校当时并未安排其值班,故认定其不属于工伤。随后,吴云照的家属以"从早晨到校上班至下午放学离校,这期间都属于老师的工作时间,吴云照之死应认定为工伤"为由,将社保局告上法院,浦阳第五小学被列为第三人参加诉讼。浦江县法院一审判决维持浦江县人事劳动社会保障局工伤认定结论(即认定不属于工伤),吴云照的家属不服,提起上诉。在二审中,金华市中级法院经审理认为,根据《工伤保险条例》有关规定:职工或者其直系亲属认为是工伤,用人单位不认为是工伤,由用人单位承担举证责任。本案中,被上诉人浦江县浦阳第五小学未提供吴云照并非工作原因下楼的相关证据,被上诉人浦江县人事劳动社会保障局就作出吴云照受伤不属于工伤的认定,属于事实不清,依法应予撤销;浦江县法院的原判决认定事实不清,证据不足,依法应予纠正。法院据此判令浦江县人事劳动社会保障局于判决生效后两个月内对吴云照重新作出工伤认定决定。2007年12月4日,经浦江县人事争议仲裁委员会主持调解,吴云照的家属和学校自愿达成和解,工伤待遇纠纷得以和平解决。

【思考】 吴云照之死是否应认定为工伤?为什么?

教师被学校克扣或拖欠工资，应当怎样维护自身的合法权益？

建议 57

教师被克扣、拖欠工资，可依法维护自身权益

情境再现

据《经济日报》报道，2020年9月4日，"中国政府网"发布了《关于贵州省毕节市大方县拖欠教师工资补贴挤占挪用教育经费等问题的督查情况通报》，其中载明：近日，根据群众在国务院"互联网＋督查"平台上反映的问题线索，国办督查室派员赴贵州省毕节市大方县进行了明察暗访，发现大方县自2015年起即拖欠教师工资补贴，截至2020年8月20日，共计拖欠教师绩效工资、生活补贴、五险一金等费用47961万元，挪用上级拨付的教育专项经费34194万元。同时发现，大方县假借推进供销合作社改革名义，发起成立融资平台公司，违规吸纳资金，变相强制教师存款入股，截留困难学生生活补贴。该《通报》发布后，贵州省委、省政府高度重视，主要领导第一时间作出指示批示，召开省委常委会、省政府专题会研究部署，立即开展整改和查处工作。省委决定对大方县政府县长作停职检查处理，对大方县政府分管财政工作的副县长和分管教育工作的副县长作免职处理。贵州省成立联合调查组进驻大方县督促整改和开展查处工作，对大方县拖欠的教师绩效工资及各类津贴补贴、欠缴教师的"五

险一金"，确保当年 9 月 10 日前发放补缴到位；对大方县违规挪用的教育专项经费，确保年底前全部归还到位。对融资平台公司违规吸纳资金、变相强制教师存款入股、截留学生生活补贴等问题，将深入调查，依法依规严肃处理。

评析·法理

　　获取劳动报酬，是作为劳动者的教师应当享有的基本权利。这一权利的内容包括以下两点：一是教师有权要求所在学校根据国家法律、法规以及教师聘用合同的规定，按时、足额向其支付工资报酬（工资包括基本工资、职务工资、课时报酬、奖金、教龄津贴、班主任津贴及其他应当由学校支付的各种津贴）；二是教师有权享受国家规定的福利待遇，包括医疗、住房、退休等方面的待遇，以及寒暑假期带薪休假的待遇。实践中，学校侵犯教师的劳动报酬权主要表现为两种情形：一是拖欠教师工资，即没有及时、足额发放教师工资报酬，久拖未付，或者干脆拒绝支付；二是以各种名义、借口非法克扣教师应得的全部或部分工资，使得教师无法获得足额的工资报酬。这些行为都严重侵犯了教师的合法权益，需要承担相应的法律责任。

　　实践中，教师被学校拖欠、非法克扣工资的，可以通过向当地人力资源与社会保障行政部门投诉，向国家有关部门举报，向劳动人事争议仲裁机构申请仲裁或者向人民法院提起诉讼等多种方式，维护自身的合法权益。

　　需要特别强调的是，为落实党中央、国务院决策部署，2020 年 7 月 1 日，国务院教育督导委员会办公室开通了"义务教育教师平均工资收入水平不低于当地公务员平均工资收入水平举报平台"。如果有拖欠义务教育教师工资、学校所在地义务教育教师平均工资收入水平低于当地公务员平均工资收入水平方面的情况，可以实名举报。国务院教育督导委员会办公室将对收到的实名举报线索进行汇总整理，督促有关地方核查处理。对义务教育教师反映强烈、带有普遍性的重要问题线索，将派员进行督查。经查证属实，较为典型的问题，将予以公开曝光。

策略·建议

1. 教师被拖欠或者被非法克扣工资的，可以向当地的人力资源和社会保障局投诉，要求后者进行查处，督促、责令学校纠正违法行为，及时向教师支付工资。

2. 教师也可以通过向国家设立的"义务教育教师平均工资收入水平不低于当地公务员平均工资收入水平举报平台"、国务院"互联网＋督查"平台举报，或者通过仲裁、诉讼的方式，维护自身的合法权益。

相关规定

《中华人民共和国教师法》第三十八条："地方人民政府对违反本法规定，拖欠教师工资或者侵犯教师其他合法权益的，应当责令其限期改正。违反国家财政制度、财务制度，挪用国家财政用于教育的经费，严重妨碍教育教学工作，拖欠教师工资，损害教师合法权益的，由上级机关责令限期归还被挪用的经费，并对直接责任人员给予行政处分；情节严重，构成犯罪的，依法追究刑事责任。"

自我测验

【案例】　某民办学校长期拖欠教师蒋某、陈某、常某某等 10 人部分工资，未予支付。2017 年，蒋某、陈某、常某某等 10 名教师先后通过法院诉讼和申请仲裁的方式讨要工资。经判决和裁定，该学校需支付蒋某、陈某、常某某等 10 人工资共计 2.7929 万元。2018 年 1 月，该系列案件转入执行程序。鸠江区法院执行局多次前往学校寻找该校法定代表人校长罗某某，但一直未发现其踪迹。此时，执行干警变换思路，联系其中一位仍在该校工作的申请人，由其提供罗某某的行踪线索，终于在 5 月 22 日上午9时，于校内找到罗某某。经过2个小时的沟通，罗某某仍拒绝支付工资。11时，鸠江区法院执行干警在沈巷派出所的协助下，将罗某某强制传唤至执行局。在执行局内，干警向其释法明理，面对罗某某的抵触情绪，仍耐心与其交流。在法院强制执行的威慑和干警的有效沟通下，罗某某态度终于发生转变，于下午1时，联系该校会计来到法院，支付拖欠10名教师的工资2.7929万元，案件执行完毕。（摘编自"芜湖市鸠江区人民法院"微信公众号）。

【思考】　结合本起案例，谈一谈教师被拖欠或被非法克扣工资后，如何维护自身的合法权益。

> 女教师在孕期、产期和哺乳期享有哪些权利？休产假期间被扣工资或被解聘该怎么办？

建议 58

女教师休产假时被解聘或减薪，应果断说"不"

情境再现

刘老师是江南某民办学校的初中语文教师。1月中旬，已有8个月身孕的刘老师向学校提出休产假的要求。学校领导同意了，但表示休产假期间将不能享受原有的工资待遇。4月中旬，刘老师回到学校，但被告知学校已经没有她的工作岗位了。随后，学校给了她一份解聘通知书，上面写明因学校工作调整，目前岗位已经饱和，无法再给她安排工作，要求她尽快办理离职手续，学校将按本校财务制度为她补发产假期间工资，标准为休产假前月平均工资的一半。刘老师不能接受学校的这一决定，她要求学校恢复其语文教学工作岗位，并全额发放其在产假期间的工资，双方为此发生纠纷。刘老师向当地劳动争议仲裁委员会提起了劳动仲裁。经开庭审理，仲裁庭支持了刘老师的请求事项，裁决撤销学校的解聘决定，责令学校重新为刘老师安排工作，并全额补发其产假期间工资。

评析·法理

女职工生育、抚养子女是在承担社会责任，也是在尽家庭义务。然而，一些单位却以女职工的婚育行为影响了单位工作的连续性、增加了单位成本开支为由，百般刁难女职工，其做法是错误的，因为它构成了对女职工合法权益的严重侵害。在前述事件中，学校克扣刘教师休产假期间的工资并将其解聘，就是一个违法的典型。

按照我国《妇女权益保障法》《劳动合同法》《就业促进法》《女职工劳动保护特别规定》等法律、法规的相关规定，用人单位在录用女职工时，不得在劳动合同中规定限制女职工结婚、生育的内容。即便有这样的内容，也会因为其违法而不具有法律效力。用人单位不得因结婚、怀孕、产假、哺乳等情形，降低女职工的工资和福利待遇，限制女职工晋职、晋级、评聘专业技术职称和职务，辞退女职工，单方解除劳动（聘用）合同或者服务协议。女职工在怀孕以及依法享受产假期间，劳动（聘用）合同或者服务协议期满的，劳动（聘用）合同或者服务协议期限自动延续至产假结束；但是，用人单位依法解除、终止劳动（聘用）合同、服务协议，或者女职工依法要求解除、终止劳动（聘用）合同、服务协议的除外。

女教师的产假若正值寒暑假期间，其寒暑假休假时间可以顺延。此外，怀孕的女职工在劳动时间内进行产前检查，应当算作劳动时间。女职工生育享受 98 天产假，其中产前可以休假 15 天；难产的，增加产假 15 天；生育多胞胎的，每多生育 1 个婴儿，增加产假 15 天。女职工怀孕未满 4 个月流产的，享受 15 天产假；怀孕满 4 个月流产的，享受 42 天产假。有不满一周岁婴儿的女职工，其所在单位应当在每班劳动时间内给予其两次哺乳（含人工喂养）时间，每次 30 分钟。多胞胎生育的，每多哺乳一个婴儿，每次哺乳时间增加 30 分钟。女职工每班劳动时间内的两次哺乳时间，可以合并使用。哺乳时间和在本单位内哺乳往返途中的时间，算作劳动时间。

我国法律对女职工在孕期、产期和哺乳期所享有的权利做了较为详尽的规定，为女职工享受相关权利提供了坚强的后盾。

策略·建议

1. 女教师依法享有休产假的权利,产假期间教师的各项待遇保持不变,且学校不得予以解聘。

2. 如果学校不遵守这些规定而侵犯女教师的合法权益的,教师可向教育行政部门申诉,也可通过司法途径寻求解决。

相关规定

《中华人民共和国就业促进法》第二十七条:"国家保障妇女享有与男子平等的劳动权利。用人单位招用人员,除国家规定的不适合妇女的工种或者岗位外,不得以性别为由拒绝录用妇女或者提高对妇女的录用标准。用人单位录用女职工,不得在劳动合同中规定限制女职工结婚、生育的内容。"

《中华人民共和国劳动合同法》第四十二条:"劳动者有下列情形之一的,用人单位不得依照本法第四十条、第四十一条的规定解除劳动合同……(四)女职工在孕期、产期、哺乳期的……"

自我测验

【案例】 2001年7月,刘某与某幼儿园签订劳动合同,合同期为1年,合同中约定刘某的月工资为1400元左右。2002年6月,刘某因怀孕须保胎,遂申请病假,得到准许后,刘某在家休息。刘某称,2002年6月中旬,幼儿园通知她要聘代课教师暂代她的工作,当时她同意了。2002年12月底,她生了小孩。休了3个月产假后,她到幼儿园要求上班,被拒绝,幼儿园让她一直休息到哺乳期结束。在此期间,除2002年6月、7月的工资按请假扣发外,2002年8月至2003年6月她每月工资均只有400元左右,而且工资中还包括了社会保险自缴部分,幼儿园也不报销生育费。刘某认为幼儿园的做法违反了有关法律法规,遂申请劳动仲裁。市总工会有关负责人称，国家规定女职工产假期间工资照发，浙江省规定职工最低基本工资不得低于440元（注：2003年），而且女职工的产前检查费、生育医疗费应由企业予以报销，实行计件工资的企业在女职工哺乳期间要按比例给其减少定额。（摘编自《东南商报》）

【思考】 该幼儿园的做法存在哪些问题？刘某的哪些仲裁请求能得到支持？

> 教师教案的著作权归谁所有？著作权被侵犯后该如何维权？

建议 59

教案也是教师的作品，著作权遭侵犯可依法维权

情境再现

黄老师是一名中学数学教师。每学期期末，黄老师都按学校的要求将自己撰写的教案交给学校教务处检查。一日，黄老师在逛书店时，发现本校教务处主任刘某出版了一本初二数学教案集，书中的内容几乎完全照搬自己上交给学校检查的教案内容，只是在个别章节做了细微的修改。对于这一明目张胆的剽窃行为，黄老师感到非常气愤，他找到刘某，要求对方给个说法。刘某则声称，教案没什么知识含量，只要是教师都能写，哪有什么著作权，况且黄某是按照学校的要求才撰写教案的，是在履行职责，如果教案有著作权，也属于学校，跟黄老师本人无关。由于交涉无果，黄老师一纸诉状将刘某和出版该教案集的出版社一并告上了法庭，要求两被告承担停止侵害、消除影响、赔礼道歉、赔偿损失的民事责任。经开庭审理后，法院认定两被告侵犯原告著作权的事实成立，遂依法判决两被告立即停止出版、发行涉案侵权图书，赔偿原告经济损失两万五千元，并在省级报纸上公开向原告赔礼道歉。

评析·法理

著作权,在我国又称为版权,是指文学、艺术、自然科学、社会科学、工程技术等作品的作者对其创作的作品依法享有的专有权利。著作权分为著作人身权和著作财产权,具体包括以下几种权利:(1)发表权,即决定作品是否公之于众的权利;(2)署名权,即表明作者身份,在作品上署名的权利;(3)修改权,即修改或授权他人修改其作品的权利;(4)保护作品完整权,即保护作品不受歪曲、篡改的权利;(5)使用权和获得报酬权,即以复制、发行、出租、展览、表演、放映、广播、信息网络传播、摄制、改编、翻译、汇编等方式使用作品的权利,以及许可他人以上述方式使用作品,并由此获得报酬的权利。受著作权保护的作品,必须是具有独创性并能以某种有形形式复制的智力成果。按照我国著作权法的规定,作品只要创作完成,不论是否发表,作者即可获得著作权。

教案即教学方案,是教师在阅读教学大纲和教材的基础上,经过分析、加工和整理后写出的对教学内容、教学步骤、教学方法、板书设计、教具或现代化教学手段的应用等进行具体安排和设计的一种实用性教学文书。教案是教师智力创作的成果,是教师智慧和经验的结果,属于我国著作权法所保护的作品的范畴。教师作为教案的作者,依法对自己撰写的教案享有著作权。实践中,不少学校往往要求教师应当事先撰写教案,这并不意味着教案的著作权就属于学校所有,学校提出要求和教师创作教案是两码事。同时,很多学校往往要求教师将教案交给学校检查,这也不意味着教案的著作权就由教师转移给了学校,检查教案只是学校督促、管理教师的一种手段,著作权的转移需要有法定的事由(如继承)或转让方与受让方的明确约定。前述事件中,黄老师对自己创作的教案享有著作权,刘某未经黄老师的授权和许可,擅自将黄老师的教案以自己的名义予以发表,侵犯了黄老师对自己的教案作品所享有的发表权、署名权、使用权、获得报酬权等各项权利,应当依法承担相应的侵权法律责任。

策略·建议

1. 教师对自己撰写的教案和其他作品享有著作权，可依法行使著作权法规定的各项权利，他人不得予以侵犯。

2. 当发现自己的著作权被侵犯之后，教师要善于通过法律的途径来维护自己的合法权益。

相关规定

《中华人民共和国著作权法》第二条："中国公民、法人或者非法人组织的作品，不论是否发表，依照本法享有著作权……"

《中华人民共和国著作权法》第十一条："著作权属于作者，本法另有规定的除外。创作作品的自然人是作者。由法人或者非法人组织主持，代表法人或者非法人组织意志创作，并由法人或者非法人组织承担责任的作品，法人或者非法人组织视为作者。"

《中华人民共和国著作权法》第五十二条："有下列侵权行为的，应当根据情况，承担停止侵害、消除影响、赔礼道歉、赔偿损失等民事责任：（一）未经著作权人许可，发表其作品的；（二）未经合作作者许可，将与他人合作创作的作品当作自己单独创作的作品发表的；（三）没有参加创作，为谋取个人名利，在他人作品上署名的；（四）歪曲、篡改他人作品的；（五）剽窃他人作品的；（六）未经著作权人许可，以展览、摄制视听作品的方法使用作品，或者以改编、翻译、注释等方式使用作品的，本法另有规定的除外；（七）使用他人作品，应当支付报酬而未支付的；（八）未经视听作品、计算机软件、录音录像制品的著作权人、表演者或者录音录像制作者许可，出租其作品或者录音录像制品的原件或者复制件的，本法另有规定的除外；（九）未经出版者许可，使用其出版的图书、期刊的版式设计的；（十）未经表演者许可，从现场直播或者公开传送其现场表演，或者录制其表演的；（十一）其他侵犯著作权以及与著作权有关的权利的行为。"

自我测验

【案例】 黎某是某学校办公室主任，庞某是该校校长。黎某诉称，一日，庞某说需要一篇与中文专业对口的有关外贸学校教学的文章，请他代写，但没有说要在报上发表。由于庞某与他是上下级关系，他没有推辞。一周后，他将自己写好的《浅谈外贸应用文的特点及外贸应用文写作的特色教学》一文交给庞某。庞某仅在文章结尾处署上时间。不久后，他去教务处查资料，发现《经贸教育导报》上发表了署有庞某名字的文章，与他给庞某的文章题目相同、内容相同。他与《经贸教育导报》负责人进行交涉，对方回复说，此稿是庞某寄给该报编辑部的，刊登后稿酬已寄给庞某。黎某认为，庞某作为知识分子，明知是别人作品而故意侵用，在报刊上发表所得稿酬和奖金分文未给他，严重侵害了他的合法权益。为此，黎某要求庞某停止侵害他的著作权，并在《海南日报》上向他赔礼道歉。（摘编自"新华网"）

【思考】 庞某的行为是否侵犯了黎某的著作权？应承担什么法律责任？

> 教师因升学或工作调动须提前终止合同的，应当怎么办？

建议 60

要调动工作或升学，须与学校协商解除聘用关系

情境再现

1999年7月，江老师与某中学签订了教师聘用合同。合同约定：江老师的聘期为8年，工作岗位为初中英语学科教学。随后几年，江老师在工作中兢兢业业，教学成绩突出，逐渐成为学校英语学科骨干教师，并被评为区优秀教师、学科带头人。2005年5月，江老师口头向学校提出调动工作的申请，要求调往同区的一所民办公助学校，但学校坚决不同意。江老师执意要走，她向学校递交了辞职申请书，随后便以身体不适为由，不再去学校上班。2005年10月，学校以江老师自动离职为由，对其作出了除名决定。江老师感到非常委屈，她要求学校撤销除名决定，并为其办理工作调动手续。学校拒绝了，并让江老师尽快办理工作交接手续。为此，双方还发生了激烈的冲突。后来，在区教育局的极力调解下，学校收回了除名决定，江老师向学校支付一定数额的经济补偿，学校随后协助江老师办理了工作调动手续。

评析·法理

教师与学校签订聘用合同之后，双方之间便形成了聘用合同关系（聘

用关系）。聘用合同受法律保护，双方都应当认真履行，不得单方面毁约。聘用合同到期后，双方可自由选择续聘或终止聘用关系。但在聘用合同生效期间，若要提前终止聘用关系，除非发生以下几种情形。（一）教师与学校经协商达成一致，双方协议解除聘用合同。（二）教师发生犯罪行为，或者严重违反师德并造成严重后果或产生恶劣影响，学校据此将其开除；对在试用期内被证明不符合本岗位要求又不同意单位调整其工作岗位的教师，学校也可以随时单方面解除聘用合同。（三）学校严重侵犯教师的合法权益，教师因此单方解除聘用合同；在试用期内，教师也可以随时单方面解除聘用合同。（四）法律、法规规定的其他情形。

在实践中，有一些教师在聘用合同尚未期满的时候产生了调动工作的想法，或者考上了研究生，需要脱产深造，因此希望提前终止与学校之间的聘用关系，并让学校配合办理档案转移等手续。此时，教师若是单方解除合同显然是违法的，需要承担违约责任。而且，单方解约容易引发矛盾，最终可能导致两败俱伤。在这种情况下，教师需要换位思考，对学校而言，教师的离去会给其教学安排造成一定的麻烦，增加其成本开支。此外，如果要走的教师是业务骨干，学校出于爱惜人才的考虑很可能不愿放行。对此，教师应当给予理解，不能感情用事，负气单方毁约而出走。

策略·建议

1. 在聘用合同尚未到期的情况下，教师如因升学或调动想离开学校，须尽可能提前与学校沟通，争取与学校协商解除聘用合同，因此给学校造成损失的，要进行合理的补偿。

2. 如果通过协商的方式无法解决，而教师本人仍坚持要走，则可考虑通过仲裁、诉讼等途径寻求解决。原则上，教师不得单方提前解除合同。

相关规定

《关于在事业单位试行人员聘用制度的意见》规定："为了保障人员聘

用制度的实施，聘用合同订立后，聘用单位与受聘人员双方都应当严格遵守、全面履行合同的约定。受聘人员应当遵守职业道德和聘用单位的规章制度，认真负责地完成岗位工作任务；聘用单位应当保障受聘人员的工作条件，保障受聘人员享受按照国家有关规定和合同约定应当享受的待遇。为妥善处理人员聘用工作中出现的各种问题，及时化解矛盾，维护聘用单位和受聘人员双方的合法权益，要建立和完善事业单位人事争议仲裁制度，及时公正合理地处理、裁决人员聘用中的争议问题。受聘人员与聘用单位在公开招聘、聘用程度、聘用合同期限、定期或者聘期考核、解聘辞聘、未聘安置等问题上发生争议的，当事人可以申请当地人事争议仲裁委员会仲裁。仲裁结果对争议双方具有约束力。"

《最高人民法院关于人民法院审理事业单位人事争议案件若干问题的规定》第二条："当事人对依照国家有关规定设立的人事争议仲裁机构所作的人事争议仲裁裁决不服，自收到仲裁裁决之日起十五日内向人民法院提起诉讼的，人民法院应当依法受理。一方当事人在法定期间内不起诉又不履行仲裁裁决，另一方当事人向人民法院申请执行的，人民法院应当依法执行。"

自我测验

【案例】　蒋老师于1997年调入北京市某中学任教，其人事档案关系也随之转入该校。2003年开始与学校签订聘用和岗位协议书，最后一次协议规定的聘用期限截止到2005年8月31日。2005年6月初，蒋老师向学校提交了工作调动书面申请，但校方以其未遵守学校规定的5月15日前提出调动申请为由，拒绝办理调动手续。双方调解无果，蒋老师于当年10月18日向朝阳区人事局人事仲裁科提出了人事争议仲裁申请。朝阳区人事争议仲裁委员会12月28日做出裁决：被申请人北京市某中学于本裁决书生效之日起五日内为申请人蒋某某办理人事、组织关系及社会保险关系的转移手续。如不服本裁决，可于本裁决送达之日起十五日内向北京市朝阳区人民法院提起诉讼。逾期不起诉的，本裁决即发生法律效力。而对于校方一直坚持的"蒋老师违反学校内部规定，未于5月15日前提出调动申请，故不予办理人事调动相关手续"的理由，裁决书上明确表示该理由"于法无据"，同时认为校方的行为"侵犯了申请人再就业和享受社会保险的权利"。裁决书送达后，蒋老师的爱人李先生表示，如果学校在裁决书生效五日内仍没有为其办理相关手续，自己将会申请法院予以强制执行。（摘编自《北京晨报》）

【思考】 学校能否以扣留人事档案或不给办理社保转移手续的方式阻止教师正常的工作流动？为什么？

> 教师参与的考试违法行为主要表现在哪些方面？考试中的作弊行为会带来哪些社会危害？教师该如何维护考试公正？

建议 61

维护考试的公平公正，不参与任何考试舞弊活动

情境再现

王老师是某中学初三年级的数学教师。2004年5月中旬，王老师按照市教育局的安排，参加该年度中考数学科目的命题工作。6月初，王老师在离开学校前，将中考数学命题的最后三道题目写在一张纸上，交给学校副校长江某。江某又安排学校教导处副主任曾某将试题分发给初三年级数学教师，并由这些教师向全校初三学生进行讲解。同时，该市另一所中学数学教师陈某和谢某得知消息后，通过关系从前述中学一名初三学生处得到其有关中考数学命题的课堂笔记。随后，陈某和谢某将这些试题向其所在学校的全体初三学生进行了详细的讲解。上述行为导致该年度部分中考数学试题提前大面积泄露。消息传出，社会舆论一片哗然。为最大限度地体现考试的公正、公平，维护广大考生的利益和社会稳定，市教育局宣布本次中考所有考生数学科目考分作废，择日进行重考。许多学生对此感到愤愤不平，认为自己受到了无辜的牵连，产生了很大的思想负担。事后，王老师因涉嫌犯罪被公安机关刑事拘留。不久后，当地法院以故意泄露国

家秘密罪判处王老师拘役六个月，缓刑一年。法院认为，王老师身为国家工作人员，违反《中华人民共和国保守国家秘密法》的规定，故意将已泄露的内容作为中考试题，导致数学试卷考题泄密、分数作废和数学试卷重制、重印的严重后果，其行为已构成泄露国家秘密罪。

评析·法理

近些年，媒体披露了多起重大考试作弊案。其中涉及教师参与的考试作弊行为，主要有几类：一是参加命题的教师在考前故意泄露试题；二是参与保管试卷的教师利用职务之便窃取、复制、偷阅试卷后向外进行传播；三是参加监考工作的教师故意协助考生作弊；四是在考试过程中，教师利用通讯工具向考场内的考生传送答案，协助其作弊；等等。这些行为，或涉嫌泄露国家秘密，或涉嫌玩忽职守、徇私舞弊，均为我国法律所禁止。作为知识分子，教师对上述行为的违法性质应当有所认识。然而，在片面追求升学率的急功近利、"不是为个人，而是为集体"的错误思想的支配下，一些人还是选择了铤而走险，最终给社会、给个人都造成了不可估量的损失。各种重大考试，由于其承担着选拔性、淘汰性的功能，有可能直接决定、影响着考生未来的受教育甚至择业机会，从而直接关系到众多考生及其家庭的切身利益，其重要性不言而喻。这就尤其需要一个公平的竞争环境。而各式各类的考试作弊行为，直接破坏了考试的公平和公正，妨碍了国家对考试活动的管理秩序，影响了社会的稳定，败坏了社会风气，应当受到舆论的谴责、法律的制裁。

策略·建议

1. 维护考试的公平、公正人人有责。作为一名教师，我们不但要教育学生遵纪守法、拒绝作弊、诚信为本，同时自己也不要参与泄露考试试题、协助学生作弊等违纪违法活动，要通过自己的身体力行，为学生创造一个公平的竞争环境。

2. 发现考试作弊行为的，教师应当予以制止，或者及时向有关部门汇报。

相关规定

《中华人民共和国刑法》第三百九十八条："国家机关工作人员违反保守国家秘密法的规定，故意或者过失泄露国家秘密，情节严重的，处三年以下有期徒刑或者拘役；情节特别严重的，处三年以上七年以下有期徒刑。非国家机关工作人员犯前款罪的，依照前款的规定酌情处罚。"

《中华人民共和国刑法》第二百八十四条之一："在法律规定的国家考试中，组织作弊的，处三年以下有期徒刑或者拘役，并处或者单处罚金；情节严重的，处三年以上七年以下有期徒刑，并处罚金。为他人实施前款犯罪提供作弊器材或者其他帮助的，依照前款的规定处罚。为实施考试作弊行为，向他人非法出售或者提供第一款规定的考试的试题、答案的，依照第一款的规定处罚。代替他人或者让他人代替自己参加第一款规定的考试的，处拘役或者管制，并处或者单处罚金。"

自我测验

【案例】　在2020届普通高校招生艺术专业课省统考来临之际，某艺术学校高某等老师私下商讨准备通过微信群聊在统考当天帮助学生作弊，让学生取得好的成绩。2019年11月30日19时许，高某等人在学校组织全校应届考生开动员大会，并在会上暗示在场学生可以携带两部手机，一部上交，一部留用，如果被发现就说是看时间用，还称8点开始考试，8点之前把考题传出来都不算作弊。开考当天，许多同学依据高某的暗示将手机带入考场，曹某某等考生利用携带的手机将考场试题拍成图片发至学校微信群内，被告人高某、颜某、钟某、彭某某、李某某、杨某、杨某某等7名教师依据自己的专长分工合作，将关于本次考题的步骤图、成品图、范画以及答题要点发至学校微信群内，供考生参考、答题。经安徽省教育招生考试院认定，安徽省普通高等学校招生艺术类专业课省统考属于法律规定的国家考试。……（摘编自"蚌埠市中级人民法院"微信公众号）

【思考】　高某等人的行为是否构成犯罪？应当如何进行处罚？

> 什么是贪污罪和受贿罪？教师为什么会犯贪污、受贿罪？

建议 62

洁身自好，远离贪污和受贿

情境再现

2000年秋季学期开学后，某中学校长刘某在学校班子会议上提出，准备拿一部分预算外收入放在账外做"小金库"，一是为了今后年节送礼，二是班子成员可从中多拿些钱。在场的副校长袁某、教务处主任潘某、总务处主任缪某、政教处主任陈某、办公室主任郑某等人都没有反对。在2000年至2006年间，上述6人利用职务之便，截留该校部分学生的补习费、寄读费、临时代办费以及部分教师的请假工资等收入共计人民币134万余元，设立"小金库"。而后他们以领取各种补贴、安排工会送礼、安排年关领导慰问等为名，将钱从"小金库"中取出后私分。此外，在2002年至2005年间，刘某、袁某、潘某在为本校学生订购寒暑假作业、学习资料"大提纲"、《初三总复习指导丛书》的过程中，为他人谋取利益，收受经销商回扣共计4.5万余元（由于一些贫困学生的钱一直收不上来，刘某等人只能从回扣款中拿出一部分垫付，法院最终认定的受贿款为1.9万余元）。2008年1月，上述6人分别被当地法院以贪污罪、受贿罪数罪并罚判处一至四年不等的有期徒刑。

评析·法理

贪污罪，是指国家工作人员利用职务上的便利，侵吞、窃取、骗取或者以其他手段非法占有公共财物的行为。按照《最高人民检察院关于人民检察院直接受理立案侦查案件立案标准的规定（试行）》（以下简称《立案标准》）规定，涉嫌下列情形之一的，应予立案。（一）个人贪污数额在五千元以上的。（二）个人贪污数额不满五千元，但具有贪污救灾、抢险、防汛、防疫、优抚、扶贫、移民、救济款物及募捐款物、赃款赃物、罚没款物、暂扣款物，以及贪污手段恶劣、毁灭证据、转移赃物等情节的。

受贿罪，是指国家工作人员，利用职务上的便利，索取他人财物，或者非法收受他人财物并为他人谋取利益的行为。国家工作人员在经济往来中违反国家规定收受各种名义的回扣、手续费归个人所有的，以受贿罪论处。根据《立案标准》的规定，涉嫌下列情形之一的，应予立案。（一）个人受贿数额在5千元以上的。（二）个人受贿数额不满5千元，但具有下列情形之一的：（1）因受贿行为而使国家或者社会利益遭受重大损失的；（2）故意刁难、要挟有关单位、个人，造成恶劣影响的；（3）强行索取财物的。

贪污和受贿行为，损害了国家和人民的财产权益，玷污了公务活动的纯洁性，败坏了社会风气，具有严重的社会危害性。按照我国刑法的规定，犯贪污或受贿罪，数额巨大、情节特别严重的，可判处死刑。可见，国家对贪污、受贿的犯罪行为保持着相当大的打击力度。

校园本是一块净土，然而随着市场经济的冲击，一些不良风气乃至腐败现象开始污染、腐蚀这块净土。现在的学校在经济条件方面与过去相比要好了许多，与社会各方面的联系、来往也日渐频繁。学校的主要领导、财务人员以及负责招生、基建、后勤管理工作的人员经常与财、物打交道，受到的不良诱惑也比过去增多了。在这样的形势下，如果我们怠于提高自己的觉悟和修养，就有可能因经不住诱惑而犯下错误。一些原本十分优秀的教师，往往在一念之间滑向犯罪的深渊，自毁前程。在此，我们不妨用陈毅将军的一段话来警醒自己，"手莫伸，伸手必被捉。党与人民在监督，万目睽睽难逃脱。汝言惧捉手不伸，他道不伸能自觉。其实想伸不敢伸，人民咫尺手自缩。"

策略·建议

1. 作为一名教师，面对各方面利益诱惑，我们要有"定力"，洁身自好，廉洁奉公，在工作中不要利用职务之便侵吞、窃取、骗取或者以其他手段非法占有学校的财物，不要为帮助他人谋取利益而索贿或收受他人的贿赂。

2. 一旦犯了错误，要及时改正，勇于承担责任，争取最好的结果。

相关规定

《中华人民共和国刑法》第三百八十二条："国家工作人员利用职务上的便利，侵吞、窃取、骗取或者以其他手段非法占有公共财物的，是贪污罪。受国家机关、国有公司、企业、事业单位、人民团体委托管理、经营国有财产的人员，利用职务上的便利，侵吞、窃取、骗取或者以其他手段非法占有国有财物的，以贪污论。与前两款所列人员勾结，伙同贪污的，以共犯论处。"

《中华人民共和国刑法》第三百八十三条："对犯贪污罪的，根据情节轻重，分别依照下列规定处罚：（一）贪污数额较大或者有其他较重情节的，处三年以下有期徒刑或者拘役，并处罚金。（二）贪污数额巨大或者有其他严重情节的，处三年以上十年以下有期徒刑，并处罚金或者没收财产。（三）贪污数额特别巨大或者有其他特别严重情节的，处十年以上有期徒刑或者无期徒刑，并处罚金或者没收财产；数额特别巨大，并使国家和人民利益遭受特别重大损失的，处无期徒刑或者死刑，并处没收财产。对多次贪污未经处理的，按照累计贪污数额处罚……"

《中华人民共和国刑法》第三百八十五条："国家工作人员利用职务上的便利，索取他人财物的，或者非法收受他人财物，为他人谋取利益的，是受贿罪。国家工作人员在经济往来中，违反国家规定，收受各种名义的回扣、手续费，归个人所有的，以受贿论处。"

《中华人民共和国刑法》第三百八十六条："对犯受贿罪的，根据受贿所得数额及情节，依照本法第三百八十三条的规定处罚。索贿的从重处罚。"

自我测验

【案例】 济南市历下区人民法院经法庭审理查明，被告人苏某某系济南某中学的体育教师兼任男子篮球主教练及体育特长生招生测试评委。苏某某在担任济南某中学男篮主教练期间，利用其负责济南某中学男子篮球队队员比赛，以及办理国家运动员一、二等级资格证书的职务便利，在2010年7月至2014年底这4年多的时间内，多次收受学生家长及中间人给予的贿赂，受贿范围涉及山东、山西、新疆三省区，共为11名学生违规办理了国家一级或者二级运动员证，受贿金额最多的一次达12万元，共计受贿44万元。

【思考】 苏某某的行为触犯了什么罪名？如何预防此类犯罪行为的发生？

> 教师有偿补课、违规收受学生家长财物，具体表现在哪些方面？会受到怎样的处理？

建议 63

廉洁从教，不参与有偿补课，不收受家长财物

情境再现

【案例1】 2021年8月，教育部公开曝光第七批违反教师职业行为十项准则典型案例。其中，有一例为河北省沧州市华北油田某学校教师曹某某收受学生家长礼品、礼金问题。曹某某先后收受学生家长海鲜、茶叶、水果等物品及现金1000元。曹某某的行为违反了《新时代中小学教师职业行为十项准则》第九项规定。根据《中国共产党纪律处分条例》《事业单位工作人员处分暂行规定》《中小学教师违反职业道德行为处理办法（2018年修订）》等相关规定，给予曹某某党内警告处分、行政记过处分。送礼学生家长职业为中学教师，同样违反了《新时代中小学教师职业行为十项准则》，给予其诫勉谈话、批评教育的处理，取消当年评奖评优及职称评定资格，并在全市范围内通报。

【案例2】 2021年11月，江西省吉安市"双减"工作领导小组办公室公布该市第一批中小学教师违反师德师风典型案例，其中，有一例为某中学教师彭某某、李某某校外违规补课问题。2021年8月暑假期间，某中学彭某某、李某某等2名教师在沿江路小厨房旁的一栋民房内进行违规

补课，涉及学生8人，计划收取600元/人，暂未收取补课费用。彭某某、李某某2名教师受到取消今年评优评模资格，取消年度考核及师德师风考核评优资格，取消职称评定及职称晋级资格，扣除两个月绩效工资等处分。

评析·法理

中小学教师有偿补课的行为，与全面贯彻党的教育方针和立德树人根本任务背道而驰，助长了应试教育之风，加重了学生的课业负担和家长的经济负担，滋生了教育腐败，人民群众反映强烈。而违规收受学生及家长礼品礼金问题，虽然只是发生在少数教师身上，但严重损害了人民教师整体形象和教育行业声誉，助长了教育领域的不正之风，破坏了风清气正的育人环境，影响了立德树人根本任务的落实。为此，广大教师应当坚决抵制这两类行为，做到廉洁自律，规范从教行为。

那么，教师有偿补课问题，主要表现在哪些方面呢？根据教育部印发的《严禁中小学校和在职中小学教师有偿补课的规定》以及其他政策文件的相关规定，学校和教师不得实施下列有偿补课行为：（一）学校不得组织学生参加本校或校外的有偿补课，不得要求学生参加本校或校外的有偿补课；（二）学校不得通过自身设立的培训机构组织本校学生参加补课，不得与校外培训机构联合进行有偿补课；（三）学校不得为校外培训机构有偿补课提供教室、场地等教育教学设施，不得为校外培训机构介绍生源或者向其提供本校学生信息（包括提供学生及其家长的姓名、联系方式等信息）；（四）教师不得组织、推荐、强制要求本班或本校学生参加校内外有偿补课，不得暗示或者诱导本班或本校学生参加校内外有偿补课；（五）教师不得为校外培训机构和他人介绍生源，或者向其提供本校学生及其家长的姓名、联系方式等信息；（六）教师不得开展有偿补课，不得投资设立或者参股校外培训机构，不得在校外培训机构担任职务；（七）教师不得参加校外培训机构或由其他教师、家长、家长委员会等组织的有偿补课。

按照规定，对于实施有偿补课行为教师，学校应当视违纪情节轻重，分别给予批评教育、诫勉谈话、责令检查、通报批评直至相应的行政处分。学校无权处理的，应当上报上级教育行政部门进行处理。

教师违规收受学生及家长礼品礼金问题，主要表现在哪些方面呢？根据教育部印发的《严禁教师违规收受学生及家长礼品礼金等行为的规定》以及其他政策文件的相关规定，教师禁止实施下列行为：（一）严禁以任何方式索要或接受学生及家长赠送的礼品礼金、有价证券和支付凭证等财物；（二）严禁参加由学生及家长安排的可能影响考试、考核评价的宴请；（三）严禁参加由学生及家长安排支付费用的旅游、健身休闲等娱乐活动；（四）严禁让学生及家长支付或报销应由教师个人或亲属承担的费用；（五）严禁通过向学生推销图书、报刊、生活用品、社会保险等商业服务获取回扣；（六）严禁利用职务之便谋取不正当利益的其他行为。

按照规定，对于实施违规收受学生及家长礼品礼金等违纪行为的教师，学校应当责令教师予以退还，并给予相应的处分。学校无权处理的，应当上报上级教育行政部门进行处理。有关教师涉嫌构成受贿罪等犯罪的，应当依法移送司法机关处理。

策略·建议

1. 教师在执教过程中，应当廉洁自律，公正无私，自觉抵制各种不良诱惑，不贪学生及其家长的财物，不取不应得的钱财，真正做到为人师表，立德树人。

2. 无论是在假期还是在工作期间，教师都不要组织、参与有偿补课，不要为校外培训机构和他人介绍生源、提供相关信息；绝不索要、收受学生及家长财物，绝不参加由学生及家长付费的宴请、旅游、娱乐休闲等活动；不向学生推销图书报刊、教辅材料、社会保险或利用家长资源谋取私利。

相关规定

《新时代中小学教师职业行为十项准则》第九条："坚守廉洁自律。严于律己，清廉从教；不得索要、收受学生及家长财物或参加由学生及家长付费的宴请、旅游、娱乐休闲等活动，不得向学生推销图书报刊、教辅材料、社会保险或利用家长资源谋取私利。"

《新时代中小学教师职业行为十项准则》第十条："规范从教行为。勤勉敬业，乐于奉献，自觉抵制不良风气；不得组织、参与有偿补课，或为校外培训机构和他人介绍生源、提供相关信息。"

自我测验

【案例】 据教育部公开曝光的第八批违反教师职业行为十项准则典型案例显示，某中学陈某等9名教师参加初三毕业班学生聚餐，并人均收受了价值400多元的礼品，费用均由学生家长分摊。尽管该9名教师事后退还了礼品和餐费，但其行为违反了《新时代中小学教师职业行为十项准则》第九项规定。根据《中小学教师违反职业道德行为处理办法（2018年修订）》等相关规定，取消该9名教师当年评奖评优资格，降低年度绩效考核等次，对其中1名党员教师给予诫勉谈话，对其他8名教师给予批评教育；对分管校领导和年级负责人作出停职处理。

【思考】 结合本案例，谈一谈教师如何做到廉洁从教。

> 遇到学生或其家长辱骂、殴打教师或者诋毁教师的名誉，该怎么办？

建议 64

合法权益遭受学生或家长侵犯，教师可诉诸法律

情境再现

吴老师是某中学初二年级的一名语文教师。一日上语文课时，吴老师正神采飞扬地讲解课文。"哈哈哈！"班上学生小成突然发出几声怪笑。吴老师知道小成又要习惯性地"犯别扭"了。她狠狠地瞪了小成一眼，示意他不可造次。"哈！哈哈！哈哈哈哈！"小成却"笑"得更来劲了。吴老师恼怒了，她命令小成站起来。谁知小成根本不予理睬，嘴里还不停地骂着脏字。吴老师气愤至极，她径直走到小成跟前，边敲打着桌角边嚷："这里是教室，不是你泼皮撒野的地方。不想上课，先到门口站着！"随即伸手去拽小成的胳膊。"啪！"小成猛然抬手照着吴老师的脸上就是一拳。全班同学都惊呆了。吴老师自己也愣住了，一股鼻血顺着嘴唇淌了下来。几名女生赶紧过去搀扶着老师，将她送到学校的医务室。经校医简单处理后，学校派人将吴老师送到医院治疗，医生诊断为鼻梁骨折。为此，吴老师共花去治疗费1.1万余元。后来，围绕着医疗费的承担问题，由于小成的父母不愿意进行赔偿，吴老师遂将小成及其监护人告上了法院。法院经开庭审理后支持了吴老师的全部诉讼请求。

评析·法理

教师苦口婆心的教育，并不总是能够换来学生及其家长的理解和支持。有时，个别学生或其家长可能还会迁怒于教师，公然殴打、侮辱或采取其他方式（如毁谤等）攻击教师。面对这样的情形，教师该如何处理？此时，以牙还牙、以暴制暴是最不可取的，因为它有可能让教师从一名受害者急转为一名施害者，从而不但无助于维护自己的合法权益，而且还有损于教师的声誉，也不利于对学生的教育。正确的做法应该是按规矩办事，让法律来断是非。对于学生及其家长的侵权行为，教师可以诉诸法律。如果身体受到了伤害，教师可以要求责任人赔偿医疗费等各种损失；如果人格受到了侮辱，教师可以要求责任人赔礼道歉、赔偿精神损失费；如果名誉受到了损害，教师可以要求责任人赔礼道歉、恢复名誉等。在这里，我们并不是鼓吹教师事无巨细一律上法庭。诉讼需要一定的成本，包括金钱、时间、耐心，诉讼双方强烈的对抗性也是需要考虑的因素。如果通过协商、第三人调解可以达到维权的目的，那最好不诉诸法律。如果学生或其家长的攻击行为不是很严重，尚在可容忍的限度之内，教师甚至可以考虑不予追究，宽宏大量，从而感化受教育者。但是，当学生或其家长的攻击行为性质恶劣、后果严重，已经严重妨碍了教师的工作、生活，给教师的身体或心理造成了极大的伤害，而通过协商、调解等途径均无法充分保护教师利益的时候，诉讼应当是最理性、最好的选择了。诉讼的过程也是一次普法教育的过程——对教师自己，更对实施违法行为的学生或其家长。

策略·建议

1. 当自己的合法权益遭受学生或其家长的侵害之后，教师要冷静面对，不要迁怒于学生，不要以暴制暴，必要时应果断地通过法律的途径来解决纠纷。

2. 教师要掌握一些常用的法律知识和技能，提高自我维权的能力。

相关规定

《中华人民共和国教育法》第三十四条："国家保护教师的合法权益，改善教师的工作条件和生活条件，提高教师的社会地位……"

《中华人民共和国教师法》第三十五条："侮辱、殴打教师的，根据不同情况，分别给予行政处分或者行政处罚；造成损害的，责令赔偿损失；情节严重，构成犯罪的，依法追究刑事责任。"

自我测验

【案例】 吕老师是陈女士儿子所在幼儿园的班主任。2月初，陈女士怀疑吕老师将儿子赠予全班同学的一盒巧克力私吞，于是从同年7月起，多次发侮辱短信对吕老师进行骚扰和威胁。同年8月，陈女士向校方投诉吕老师虐待学生。后经校方调查，陈女士所言均系捏造。然而，陈女士仍不间断地给学校领导和其他老师发手机短信指责吕老师。同年12月4日，吕老师对相关网页内容进行证据保全公证，然后到法院起诉陈女士和"旺旺网"，要求两被告立即停止侵害、消除影响、恢复名誉，并赔偿误工费、公证费等经济损失共计4383元，赔偿精神损害抚慰金5万元。诉讼中，因"旺旺网"主动删除了帖子，吕老师撤回了对网站的诉讼，只起诉陈女士一人。法院经审理，判决陈女士连续30日在"旺旺网"育儿论坛发布道歉声明，为原告吕老师恢复名誉，并赔偿原告经济损失4383元、精神损害抚慰金5000元。（摘编自"新华网"）

【思考】 陈女士的行为侵犯了吕老师的何种民事权利？

> 什么是法律？法律有什么作用？法律与教师的工作有何关系？

建议 65

教师头脑中始终应有法治这根"弦"

"学为人师，行为世范"，这是社会对教师的期待和要求。当我们怀着美好的憧憬走上三尺讲台的时候，心中自然少不了一份沉甸甸的责任感。如何成为一名合格的教师甚至是优秀的教师？储备丰富的学科专业知识，掌握基本的教育学、心理学常识，培养一定的教学机智、教育智慧，胸怀对孩子无比的爱，再加上忘我的工作激情，好教师已然离我们不远了。果真如此？不，我们至少还缺一样非常重要的东西，那就是大脑中的法治意识、法治观念、法律素养。缺少了这一样东西，在某一个特定的时间，在情感战胜理智的场合，在一念之差间，教师很可能会犯下让自己一辈子忏悔无门的错误。

那么，法律是什么？法律是一种特殊的社会规则（社会规范、行为准则）。游戏需要规则，社会生活亦是如此。当某一种行为准则成为我们这个社会正常运转，人们正常工作、学习、生活的最基本的条件的时候，这种行为准则往往通过统治阶级的立法行为而上升为法律。简言之，法律是最基本的社会规则。它是由统治阶级制定或认可的、在适用范围和适用对象上具有统一性和普遍性、以法律权利和法律义务为主要内容、以国家强制力保证实施的一种特殊的社会规则。与道德、宗教戒律、单位的规章制度等其他社会规则相比，法律最显著的特征在于它具有强制性，是以国家强制力作为后盾保证实施的。绝大多数法律，它的主要内容无外乎是规定人们的权利和义务，以及在不履行义务的情况下将要承担的法律责任。当我们的行为合乎法律规定的时候，法律似乎"不见"了。而一旦我们做出了与法律规定相悖的行为，法律便会走到台前要求我们承担其预先规定的不利的法律后果（对我们实施制裁），公安、检察、审判等国家机器则在确保着制裁得以顺利进行。

作为一种最基本的社会规则，法律在我们的社会生活中是如何运行，如何发挥作用，如何从抽象的行为模式变成人们的具体行为呢？一是靠人们的自觉遵守。每一个人、每一个社会组织都自觉地按照法律的规定来安排、调整自己的行为，依法享有权利，自觉地履行法律义务，知法守法，法律便能很好地实施。二是靠行政机关及其公职人员执行法律。有一些法律，需要通过行政机关的介入才能实施。比如，《教师资格条例》规定了教师资格取得的条件和具体办法。对于这一法律，光靠人们的自觉遵守并不足以施行，而需要靠教育行政机关来组织执行（包括组织资格认定、考核、发放证书等活动），才能把纸面的规定落到实处。三是靠司法机关适用法律。当有人违反法律、破坏规则的时候，检察院、法院等司法机关便会通过国家强制力来制裁违法者，修补被破坏的社会规则，平衡被破坏的社会利益关系，并教育人们自觉地遵守法律。通过前面几种方式，法律便得以施行，在社会生活中发挥着作用，调整着人们的行为，保障着社会生活得以正常运转。

如果没有法律，我们的社会将会是什么样子？我们将靠什么来预防和制裁杀人、抢劫、盗窃、拐卖人口、诋毁他人名誉、随意撕毁合同等诸多不轨行为？也许，道德、宗教、乡规民约及其他世俗力量也可以在一定程度上发挥作用，但失去了国家强制力这一后盾，它们所能发挥的作用实在令人怀疑。社会的正常运转需要法律，我们的工作、生活、学习的基本秩序离不开法律的保障。在教育领域，因为有法律以及具有法律效力的教师聘任合同的存在，教师不用担心自己随时可能会丢掉饭碗。因为我国有《民法典》《义务教育法》《未成年人保护法》《学生伤害事故处理办法》等法律的存在，学生的家长可以放心地将孩子送进校园交给教师，而不用担心他们的孩子会受到非法侵害。法律在保护教师的权利，也在约束着教师的行为。

生活在一个法律制度日益健全、法治倾向日益强化的年代，作为教书育人者，我们应当是法律的忠实信徒。我们需要清楚地了解与自己工作相关的法律法规，也就是了解这个行业最基本的社会规则，以便合理地安排、调整自己的行为。为保护自己，也为保护他人而约束自己。在做事之前，在冲动的时候，先想一想，我们所要实施的行为是否合乎法律的规定。作为教师，我们的大脑中始终应有法律这根"弦"，要让法律意识在我们的大脑中生根发芽。

法律格言

法律就是秩序，有好的法律才有好的秩序。

——［古希腊］亚里士多德

你所说的话不一定正确，但我誓死捍卫你说话的权利。

——［法］伏尔泰

附录

"自我测验"参考答案

1. 思路点拨：民法上，一般侵权行为须具备以下四个构成要件：(1) 损害事实的客观存在，即必须在客观上造成财产损害或精神损害；(2) 行为具有违法性，如因合法行为造成损害，则行为人不承担责任；(3) 不法行为与损害后果之间有因果关系；(4) 行为人主观上有过错，包括故意和过失两种过错状态。对学生实施体罚，造成一定程度的损害后果的，具备了侵权行为的上述4个构成要件，责任人要承担相应的民事侵权责任。公民的民事权利主要包括财产权和人身权两大类，其中人身权又包括生命权、健康权（注：生命权和健康权常常合称为生命健康权）、身体权、隐私权、名誉权、肖像权、荣誉权、一般人格权等。案例中，教师的行为侵害了学生的生命健康权。根据《最高人民法院〈关于审理人身损害赔偿案件适用法律若干问题的解释〉》第十七条的规定，"受害人遭受人身损害，因就医治疗支出的各项费用以及因误工减少的收入，包括医疗费、误工费、护理费、交通费、住宿费、住院伙食补助费、必要的营养费，赔偿义务人应当予以赔偿。受害人因伤致残的，其因增加生活上需要所支出的必要费用以及因丧失劳动能力导致的收入损失，包括残疾赔偿金、残疾辅助器具费、被扶养人生活费，以及因康复护理、继续治疗实际发生的必要的康复费、护理费、后续治疗费，赔偿义务人也应当予以赔偿。受害人死亡的，赔偿义务人除应当根据抢救治疗情况赔偿本条第一款规定的相关费用外，还应当赔偿丧葬费、被扶养人生活费、死亡补偿费以及受害人亲属办理丧葬事宜支出的交通费、住宿费和误工损失等其他合理费用"。根据《最高人民法院〈关于确定民事侵权精神损害赔偿责任若干问题的解释〉》第八条的规定，"因侵权致人精神损害，但未造成严重后果，受害人请求赔偿精神损害的，一般不予支持，人民法院可以根据情形判令侵权人停止侵害、恢复名誉、消除影响、赔礼道歉。因侵权致人精神损害，造成严重后果的，人民法院除判令侵权人承担停止侵害、恢复名誉、消除影响、赔礼道歉等民事责任外，可以根据受害人一方的请求判令其赔偿相应的精神损害抚慰金"。

2. 思路点拨：对于犯错误的学生，学校、教师所采取的教育方式不得违反法律、法规、规章、政策、师德规范的规定和要求，不得违背学生的身心发展规律，不得与学校、教师应当履行的义务相违背。让犯错误的学生离开学校回去叫家长，这一做法极其危险。对于低年级学生而言，此举使得学生在回家途中处于学校、家长的监管真空，很可能引发安全问题；对于高年级学生而言，强烈的自尊心和害怕家长责罚的心理有可能导致学生逃学甚而引发更严重的后果。"请家长"，教师应当让家长自己来，而不应让学生"回去请"。

3. 思路点拨：未成年学生大多生性好动，缺乏安全意识和自控能力。教师应当对课堂活动进行合理的组织和安排，消除潜在的安全隐患，确保教学活动安全、有序进行。特别是不要让任何一名学生处于教师监管范围之外。在体育课、实验课、活动课的分组教学中，教师时刻都要有"整体观"，随时掌控每一名学生的举动，不要让某一部分学生处于"放羊"状态。本案中，体育教师在课堂上同时安排排球测验和篮球分组教学比赛，其一个人在某一时间内必然要"顾此失彼"，导致某一部分学生处于其"目所能及"的监管范围之外，从而埋下了安全隐患。

4. 思路点拨：学校对在校未成年学生负有教育、管理和保护的职责。学生按规定在校学习、生活期间，学校、教师应当对其活动进行合理组织和安排，加强管理和保护，不得让学生处于无人监管的"放羊"状态。如果任课教师确有紧急情况无法正常上课的，应当由学校安排别的教师代课或组织学生进行其他活动。教师随意脱岗或提前让学生下课极有可能会引发安全问题。

5. 思路点拨：学生上学进入校园之后，学校不得随意允许其离开校园。除非学生的监护人或其委托之人（应有委托手续）来接学生，教师不应当让学生离校。对于受监护人委托来接学生离校的人，教师应当与学生的监护人进行核实，确认无误后方可放行。教师对学生的安全问题应当保持高度的警惕。

6. 思路点拨：原告夏某在课间活动时间玩游戏被陈某推倒致伤，陈某有重大过错，应承担主要责任。而被告的学校在平时缺乏对学生进行必要的安全教育，当学生在校玩危险游戏时，没有制止，管理上亦存有疏漏；任课教师华某在原告受伤时未尽到谨慎注意义务，致原告再次摔倒。可见，学校对损害结果的发生存有一定的过错，依法应承担一定的责任。

7. 思路点拨：阿文在上课时间未请假而缺课，且违反规定不顾危险而下河游泳，其监护人（即原告）未尽到监护职责，应承担主要责任。同时，学校未建立严格的学生考勤制度，学生入校后未及时查考勤、清点人数，未及时发现阿文旷课的行为，未能在第一时间通知阿文的家长，可能导致错过寻找、营救阿文的最佳时机，亦具有疏于管理之过错。

8. 思路点拨：将小英砸伤的学生作为直接加害者，应当承担主要责任。同时，放学后教师让学生留下来，是教师在履行职务，学生留校期间学校对其仍负有教育、管理和保护之责。而当时教师却自顾离开，对学生疏于管理和保护，对伤害事故的发生存有一定的过错。为此，学校亦应承担一定的责任（次要责任）。

9. 思路点拨：教师在与学生的交往过程中应当注意行为得体，不与学生发生亲昵的身体接触行为，并尽量不与异性学生单独相处（详见正文中的相关分析）。

10. 思路点拨：教师在课堂上的言论自由是相对的，其言论不得违反法律，不得违背社会的公序良俗，不得违反教师的职业道德规范。

11. 思路点拨：本案中，任课教师拖堂，挤占课间休息时间，侵犯了学生的休息权。此外，由于教师拖堂，未给学生留出充足的如厕时间，导致学生在仓促上厕所过程中发生碰撞，校方对于事故的发生存在一定过错。

12. 思路点拨：根据《中小学教育惩戒规则（试行）》第八条的规定，"罚站"（即"一节课堂教学时间内的教室内站立"）只能在教室内进行。本案中，教师将学生赶到走廊上罚站，构成了违规。

13. 思路点拨：欺凌者可能要承担的责任包括教育惩戒或纪律处分、民事责任、行政责任或刑事责任。

14. 思路点拨：对于校长沈某、副校长钟某，应当由教育行政部门予以处分；构成犯罪的，依法追究刑事责任。

15. 思路点拨：学校砸毁手机的做法侵犯了学生（或其家长）的财产权。

16. 思路点拨：潘某体罚学生何某的行为侵犯了何某的生命健康权，其逼迫何某吞吃苍蝇的行为又侵犯了何某的人格尊严权，性质极其恶劣，学校和教育行政部门应当对其予以严厉的行政处分或行政处罚（如开除、撤销教师资格等）。同时，何某本人亦可提起民事诉讼，追究责任人的民事侵权责任。

17. 思路点拨：如果小王所言属实，那么学校违背小王的意愿散布其疾病信息的行为侵犯了小王的隐私权。对此，小王可要求校方承担赔礼道歉、消除影响、赔偿精神损害抚慰金等民事侵权责任。

18. 思路点拨：学校选举"差生"的做法违反了我国《教师法》《未成年人保护法》《民法典》等法律的相关规定，侵犯了当事学生的名誉权。如果学校还向被选中的"差生"收取"押金"，则又构成了对学生财产权的侵权。

19. 思路点拨：除了依法正当使用肖像的行为（如为公共利益、为肖像权人本人利益、为了时事新闻报道等需要而使用）之外，凡是未经公民本人同意，擅自制作、复制、使用、销售、毁损他人肖像的，均应当认定为侵犯肖像权的行为。本案中，学校未经学生本人及其监护人的同意，在网站、相关报刊使用其擅自制作的学生头像，用于招生宣传之目的，其行为侵犯了学生的肖像权，依法应当承担停止侵害、赔礼道歉、赔偿损失等民事责任。

20. 思路点拨：教师刘某将小伍长时间地锁在自己的宿舍，致使小伍为翻窗出去而摔伤，后果严重，刘某的行为已构成了非法拘禁罪，应承担相应的刑事责任。同时，如果小伍提起民事赔偿诉讼，鉴于刘某所为系职务行为，学校亦应当对小伍的损失承担民事赔偿责任。

21. 思路点拨：根据我国《刑法》第二百四十五条的规定，亓某的行为涉嫌构成了非法搜查罪，依法应当处以三年以下有期徒刑或者拘役。如果亓某因此而被判处剥夺政治权利或者有期徒刑以上刑事处罚的，根据我国《教师法》第十四条的规定，其将丧失教师资格。

22. 思路点拨：教师"截留"学生贺年卡的行为，违反了我国《宪法》第十四条和《未成年人保护法》第三十九条第二款的相关规定，情节严重的，还有可能触犯《治安管理处罚条例》第二十二条第（七）款、《刑法》第二百五十二条的规定。

23. 思路点拨：学校以没有穿校服为由不让学生进校的做法，可能构成对学生受教育权的侵犯。如果因此而导致学生发生意外事故的，学校还可能要承担民事责任。对于着装问题，学校还是应当采取倡导、思想教育、批评等手段，避免采用过激的惩罚方式。

24. 思路点拨：宿舍、澡堂、厕所等可能涉及个人私密的场所绝对禁止安装摄像头。女生宿舍的楼道尽管不一定属于涉及个人私密的场所，但是在此安装摄像头确实有可能给女生造成心理压力，给其生活造成不便。如果学校能够使监控设备取像范围仅限定于楼道的入口处，并与学生多沟通、解释，则效果可能会更好。关于如何处理此类问题，参见正文中的相关分析。

25. 思路点拨：该幼儿园教师的做法，实际上是采集幼儿家庭私家车信息，超出了教育工作的需要，涉嫌侵犯个人信息权。

26. 思路点拨：罚款是一种行政处罚措施，学校、教师并没有这样的执法权。学校的行为违反了我国《行政处罚法》等法律的相关规定。为此，学校应当立即改正，将罚款退还给当事学生，同时应当对相关责任人给予行政处分。

27. 思路点拨：学校可以倡导、教育学生不要携带手机进入校园，也可规定学生带入校园的手机一律由教师临时代为保管或放到指定的地方，待下课、放学后再取回，但不能直接将学生手机予以没收（永不归还或久不归还），否则即涉嫌侵犯学生的财产权。

28. 思路点拨：学校长时间不让学生上课的行为，侵犯了学生的受教育权，依法应承担停止侵权（让学生复课）、赔礼道歉等法律责任。

29. 思路点拨：参加考试也是受教育权的一部分，如果学生不符合报名条件，应当由考务组织机构依法作出处理，学校无权限制、剥夺学生参加高考的权利，该校的做法涉嫌侵权。

30. 思路点拨：学校擅自更改程某的报考志愿，致使程某失去了入读其属意的优质中学的机会，校方的行为侵犯了程某的受教育选择权，其有责任更正错误、采取补救措施并赔偿程某因此而遭受的损失。

31. 思路点拨：违法的校规不具有法律效力，如果学校根据这样的校规对学生进行处理（处分），可能会侵犯学生的合法权益。本案也启示我们，学校在制定校规时，首先要了解法律的相关规定，尊重和保护学生的权利，确保校规的合法性。

32. 思路点拨：学校在处理学生申诉时要注意的问题参见正文中的详细分析。学生若不服学校的申诉处理决定，可要求学校进行复核；对学校的复核结果仍不服的，可向教育行政部门提起学生申诉；对该申诉结果仍不服，且申诉事项属于行政诉讼案件受理范围的，可在法定期限内向法院提起行政诉讼。

33．思路点拨：学校对学生的处分，从实体到程序均有违法之处。从实体上看，因为初中学生看黄碟就劝其退学，且不让其入校上学，实质上是变相地开除学生，违反了我国《义务教育法》《未成年人保护法》等法律的规定，侵害了学生的受教育权，此类校规无效、处分违法。从程序上看，学校在作出处分的过程中，未给学生陈述、申辩的权利，未告诉其相应的救济手段，处分程序存在诸多瑕疵。对此，学生如不服学校的处理决定，可向教育行政部门提起学生申诉，或直接向法院起诉，以维护自己的合法权益。

34．思路点拨：学校应当按照正常的时间上、放学，如有变动，应当提前通知学生家长（以书面的形式），以便家长调整接送孩子的时间，保证孩子安全。学校应当按照事先与学生家长约定的时间、方式处理学生离校交接问题。未履行前述义务而导致发生学生伤害事故的，校方应承担相应的责任。

35．思路点拨：按照相关规定，学校应当将与未成年学生相关的安全、健康信息及时告知学生家长，这是学校履行管理和保护职责应有的内涵。在组织学生参加体检之后，学校应当以书面的方式及时将体检结果通知学生家长，保证学生家长的知情权，对于健康情况出现异常的学生而言，这一通知义务可能直接关系到学生的治疗及时与否。因学校怠于履行通知义务而导致学生错过最佳救治时机的，学校应当对造成的损害后果承担相应的责任。

36．思路点拨：未成年学生在校期间突发疾病或受到伤害的，学校应当及时采取合理的措施予以救助，并应当及时通知学生的监护人。因学校未履行上述义务而导致不良后果加重的，校方应对加重的后果承担相应的法律责任。本案中，马林在校发病之后，学校未及时将其送往医院救治，亦未在第一时间通知马林的监护人，加之涪陵某医院对病情做了错误判断，导致马林错过了最佳的治疗时机。学校因存在过错，应承担一定的责任。同时，如果法医鉴定某医院确实存在误诊的情况，则其因具有医疗过错，亦应对损害后果承担相应的责任。

37. 思路点拨：学校、教师不应当组织、许可在校未成年学生参加危险性劳动。雷雨天冒雨扫地即属于危险性劳动。如果小燕所言属实（在庭审中须有相应证据予以证明），学校就存在过错，应当对损害后果承担赔偿责任。

38. 思路点拨：对于未成年人见义勇为的行为应当予以表扬和嘉奖，但不宜鼓励。学校、教师应当教育未成年学生在碰到危险或不法行为时，要在确保自身安全的前提下尽力寻求帮助他人脱离险境的办法，要"见义智为"，及时向有关机关报告或寻求成年人的帮助。

39. 思路点拨：学校在组织学生外出活动之前，应当对学生加强安全教育；在活动过程中应当对学生加强管理和保护，确保学生处在教师的监管之下；发现学生做出危险行为，要及时予以有效制止。本案中，学校让学生自行活动而使其脱离教师的监管范围，表明校方具有疏于管理的过错，应当对事故承担一定的责任。晓明作为限制民事行为能力人，应当知道靠近大熊猫会给自身安全造成危险，但却执意实施了危险行为，其对事故的发生存有过错，应当对损害后果的发生承担主要责任。熊猫基地已设置了警示标志，并采取了相应的防范措施，事故的发生是由于受害者自身的过错而导致的，因此可免于承担法律责任。

40. 思路点拨：本案中，学校在多次对学生提出警告及劝阻，以及多次向有关部门反映要求拆除戏台均无效果的情况下，本应当采取更为有效的措施（比如对学生实施更严格的管理，对遮雨板和围墙进行加固，拆除遮雨板等），以预防安全事故的发生。由于学校没有履行这一职责而导致发生安全事故，因此本案应定性为"教育设施重大安全事故"。同时，鉴于学校存有过错，应当对学生的伤亡后果承担一定的民事赔偿责任。

41. 思路点拨：本案中，学校对校园照明设备未及时检修，没有派教师在楼梯通道维持秩序，未对学生进行相关安全教育并采取相应的安全防范措施。关于避免校园踩踏事件发生的举措，参见正文中的分析。

42. 思路点拨：学校应当对学生开展行走安全、骑车安全和乘车安全等方面的交通安全教育，增强学生的交通安全意识，提高其自我保护能力。

43. 思路点拨：学校应当重点对学生开展安全用火用电教育，并定期组织师生开展安全疏散演练。

44. 思路点拨：学校固然不负有接送学生的义务，但应当就年幼的未成年学生接送的交接问题与学生的监护人作出约定，以保障幼童的安全。放学之后，学校不得让没有成人接送的幼童单独离校，而应当暂时代为看管，并迅速与其家长取得联系，催促其及时接送。本案中，受害儿童家长放学时间未按时到校接送孩子，也未事先与学校取得联系告知晚接孩子的事由并委托学校临时代为看管，其自身未尽监护职责，应当承担主要责任；学校疏于管理和保护，让年幼的学生独自离校，亦存在过错，应承担一定的责任。

45. 思路点拨：学校门卫制度违反了如下规定：门卫应当由合格的专职人员担任，值班的门卫应当制止无关人员进入学校，并对进入校园的人员做好盘查、登记工作，防范意外的发生。本案具有特殊性，其损害后果系由林培青的犯罪行为而造成，罪犯应当对受害者承担刑事附带民事赔偿的责任。同时，鉴于学校门卫制度不健全，亦有一定过错，应承担一定的责任。

46. 思路点拨：王某涉嫌犯有投毒罪。学校食堂应当建立健全安全制度，防止无关人员进入食品加工操作间及食品原料存放间，对食品原材料加强安全检查，确保学生用餐的卫生与安全。

47. 思路点拨：学校不享有搜查权，出于管理的需要，可对公共场所进行检查，但不得搜查学生的个人物品及身体。

48. 思路点拨：从案情上看，歹徒得以轻易进入女生寝室作案，说明学校在宿舍大门的管理上，在值班制度上，以及在对学生的安全教育上均存在缺陷，对损害后果的发生存有一定的过错。关于如何预防校园性侵害案件的发生，参见正文中的相关分析。

49．思路点拨：本案中，杰某作为加害者，系直接侵权行为人，应当对损害后果承担主要赔偿责任。杰某踢段某并不是为了制止段某的"不法侵害"，因此"自卫"说不成立。虽然案件发生在校园内，但段某的监护人对段某的监护职责并未转移给学校（除非学校和段某的监护人之间签有书面的监护职责委托协议），其监护责任转移说亦不成立。同时，学校教师对学生疏于管理，未及时制止学生的暴力行为，对损害的发生也有一定的过错，应承担相应的责任。虽然学校和学生家长签订了安全协议，但协议的相关内容因违反了法律的强制性规定而不具有法律效力，学校无法借此免责。

50．思路点拨：本案首先应当对小王精神疾病的产生原因进行医学鉴定，如果确系同学的殴打、虐待行为而引发，则应当由加害的同学承担相应责任。同时，学校对在校未成年学生不承担监护责任，但负有教育、管理和保护之责，小王受同学殴打、虐待长达近两年时间，学校却一直未能发现并采取相关教育措施，亦有疏于管理之嫌疑。

51．思路点拨：学校在组织拔河比赛过程中，未对学生进行安全教育，未交代比赛规则和注意事项，未采取相应的防护措施，导致"比赛的另一方取胜后突然松绳子，直接导致杨某所在的一组队员突然倒地，当场有多人踩、倒在杨某身上，致使杨某当场死亡"的后果，学校对此负有疏于管理和保护的过错，应当承担一定的责任。

52．思路点拨：学校具有过错，应当承担民事赔偿责任的学生伤害事故属于校方责任险的保险范围。即使已从"学平险"中获得赔偿，只要学校对伤害事故的发生存有过错，小刘仍可以从校方责任险中获得赔偿。

53．思路点拨：学校作为教书育人的单位，应当模范地遵守法律，在诉讼过程中应当依法、客观地进行举证，绝对不能为了打赢官司而伪造证据或指使证人作伪证。

54. 思路点拨：本案发生在2004年，当时我国《劳动合同法》尚未制定，法院审理此类案件主要参照人事方面的规章及我国《劳动法》的相关规定。本案中，学校和教师签订的聘用合同到期后，如果任一方不同意续签合同，则双方的聘用关系终止。学校在聘用合同期满后只要明确通知郭老师不再续聘，且不存在着继续用工的事实，则即便其继续向郭老师支付了两个月的"工资"，亦不能据此认定双方之间存在着事实劳动关系。

55. 思路点拨：刘老师可以提起教师申诉，方式为：以学校为被申诉人，向学校的上级主管教育行政机构提起教师申诉，递交书面的《教师申诉书》（应当写明申诉人、被申诉人的简要情况，申诉请求，事实和理由等）。按照规定，主管教育行政部门应当在收到申诉书的次日起30天内进行处理。

56. 思路点拨：按照国务院颁布的《工伤保险条例》的规定，在工作时间和工作场所内，因工作原因受到事故伤害的，或者在工作时间前后在工作场所内，从事与工作有关的预备性或者收尾性工作受到事故伤害的，以及在工作时间和工作岗位，突发疾病死亡或者在48小时之内经抢救无效死亡的，都属于工伤。在我国，中小学校对在校未成年学生负有教育、管理和保护的职责，学生中午一般都在学校午休，为此，学校一般都要求教师坐班，中午必须在校。教师的工作时间为早晨进入校园至傍晚下班回家这一时间段。鉴于此，本案中吴云照老师的情况符合工伤的构成条件，应当认定为工伤。需要指出的是，不能机械地看待教师的工作时间，只要是在学校上班期间，没有证据证明教师在从事与职务无关的私人事务，都应算是工作时间。那种认为教师只有在课堂上进行教学才算工作时间的看法是错误的。课间休息，在办公室备课、批改作业，在影像室看观摩课录像，甚至上厕所、吃午饭等时间发生事故的，均应当认定为工伤。

57. 思路点拨：教师被拖欠或非法克扣工资，可以采取向当地人力资源与社会保障行政部门投诉，向国家有关部门举报，向劳动人事争议仲裁机构申请仲裁或者向人民法院提起诉讼等多种方式维护自身的合法权益。

58. 思路点拨：幼儿园的下列行为涉嫌违法——在刘某怀孕、产假、哺乳期间降低刘某的工资；既未给刘某缴纳生育险，又不给其报销生育费；向刘某支付的工资低于当地最低工资水平。刘某的前述相关仲裁请求能够得到支持。

59. 思路点拨：庞某的行为侵犯了黎某的著作权，具体侵犯了黎某的著作权中的发表权、署名权和获得报酬权。对此，庞某依法应承担停止侵害、消除影响、赔礼道歉、赔偿损失等民事责任。

60. 思路点拨：学校和教师都应当严格遵守聘用合同的规定，聘用期满后，如果教师不同意续聘，学校应当为其办理人事、组织关系及社会保险关系的转移手续。如果教师要求提前解除聘用合同，学校则可以要求其赔偿因提前解除合同而给校方造成的损失；学校对教师进行了专业技术培训、为其支付了专项培训费用，并且与教师约定了服务期限的，教师若违反服务期约定，学校可要求其支付违约金。学校不能以扣留人事档案或不给办理社保转移手续的方式阻止教师正常的工作流动。

61. 思路点拨：高某等7名教师的行为构成了组织考试作弊罪，根据我国《刑法》第二百八十四条之一的规定，应当判处三年以下有期徒刑或者拘役，并处或者单处罚金；情节严重的，处三年以上七年以下有期徒刑，并处罚金。

62. 思路点拨：苏某某利用职务上的便利，非法收受他人财物，为他人谋取利益，其行为构成了受贿罪。预防校园内此类案件的发生，加强监督是关键，要建立健全各种制约监督措施，如检察监督、纪检监督、审计监督、舆论监督等。同时，要加强学校干部的反腐倡廉教育，提高干部的个人修养和思想觉悟水平。

63. 思路点拨：坚持廉洁从教，不得索要、收受学生及家长财物或参加由学生及家长付费的宴请、旅游、娱乐休闲等活动；不得向学生推销图书报刊、教辅材料、社会保险或利用家长资源谋取私利；不得组织、参与有偿补课，或为校外培训机构和他人介绍生源、提供相关信息。

64. 思路点拨：陈女士捏造吕老师虐待学生的事实并予以散布，诋毁、败坏吕老师的名誉，其行为侵犯了吕老师的名誉权，依法应承担停止侵害、恢复名誉、消除影响、赔礼道歉、赔偿损失（包括物质损失和精神损失）等民事责任。